Clara Malraux

ALS WIR 20 WAREN

CLARA MALRAUX

ALS WIR 20 WAREN

Meine Erinnerungen an
André Malraux
und die Pariser Boheme

Aus dem Französischen von
Ruth Groh und Annette Lallemand

GRAF

Die Originalausgabe erschien 1966 unter dem Titel »Nos vingt ans« als zweiter Band der sechsbändigen Memoiren »Le Bruit de nos pas« bei Éditions Bernard Grasset.
Die Übersetzungen von Ruth Groh (1968) und Annette Lallemand (1982) wurden für die vorliegende Ausgabe neu durchgesehen und ergänzt.

Der Graf Verlag ist ein Unternehmen der
Ullstein Buchverlage GmbH

ISBN 978-3-86220-005-4
© 1992 by Éditions Grasset & Fasquelle
© der deutschsprachigen Ausgabe:
2010 by Ullstein Buchverlage, Berlin
Satz: Uwe Steffen, München
Gesetzt aus der Bembo und der AvantGarde
Druck und Bindung: CPI – Ebner & Spiegel, Ulm
Printed in Germany
www.graf-verlag.de

DIE BEGEGNUNG

Eine Festtafel, etwa dreißig Gäste – und unter ihnen ein junger Mann, der mir lange Jahre mehr bedeuten wird als jeder andere Mensch. Seinetwegen werde ich alles zurücklassen, wie es das Evangelium von den Liebenden fordert: »Du sollst Vater und Mutter verlassen.« Aber noch weiß ich nichts von ihm, denn er sitzt neben meiner Freundin Jane; wenn ich ihn sehen will, muss ich mich ein bisschen vorbeugen. Sie sprechen, oder vielmehr: Er spricht. Er ist ein sehr großer, schmaler junger Mann mit zu großen Augen, deren Pupillen fast zu klein sind für die riesigen Augäpfel, sodass sich unter der verwaschen grünen Iris ein weißer Streifen abzeichnet. Später sage ich ihm: »Größer dürften sie nicht sein«, später denke ich an seine seefahrenden Ahnen, die wahrscheinlich denselben von der Ferne angezogenen Blick besaßen wie er, später sage ich mir – ein dummer Gedanke zweifellos: Er kann den Leuten nicht ins Gesicht sehen.

Ich habe nie von ihm gehört, ich kenne ihn nicht. Erst seit fünf Minuten weiß ich, dass es ihn gibt, weil Jane manchmal lacht. Neben mir sitzt ein Luxemburger, der deutsche Bücher ins Französische übersetzt, und auf der anderen Seite die Frau des Dichters André Salmon, dessen Hochzeit Apollinaire in einem Gedicht feiert, das ich auswendig kann. Sie hat nur noch wenig an sich, was diese Liebe rechtfertigen würde. Ihre Stimme ist etwas zu schrill, und ihre Arme sind mit Silberarmbändern beladen; ich trage einen leicht verzierten hohlen Goldreif, den ich aus Florenz mitgebracht habe, aus dem 18. Jahrhundert. Meine Nachbarin − ich sehe noch ihre dunkelbraunen Arme vor mir − beugt sich zu mir herüber, um den Reif aus der Nähe zu betrachten und mir zu sagen, sie sammle solchen Schmuck. Es heißt, dass sie eine Schwäche für Frauen hat. Deshalb ist mir ihr Interesse ein bisschen unangenehm. Überhaupt amüsiere ich mich bei diesem Festessen kaum, das die Zeitschrift veranstaltet, in der soeben eine meiner Übersetzungen erschienen ist. Hätte ich die Hefte ein wenig sorgfältiger gelesen, dann wüsste ich, dass der große Jüngling dort drüben in derselben Nummer eine Art Erzählung, ein Gedicht in Prosa, veröffentlicht hat. Aber da ich nicht einmal seinen Namen kenne, kann ich auch diese Verbindung nicht herstellen.

Das Essen ist beendet, aber wir müssen sicher noch eine ganze Weile bleiben, da sich solche Zusammenkünfte meist bis Mitternacht hinziehen. Doch da kommt Jane und flüstert mir ins Ohr, sie möchte gern tanzen. Gehen wir also tanzen. Wir sind zu fünft: Yvan Goll, Jane, der Luxemburger, der Unbekannte und ich. Habe ich schon an jenem Abend bemerkt, dass er sich beim Gehen wiegt wie ein Schiffsmast, oder bin ich erst später auf die Idee gekommen, dass er irgendwie mit dem Meer verwandt ist, als ich erfuhr, dass sein Großvater Küfer und Schiffseigner gewesen und seine Familie väterlicherseits seit dem 17. Jahrhundert zwischen Dünkirchen und Calais zur See gefahren war? Das Diner hatte in einem Restaurant des Palais Royal stattgefunden. »Das Palais Royal ist ein wunderbares Land« hieß es in einem Kinderreim, den wir zum Seilhüpfen gesungen hatten. In gar nicht so ferner Vergangenheit hatten hier viele wichtige Begegnungen stattgefunden. Und als wäre ich eine dieser Glücklichen, begegnete ich hier einem Teil meines Lebens. In einer der Straßen, die den prächtigen Hof säumen, gelangte man, nachdem man einige Stufen hinabgestiegen war, in ein Nachtlokal, das mit Girlanden in den Farben der Trikolore geschmückt war. Es hieß »Caveau Révolutionnaire«. Unter Papierfähnchen – dem Symbol der Revolution – habe ich die ersten Worte mit meinem künftigen Gefährten gewechselt.

Er tanzte schlecht, aber das merkte ich erst gegen Ende des Abends, als er endlich von meiner Freundin abließ und mich zu einem Tango aufforderte, vor allem übrigens, um mir zu sagen, dass sie ihm mehr oder weniger direkt zu verstehen gegeben habe, sich besser nicht mit mir zu beschäftigen. Stimmte das, oder hatte er schon damals die Neigung, die Wirklichkeit ein wenig zurechtzubiegen? Ich glaubte seinen Worten, obwohl ich nicht im Geringsten an die Falschheit der Frau glaubte, weder im Allgemeinen noch in diesem Fall, da ich Jane sehr gern mochte. Aber ich kannte auch ihre kindlichen Seiten, die sich durch ihre großen, grünen, von starren Puppenwimpern umrahmten Augen verrieten; und mehr noch durch ihre Kleider, deren eng anliegende Oberteile wie bei den kleinen Mädchen im frühen 19. Jahrhundert in fließend weite Röcke übergingen, und ganz besonders durch ihre piepsige Stimme und ihre Angewohnheit, beim Sprechen leicht anzustoßen... Nachdem er uns verlassen hatte, bemerkte Jane, der junge Mann sei sehr geistreich. Ich hatte keine Gelegenheit gehabt, das festzustellen.

An Sonntagnachmittagen empfingen Claire und Yvan Goll ihre Freunde in einer Zweizimmerwohnung in einer Villa, die nur fünf Minuten von unserem Haus in Auteuil entfernt lag. Sie war im Biedermeierstil eingerichtet, und ich fühlte mich dort gleich heimisch. Überhaupt genoss ich die Mischung aus Französisch und Deutsch, die hier gesprochen wurde, und die Gegenwart all dieser Schriftsteller und Maler, die mir noch sechs Monate zuvor unerreichbar erschienen waren. Zum ersten Mal sah ich Marc Chagall und seine Frau Bella mit ihrem zarten Gesicht und dem jungfräulichen und zugleich mütterlichen Lächeln. Hier traf ich Gleizes und seine Frau: Man wusste, dass sie reich war und dass sie in die Ehe mit diesem Maler eingetreten war wie andere in ein Kloster. Ich traf Céline Arnaul und Paul Dermée. Auf dem Kaminsims stand eine Plastik von Archipenko, und an den Wänden hingen Bilder von Jawlensky und Delaunay. Niemand wunderte sich über meine Anwesenheit, und auch mir erschien es selbstverständlich: Ich duzte Claire, ich war in meinem Reich.

Warum fürchtete ich mich vor diesem großen Jungen, dessen Haut und Augen fast dieselbe fahle Farbe besaßen und sich auch in den Schattierungen nur wenig unterschieden – »Du bist monochrom«, sagte ich ihm später einmal –, dessen breiter Mund etwas schlaff gegen ein dreieckiges Kinn abfiel, das im Vergleich zu der hohen Stirn klein wirkte, vor diesem jungen Mann mit seinen hübschen Zähnen und wundervollen Händen? Wir ließen uns Seite an Seite in einer Fensternische nieder, um uns im allgemeinen Lärm leise miteinander zu unterhalten, während wir die anderen nur noch durch einen bläulichen Schleier von Zigarettenrauch wahrnahmen. Seine Stimme mit dem leichten Pariser Akzent sagte schon bald eigentümlich konzentrierte Dinge, die ich mit Begeisterung aufnahm, augenblicklich fühlte ich, dass ich ein eingeweihtes Mitglied jener Sekte war, zu der auch mein Gefährte gehörte, und er spürte das Gleiche. Ein Satz folgte dem anderen, ein Thema auf das andere. Wir waren Anfang zwanzig, man schrieb das Jahr 1921. Er sprach von Dichtern des hohen Mittelalters – hatte er nicht vor kurzem Teile aus der *Cantilène de Sainte-Eulalie* übersetzt? – und von französischen Satirikern, die ich nicht kannte.

Ich sprach über Hölderlin und Novalis, wir unterhielten uns über Nietzsche, Dostojewski und Tolstoi, dessen *Krieg und Frieden* er noch nicht gelesen hatte. Er erzählte mir von Spanien und El Greco, ich ihm von Italien und den Malern, die ich liebte. »Im August fahre ich wieder nach Italien.« – »Ich werde Sie begleiten.« Aber natürlich würde er mich begleiten, denn ich wollte ja alles mitnehmen, was die Welt mir bot. Ich zögerte keine Sekunde; der Augenblick der Entscheidung war gekommen. Wir fahren zusammen.

Wieder zu Hause, sagte ich meiner Mutter: »Es ist angenehm, intelligent zu sein, denn dann gefällt man intelligenten Männern.« Eine seltsame Feststellung, deren Beweis nur in ihr selbst lag, weil es meine eigene Intelligenz war, die die des anderen erkannte. Schon am nächsten Morgen wurde mein Urteil von A. F. angefochten, der unangemeldet, besorgt und außer Atem bei uns erschien: »Sie werden sich doch nicht mit diesem Burschen einlassen? Der besteht ja aus nichts als Bildung.« Nun ja, Bildung schadet weder dem Scharfsinn noch der Schlagfertigkeit, noch der Originalität. Die Intelligenz ist ein Sack, der aufrecht stehen bleibt, wenn man ihn recht gut füllt. Aber A. F. war ein bisschen in mich verliebt. Da es mir Vergnügen bereitet hatte, mich mit meinem neuen Bekannten zu unterhalten, und da ich wusste, dass mir diese Unterhaltungen auch in Zukunft Vergnügen bereiten würden, ließ ich mich durch nichts aus der Ruhe bringen; es war sicher nicht zu meinem Nachteil: Ich hatte das Recht, zu wählen und mich wählen zu lassen.

Um zehn Uhr morgens rief »er« mich an. Ich lag im Zimmer meiner Mutter auf dem Bett, den Apparat neben mir. Es war Juni. Der Balkon verlor sich in einem Wald aus Zweigen. »Ich liebe Ihre Stimme«, sagte er, und dieser am Telefon gesprochene Satz war der erste, mit dem er mir die Welt der Sinnlichkeit erschloss. Mama kam immer wieder herein und lief ungeduldig im Zimmer umher, weil sie ihre Freundinnen nicht anrufen konnte, während ich in herrlichster Gelassenheit redete und zuhörte. Schon jetzt konnte ich genau sagen, welche Bedeutung er jedem einzelnen Wort beimaß, wie er es verstand, mit Nuancen dieses hervorzuheben und jenes abzuschwächen. Wir traten beide der Welt unsystematisch gegenüber, ohne fest gefügte Anschauungen, aber mit gar nicht so wenig Wissen, mit sehr viel Begeisterung, großer geistiger Wachheit, dem gleichen Sinn für Dichtung und Malerei und dem Wissen um den Einfluss der Vergangenheit auf die Gegenwart. Beide hatten wir eine Vorliebe für das Romantische und Abenteuerliche; wir fühlten uns reich und bereicherten uns an dem Gedanken, dass uns Zeit und Raum offenstanden. Zwei Stunden lang unterhielten wir uns, ohne uns zu sehen. »Du kannst ja machen, was du willst«, sagte meine Mutter, »aber jetzt möchte ich auch mal telefonieren.«

Am nächsten Morgen kam er mich besuchen. Im halb dunklen Zimmer – die Läden blieben wegen der Hitze geschlossen – setzte er sich auf den Diwan. Zwischen uns stellte ich eine Schale mit Früchten, die das harte Blau des Stoffes dunkelrot leuchten ließ. Plötzlich, weil er es begutachtete, sah ich mein Zimmer, das ich im damals unmodernen Louis-Philippe-Stil eingerichtet hatte, mit ganz anderen Augen. Neben der Tür hing ein bestickter Glockenzug, auf dem Boden lag ein Teppich, der mit unzähligen Rosen bestickt war: die Arbeit einer höheren Tochter; auf dem Kamin ein albernes Arrangement mit einer bunt emaillierten Mahagoniuhr, eingerahmt von zwei Alabastervasen. Nichts von alledem war so originell, wie man hätte vermuten können; etwas Ähnliches hätte ich einmal in Deutschland gesehen, sagte ich meinem neuen Freund.

Ohne die geplante Reise auch nur mit einem Wort zu erwähnen, bereiteten wir uns in der nächsten Zeit gemeinsam darauf vor, indem der eine den anderen in seine Welt einführte: Er nahm mich mit ins Musée Gustave Moreau und zeigte mir Blätter von Ensor und Toulouse-Lautrec, während ich ihn in die entlegensten Winkel des Trocadéro führte, wo wir auf dem Weg zur gefiederten Schlange die verstaubten lebensgroßen Puppen grüßten, die, meistens mit Trachtenhauben und Trachtenhüten auf den Köpfen, in Küchen voller Spinnräder und Bettkästen bäuerliches Familienleben darstellten und mir samt und sonders genauso fremd waren wie mexikanische Gottheiten. Ich führte ihn in die schönsten Alleen des Bois de Boulogne und lehrte ihn rudern, und er nahm mich mit zu Pferderennen – wir waren beide begeisterte Wettspieler. Eines Tages entdeckten wir, dass wir unabhängig voneinander *Goldhaupt* von Claudel gesehen hatten und beide die letzte Szene fast auswendig kannten. Sein Wissen war besser geordnet als meines, meine Bildung internationaler als seine, und einmal sagte er zu mir: »Ich kenne nur einen Menschen, der so intelligent ist wie Sie, und das ist Max Jacob.«

Bildung und Gelehrsamkeit waren ihm damals alles: »Wenn ich dich nicht getroffen hätte, wäre ich vielleicht nur ein Bücherwurm geworden«, bekannte er mir später einmal. Wer weiß? In den Jahren unseres Zusammenlebens wurde er zu einem herrlichen Abenteurer und großen Schriftsteller, der trotz allem ein genialer Amateur blieb. Schon bevor wir uns kennenlernten, war er besessen von Nietzsche. Schon damals teilte er gern die Leute in »amüsant« und »nicht amüsant« ein und warf den Surrealisten vor, sie nähmen sich selbst zu ernst. Es gab tausend Dinge, über die wir sprachen, wenn wir nebeneinander saßen oder spazieren gingen, Schaufenster betrachteten, die Seineufer entlangbummelten oder in einer Bar etwas tranken.

Schon in jenen ersten Wochen beunruhigte mich bisweilen seine Vorstellung von weiblicher Solidarität, von deren Existenz ich nichts wusste, sodass ich argwöhnte, es könnte dementsprechend auch so etwas wie eine männliche Solidarität geben, die mir ebenfalls unbekannt war. Er sprach über das Ewigweibliche, von dem ich angenommen hatte, es käme nur in Gedichten von Laforgue vor, und verriet mir, dass Frauenfeindlichkeit gar nicht so selten sei, was mir, ich muss es gestehen, einen schweren Schlag versetzte. Hieß das, dass man mich nicht nur als »Ich« betrachtete und beurteilte? Ich hatte mich ja schon beinahe damit abgefunden, dass man in mir zugleich immer die Jüdin und halbe Ausländerin sah, und von nun an musste ich zu allem Überfluss auch noch darauf gefasst sein, dass mir die halbe Menschheit grundsätzlich mit Geringschätzung begegnete, die ich erst besiegen musste, um mit denen auf eine Stufe gestellt zu werden, die mir vielleicht nicht einmal das Wasser reichen konnten. Ich war bestürzt. Seit Kurzem war ich geistig viel wacher als mein älterer Bruder und seit Langem schon intelligenter als mein jüngerer. Und außerdem hatten die

Mädchen in unserer Familie immer schon ein gewisses Vorrecht genossen. Ich brauchte mich nur umzuschauen, um festzustellen, dass die Frauen, die ich kannte, wenn nicht intelligenter, so doch zumindest kultivierter waren als ihre Männer, die die Notwendigkeit des Geldverdienens voll in Anspruch nahm. In dieser Hinsicht herrschten in unseren Kreisen beinah schon amerikanische Verhältnisse. »Ihm« gegenüber protestierte ich jedoch nicht sehr heftig, denn es ist schwierig, sich gegen bestimmte Angriffe zu verteidigen, selbst wenn man stellvertretend für die Seinen kämpft. Ich behielt meine Meinung für mich, aber ein wenig enttäuscht war ich schon, trotz des ermutigenden Vergleichs mit Max Jacob.

»Sind Sie noch nie in einem Tanzlokal, einem *bal musette*, gewesen?« Nein, ich war noch nie in einem Tanzlokal gewesen und bis jetzt auch noch nicht in einer Nachtbar. Aber ich hatte große Lust, beides kennenzulernen, seit er mir diese Etablissements als einen Aspekt poetischen Lebens beschrieben hatte und seit ich seinen Essay *Lunes en papier* kannte, der mir diese Welt näherbrachte. Mehr noch, die Lokale am Montmartre schienen seine künstlerische Sensibilität anzuregen und ihm das Rohmaterial für die folkloristischen Elemente in seinem Werk zu liefern, alle diese Papierschlangen und Lampions, all diese Beine in schwarzen Seidenstrümpfen, hochgeworfen in einem Wirbel aus schaumigen Spitzen. Bis dahin hatte ich Nachtlokale für Orte des Lasters gehalten, und nun erschienen sie mir auf einmal als Quell der Erfahrung, die einigen Happy Few vorbehalten waren, zu denen ich so schnell wie möglich gehören wollte. Wie war es nur möglich, dass ich nichts vom Cancan und vom Java gewusst hatte, die, wie ich jetzt entdeckte, für unsere Zeit genauso typisch waren wie der Eiffelturm?

Damals galt die Regel, dass jungen Mädchen bis zu ihrer Heirat nicht nur sinnliche Freuden vorenthalten blieben, sondern auch eine ganze Reihe weiterer Vergnügungen, die ihnen – zusammen mit den ersteren – einzig der Ehemann offenbaren durfte. Man wollte die Position des Mannes stärken, indem man ihm so viele Trümpfe in die Hand gab und ihn zum alleinigen Herrn begehrenswerter Dinge machte, wozu unter anderem gehörte, dass nur eine verheiratete Frau teuren Schmuck und Haute-Couture-Kleider tragen – was ich schon eine ganze Weile tat – und »die berüchtigten Lokale am Montmartre« besuchen durfte.

Wenn er neben mir saß oder ging, blickte ich ihn oft aus den Augenwinkeln an, diesen Mann, der vielleicht nicht mein Ehemann sein, mir aber dennoch viele Welten öffnen würde. Für den Augenblick bestand zwischen uns nicht mehr als Freundschaft, eine Freundschaft allerdings, die uns ganz ausfüllte. Immerhin hatten wir ja beschlossen, zusammen zu reisen. Vielleicht redeten wir zu Beginn unserer Beziehung tatsächlich zu viel, denn für eine Weile – eine kurze Weile – verwirrte mich sein Körper kaum. Möglicherweise deshalb nicht, weil meine Leidenschaft immer noch an jene dunkle, kräftige Gestalt des Mannes gebunden war, von dem ich mich vor gar nicht langer Zeit getrennt hatte und der meinem jetzigen Begleiter so unähnlich war. Oder lag es daran, dass mich dieser junge Mann noch nicht begehrte, was mir heute ganz normal erscheint, denn ich war trotz all meiner Bemühungen doch nichts als ein kleines Mädchen, das sich im Gespräch immer sehr kühn gab, aber mit jeder Bewegung ihre Unerfahrenheit in der Liebe bewies.

»Sind Sie noch nie in einem Tanzlokal gewesen?« Das würde also der erste Schritt in die neue Welt sein. Tagelang träumte ich von Mädchen in roten Korsagen und schwarzen Röcken, versuchte, mir den Musiker vorzustellen, der als Ein-Mann-Orchester mit den Schellen an seinen Handgelenken rasselte und das Becken und die große Trommel gleichzeitig bearbeitete, und hörte bereits in meiner Phantasie den gedehnten, gebrochenen Rhythmus eines Java. Dann kam der Sonntag, der mit einer Zusammenkunft im Tal der Bièvre beginnen sollte. Es handelte sich um ein Treffen der Mitarbeiter jener Zeitschrift, durch die wir uns kennengelernt hatten. Wie sehr wir bereits gewohnt waren, miteinander allein zu sein, merkten wir erst durch die Gegenwart der anderen. Uns wurde bewusst, dass unsere Gespräche ihren eigenen Ton hatten und dass wir oft auf Bemerkungen früherer Unterhaltungen anspielten.

Der Treffpunkt war eine Lichtung, die man mittels kleiner Holzhäuser in einen Hof verwandelt hatte. In der Mitte erhob sich eine Estrade, von der aus an diesem Tag jemand zu uns über moderne Dichtung sprechen sollte. Vor der Estrade war ein langer Tisch aufgebaut, an dem wir saßen und irgendeine mittelmäßige Mahlzeit zu uns nahmen.

Was diesen Teil des Tages betrifft, habe ich sonst nichts mehr in Erinnerung behalten; was folgen sollte, ist dagegen noch umso lebendiger: Der Vortrag war kurz, und die Namen der Autoren sowie die Theorien, die ihren Werken zugrunde lagen, kannte ich bereits. Danach wurden von denen unter uns, die deklamieren konnten, einige Gedichte als Beispiele rezitiert, und deshalb sah ich auch meinen Freund die wenigen grün lackierten Holzstufen hinaufschreiten und sich auf dem Podium den allgemeinen Blicken aussetzen. Wir, ein Publikum von etwa zwanzig Leuten, saßen wie Mitglieder einer religiösen Geheimsekte auf unseren Bänken. Hinter den Häuschen ragten die hohen Bäume des Parks auf. Die Frauen zeigten ihre Arme bis zu den Schultern; eine von ihnen trug eine Art griechischer Tunika von grüner Farbe. Ich hatte ein Kleid aus weißem Seidenjersey mit weiten Ärmeln an und fühlte mich körperlich und geistig wohl, was selten vorkam und auch nie lange anhielt. In diesem Fall genügte das Erscheinen meines Gefährten auf der Estrade, um ein leichtes Unbehagen in mir zu wecken – ein gewisses Schamgefühl, das ich nie ganz verloren habe. Das Unbehagen wuchs noch, als er anfing, Gedichte zu rezitieren; das Vibrato der vertrauten Stimme erregte mich zutiefst. Er machte seine Sache gut, trug trotz seiner seltsam hastigen Sprechweise mit Gefühl und Geschick vor, und obwohl er jeden Einzelnen anzusprechen schien, wusste ich genau, dass er mich doch noch ein bisschen mehr als alle anderen meinte. Nach wenigen Augenblicken war ich von dem Gefühl beherrscht, dass alle meine Begeisterung teilten, und nachdem er die letzten Verse mit großem Pathos gesprochen hatte, freute ich mich über den einmütigen Applaus.

Ich erinnere mich an diese Zeilen, ohne sie noch einmal nachzulesen:

Ne valent pas l'amour qu'on fait à la servante,
Parce que c'est au cœur qu'on a froid quand il vente…

(Wiegen es nicht auf, das Zimmermädchen zu lieben,
Denn man friert im Herzen, wenn der Wind bläst…)

Er hatte mit solcher Leidenschaft gesprochen, dass ihm sicher sogar in seinem leichten hellgrauen Anzug warm geworden war, und die lange Haarsträhne, die er noch heute hat, hing ihm tief in die Stirn und teilte seine Augenbrauen, während die übrigen Haare, brav nach links gekämmt, an ihrem Platz blieben.

Das Gedicht war von André Salmon, der, wenn ich mich recht entsinne, ebenfalls anwesend war. Es hatte den Titel: *Der Reisende.* Wir sind viel gereist, zusammen und auch getrennt. Aber es ist sicher kitschig, anzunehmen, dass das alles bereits in diesem Gedicht vorgezeichnet war. Ich verabscheue Kitsch, romantische Gefühle, ja sogar eine gewisse Oberflächlichkeit nicht unbedingt. Aber damals mit zwanzig hatte ich noch mehr Sinn dafür als heute, obwohl ich vom Herzen, von der Liebe und von diesem großen Jungen mit seinem wiegenden Gang noch viel weniger wusste.

Etwas später fanden wir die ganze Versammlung langweilig und fuhren mit dem Zug nach Paris zurück. Wir schlenderten eine Weile über den Boulevard, amüsierten uns über die Menge, mit der wir nichts gemein hatten, und gingen schließlich in das heute verschwundene Restaurant »Noël Peters«, das sich seiner italienischen Küche rühmte und etwas teurer war als das beliebte »Poccardi«. Die Bänke waren üppig mit rotem Samt bespannt und die Fenster mit Arabesken im Métrostil verziert, den wir schon damals lächerlich fanden. Das Ganze lag in einer Passage, und den Reiz solcher Passagen hatte Aragon mich sehen gelehrt. Allein mit einem jungen Mann in ein ziemlich luxuriöses Restaurant zu gehen, bedeutete an sich schon ein berauschendes Abenteuer. Genießerisch wählte ich die Gänge aus, denn bisher hatte ich immer essen müssen, was auf den Tisch kam, sei es zu Hause oder im Hotel. Sie war gar nicht so übel, die Freiheit! Eine winzige Überlegung hätte mich zu dem Schluss geführt, dass ich sie einem Mann verdankte, genau wie alle anderen bürgerlichen Frauen. Aber darüber dachte ich damals nicht nach, und hätte ich es doch getan, so wäre ich zu dem Ergebnis gekommen, mein Fall sei trotzdem ein ganz besonderer, da zwischen uns keinerlei Bindung bestand, abgesehen von unserem Plan, gemeinsam nach Florenz zu reisen, über den wir selten sprachen, den wir aber nie vergaßen. Die Erregung, in die mich das Gedicht versetzt hatte, war immer noch nicht abgeklungen, ich trug sie mit mir herum wie eine im letzten Augenblick gerettete Ophelia die Algen an ihren Armen und Beinen. Über das Gesicht des jungen Mannes vor mir huschte wie so oft dann und wann ein nervöses Zucken, das in diesem Moment anscheinend eine Folge der intensivsten Empfindungen war, die die Poesie zu wecken vermag. Und dann erlebten wir ein paar Stunden später Gefühle, die nur das Leben zu erregen vermag.

Warum hatte ich mich so angezogen? Um ihm zu gefallen. Ich spürte, dass er Luxus und Schmuck liebte, und ich sagte mir, zu Recht; denn er gehörte zu jenen feinsinnigen Menschen, die unter ärmlichen Wohnungen, schlechter Kleidung, enervierenden Geräuschen und widerlichen Gerüchen ganz besonders leiden. Und weil ich nun mal in der Lage war, mich meinem Gefährten als eine durch luxuriöse Dinge verschönte Frau zu präsentieren, tat ich es auch. Bevor wir in die Stadt zurückfuhren, hatte ich ein graues Samtcape mit Satinfutter umgelegt, eine schwarze Kappe aufgesetzt, und Perlencollier, Brillantarmband, Brillantring sowie »Après l'ondée«, ein Parfüm von Guerlain, vervollständigten diesen eleganten Aufzug. Es war fast absurd, aber andererseits auch amüsant, so gekleidet nicht in die Rue de Lappe, wie wir es geplant hatten, sondern in eine der abgelegensten Tanzdielen in der Rue Broca, in der Nähe der Bastille, zu gehen.

In meiner Phantasie hatte ich mir alles Mögliche vorgestellt, außer der Wirklichkeit dieser Blicke, die das zu junge und zu gut gekleidete Paar musterten, außer dem Pernodgeruch, der die Ausdünstungen der Körper überlagerte, außer dem Duft billiger Parfüms, außer dem Geräusch der über den rauen Boden schleifenden Schuhe und vielleicht auch außer dem Reiz, den der ungewohnte Rhythmus auf mich ausübte. »Sagen Sie nicht nein«, flüsterte mein Begleiter mir zu, als ein Kerl, der aussah wie ein Zuhälter, mich zum Tanzen aufforderte. Dieser Tanz war ein Spiel der Körper: Es machte mir Spaß, hin und her gerüttelt zu werden, und ich lachte. Danach tanzte ich mit dem jungen Mann, der mich hierhergeführt hatte; er bewegte sich ein wenig unbeholfen, und doch fand ich es inmitten all diesen Trubels, unter all den bunt gekleideten Menschen, deren Sprache ich fast nicht verstand, mit dieser ungewöhnlichen Musik viel lustiger als anderswo.

Die Nacht näherte sich dem Morgen; ich fühlte mich beinahe so, als sei ich ganz allein auf einem Schiff mit diesem jungen Mann, den, wie ich glaubte, nichts je würde befriedigen können. Er wollte alles − zumindest bildete ich mir das ein −, und ich wollte auch alles und zuallererst einmal ihn. Schon damals ahnte ich, dass »alles« sehr viel Verzicht erfordern würde, aber ich war einverstanden, zweifellos, weil ich mir Ausmaß und Art des Verzichts kaum vorstellen konnte. Wir standen auf, um Seite an Seite auf die Straße zu gehen. Hinter uns schlug die Tür zu. Ein paar Männer, die aus dem Lokal kamen, überholten uns und rempelten uns an. »Vorsicht!«, sagte mein Begleiter.

Noch bevor wir an der Ecke waren, von der aus eine schmale Treppe zu einer Fußgängerbrücke führte, merkten wir, dass die Männer, anstatt sich zu entfernen, auf uns zukamen. Es war heiß in dieser Nacht am Fluss, sehr heiß. Mit dem linken Arm schob mich mein Freund hinter sich, den Arm ausgestreckt, um mich besser beschützen zu können. Seine rechte Hand wanderte an seine Tasche, und nachdem die anderen geschossen hatten, krachte auch auf unserer Seite ein Schuss. Das Ganze ging sehr schnell, und danach war es still. Ich umschloss die verwundete linke Hand meines Beschützers in einer ersten innigen Berührung.

In jenen Tagen gab es auf dem Boulevard des Gobelins hinter der Treppe, die zu einer tiefer gelegenen Straße führte, eine Wasserpumpe, an der ich die Wunde auswaschen konnte. Die Kugel war zwischen zwei Knochen hindurchgegangen. Als die Hand nicht mehr so stark blutete, sagte ich: »Wir müssen die Wunde desinfizieren, damit sie sich nicht entzündet. Was wir dazu brauchen, habe ich zu Hause.«

Im Taxi fühlte ich mich ihm sehr nahe, aber vielleicht nicht mehr als nach seinem Vortrag am Morgen, als das Gedicht ein Gefühl der Zusammengehörigkeit in uns geweckt hatte. Unsere ersten Prüfungen hatten wir bestanden: die gemeinsame Gefahr, der wir mutig begegnet waren, das Zusammenstehen vor den anderen. Ich wusste, dies würde ein Teil meines Lebens sein, und ich wollte es so. Vorsichtig öffnete ich das Gartentor. Was tun, damit der Kies unter den Schritten des großen Jungen nicht knirscht? Dann die Steinstufen, die Haustür, die Treppe, deren Teppich uns half, keinen Lärm zu machen, dann noch eine Tür, gegenüber dem Zimmer meiner Mutter. Mama war natürlich wach; schlaftrunken und nur mit einem Nachthemd bekleidet, erschien sie gerade in dem Augenblick, in dem ich die Flasche mit Wasserstoffperoxyd öffnete, das erstbeste Mittel, das ich finden konnte. »Aber was macht dein Freund denn hier mitten in der Nacht?« – »Er hat mich nach Hause gebracht und ist mit mir heraufgekommen, um ein Buch zu holen.« – »Ach so«, erwiderte Mama, die nicht wusste, dass es draußen schon beinahe Tag war. Bevor sie das Zimmer verließ, fügte sie noch hinzu, es sei Zeit für mich, schlafen zu gehen, wie sie immer gesagt hatte, als ich noch ein kleines Mädchen war.

Die verwundete Hand rief keine Vorstellung von Schmerz mehr wach. Dick verbunden hing sie wie ein Paket am Ende seines Arms. Wir waren beide unbeholfen, verwirrt und glücklich.

ALS WIR 20 WAREN

Für uns junge Leute zählten damals Claudel und Gide, Morand und Giraudoux, Picasso, Gris und Chagall. Doch bald schon folgten auf die Literaten aus der Bourgeoisie Diplomaten oder berühmte Politiker, denen sich »Proletarier« wie Guilloux, Giono und Mac Orlan zugesellten. Die Zeiten, da man sich nur mit dem Segen der Universität an die Schriftstellerei heranwagte, lagen weit zurück. Cendrars, Delteil, Kessel, welch herrlicher Reigen literarischer Wagnisse und Talente!

In einem Zimmer, in dem sich der nahe Sommer durch das dichte Laubwerk eines Kastanienbaums ankündigt, schenkt ein junger Mann einem Mädchen einen kleinen romantischen Almanach. Die Erinnerung an Vergangenes bringt das Mädchen auf den Gedanken, aus einer Schublade Familienfotos hervorzuholen, um sich darüber zu amüsieren und vielleicht auch ein wenig aus Sentimentalität. Am Ende einer Allee mit schnurgeraden Baumreihen spaziert eine kleine Gestalt in gezacktem Röckchen, wie es die Hofnarren trugen, und führt einen kleinen Jungen, ihren Bruder, an der Hand. Auf anderen Bildern sieht man dasselbe kleine Mädchen in einem bis zu den Knien reichenden Badeanzug oder in einem Zöglingskleid mit weißem Kragen zwischen ihrer Großmutter und ihren Onkeln. Durch die obersten Spalten der Fensterläden, die sich wie Notenlinien ausnehmen, fallen Lichtstreifen und blenden mich jedes Mal, wenn mein Besucher sich interessiert, belustigt oder ein klein wenig unwillig über die Bilder beugt, die man ineinanderschieben können sollte wie russische Puppen, bis man die große Puppe sähe, die ich nunmehr bin, in meinem schmalen Kleid aus weicher Seide, das nur an den Hüften am Körper anliegt und aus dem zwei Beine herausgucken, die die Mode endlich dem Blick des Mannes freigibt. Die hellen Strahlen fallen auf das Sofa und manchmal auf meine Hand, wenn ich den nackten Arm bewege, um auf eines der Bilder zu zeigen.

Wir sind in meinem Zimmer – es ist blau, denn Blau steht mir gut – und sitzen nebeneinander auf dem Sofa, das fast unter den Kissen verschwindet. Plötzlich sitze ich alleine.

»Warum sind Sie aufgestanden?«

An der sich nach oben hin verjüngenden Kaminwand hängt ein Spiegel. Darunter steht eine dickbäuchige Kommode aus Mahagoni, deren Maserung an Haarsträhnen erinnert. Der Biedermeiersessel daneben zeugt von der Tugend sittsamer Damen, die sich tagsüber wohl kaum auf ungemachten Betten rekelten.

»Weil ich Lust habe, Ihre Arme zu küssen.«

Wie oft hatte ich früher – und danach ging es mir wieder so – nicht die passenden Worte gefunden, während sich mir andere aufdrängten, die ich hasste, sobald sie mir über die Lippen kamen. An einem Nachmittag im Frühsommer jedoch fielen mir wie durch eine gnädige Fügung alle Worte zu, die gesagt werden mussten. »Setzen Sie sich wieder neben mich, und tun Sie, als hätten Sie nichts gesagt.« Alles ergibt sich von selbst … meine Hände und seine Lippen, meine Arme, unsere Münder. Alles wird zum Spiel in der Unbefangenheit unserer zwanzig Jahre, in die sich doch etwas Aufregung mischt, denn außer uns sind noch meine Mutter, die Dienstmädchen und vielleicht meine Brüder zu Hause. Deshalb macht er, kaum sind unsere Küsse etwas geschickter geworden, den Vorschlag, dieses Zimmer zu verlassen, in dem wir bald nicht mehr wissen, wie wir uns verhalten sollen.

Apollinaire liebte die »O'Steen Bar«, in der man das Pfeifen der Züge hört, als liege sie im Herzen Londons. In einem Raum mit heller Holztäfelung, in dem es nach scharfem Gin riecht und nach mildem Tabak, unterhalten wir uns über Barnabooth, über den Emigranten der Landor Road, und über die große Pest.

Noch immer ist alles einfach zwischen uns beiden, auch noch in seinem Zimmer an diesem 14. Juli, während draußen Raketen aufsteigen und einen Hochzeitsstrauß bilden, von dem ich noch nicht weiß, dass ihm eines Tages in Saigon ein Feuerwerk folgen wird, bei dem wir unsern Eintritt in die Kuomintang-Partei feiern.

Aber wann habe ich eigentlich entdeckt, dass er die gleiche, eher ungewöhnliche Rasiercreme benutzte wie mein Vater und dass seine Haut einen Geruch ausströmte, der mir auch nach so vielen Jahren noch vertraut war.

Wie heißt doch gleich der Satz? Ich kannte sie, das junge Mädchen im Seidenkleid, und es war zwecklos, so zu tun, als habe sie sie vergessen ...»Ich mag die Gesichter am nächsten Morgen.« Er dagegen scheint sie nicht zu mögen, denn nun sitzt sie allein da, umgeben von lauter Sesseln mit Petit-point-Muster, deren geschwungene Beine an den mädchenverschlingenden Violinschlüssel erinnern, von dem in seinem Buch die Rede ist. Was tat sie hier? Natürlich wartete sie auf ihn in diesem langweiligen Salon des »Ritz«. Wie sollte sie sich hier verhalten, während sie ganz allein auf den jungen Mann wartete, mit dem sie gestern geschlafen hatte? Geliebter! Ein seltsames Wort, wenn man es mit einem Possessivpronomen verbindet, »mein Geliebter«, der sie jetzt schon sitzenließ. Wenn sie auf ihre Uhr schauen würde, wüsste alle Welt, dass sie auf jemanden wartet, der zu spät oder vielleicht überhaupt nicht kommen wird. Wie albern waren doch diese mehr oder weniger wohlmeinenden Romane, die stets von einem Mädchen handelten, das verführt und nach der ersten Umarmung verlassen wird! Was gestern vorgefallen war, konnte die Freude an ihrer geistigen Verbindung nicht zerstören. Sie weiß, dass sie einem Mann mehr zu bieten hat als ihren jungen Körper mit den Brüsten, die nicht dem Zeitideal entsprechen, mit den hübschen Schultern, mit ihrer ungeschickten Bereitwilligkeit. Sie wünschte, er wäre da und würde sie küssen; sie ist ein kleines Mädchen, das sich nach Zärtlichkeit sehnt. Nein, mutig ist sie nicht.

»Ich werde nicht auf meine Uhr schauen. Außerdem wird er kommen. Er hatte sich verspätet und ging gleich zu mir nach Hause, er macht sich Sorgen, in einem Augenblick wird er hier sein. Ich werde ihm nicht entgegenstürzen, denn dieses Spiel spielen wir nicht, und außerdem habe ich meinen Stolz, aber es wäre doch schön, Gewissheit zu haben.«

Diese Zärtlichkeiten, in die sie gestern mit ihrem ganzen Willen und ihrer ganzen inneren Unruhe einwilligte, hat sie als einzige ihrer Bekannten gewagt. Denn die Töchter ausländischer Eltern sind vorsichtig. Sie wollte, dass Vertrauen mit Vertrauen erwidert würde. Weil sie viel gewagt hat, ist sie die, die in den Wald hineinruft … Aber sie ruft ja nicht in den Wald, und sie wird auch nicht anfangen, Allgemeinplätze nachzubeten … Allerdings sind die jungen Mädchen in ihren Kreisen vorsichtig; in Frankreich übernehmen sie sämtliche strengen Konventionen, denn ihre Angst ist berechtigt: Vor nicht allzu langer Zeit hat man versucht, sie aus der Gesellschaft zu verstoßen. Aber nur sie wehrt sich dagegen. Emmy hat es ihr ja gesagt: »Du hast keine Achtung vor der Achtbarkeit.« Das kann sie auch nicht, denn sie träumt von einem vorbildlichen Leben. Mein kleines altkluges Mädchen, übertreib nicht: Ein Beispiel im Verborgenen ist sinnlos. Wir sind schrecklich bürgerlich, wie es in Zolas Œuvre heißt. Aber nicht, weil ihre Familie seit mehr als einer Generation dort lebt, hat Waleska ohne Bedenken einen Liebhaber genommen und dann einen anderen geheiratet. »Man soll seinen ersten Liebhaber nicht heiraten, denn man fühlt sich ihm unterlegen«, war ihre Erklärung. Das Mädchen hingegen glaubt nicht daran. Sie will jemandem etwas bedeuten, der anderen etwas bedeuten wird. Er? Vielleicht... Er ist nicht einmal zu ihrer Verabredung gekommen. Es hat keinen Zweck zu grübeln. Vielleicht ist er krank, oder seine Familie oder seine Arbeit haben ihn aufgehalten.

Die Deutschen besitzen die Freiheit eines besiegten Volkes. Die Niederlage ist nicht nur eine Demütigung, es ist wie ein Haus, das wiederaufgebaut werden muss, ohne dass man dessen Vergangenheit mit einbezieht. Als Ida so sehr zu spät war, hat ihr Onkel Georges ein wenig geseufzt, und später, während des Essens, bei dem sie nicht dabei war, dachte er immer noch daran, denn er murmelte: »Sie feiert ziemlich gern, aber sie wird die beste aller Ehefrauen sein.« Die Armlehnen schneiden ihr ins Fleisch. Sie beschließt, aufzubrechen, ein Taxi zu nehmen und so schnell wie möglich heimzufahren.

Zu Hause hört sie bereits im Flur das Telefon klingeln.

Warum sie sich verpasst haben, ist jetzt unwichtig, denn gleich wird er bei ihr sein: Er war im »Ritz«, er hat sie nicht angetroffen, er war besorgt.

Schon hat sie ihre gewohnte gute Laune wieder und ist sogar noch ein bisschen glücklicher. Erst am Abend, als er schon gegangen ist, fällt ihr ein, dass er ihr erzählt hat, er habe von seinem Vater die Zustimmung erbeten, sie heiraten zu dürfen, was dieser jedoch strikt ablehnte. In der Nacht wiegen sich die langen Rispen einer Maulbeerfeige vor ihrem Fenster; alles ist gut so, denkt sie.

Wir sind junge Menschen von 1921.

Obwohl es schon Flugzeuge gibt, finde ich Züge immer noch schön. Auf der Erde dahinrollend, eingebettet wie in einen Fluss, leben sie ihr eigenes Leben und das all der Menschen, die sie mit sich führen; sie werden zusammen- und wieder auseinandergekoppelt, Fließbänder, Häuser auf Rädern, geschlossene, rauschende Muscheln.

Im Abteil verabschiede ich mich von Mama; und als der Zug abgefahren ist, kommt André zu mir in den Schlafwagen. Ich trage ein helles, kurzes Kleid mit einem schmucklosen Unterrock à la Perrette. Ich habe keinerlei Pläne, sondern möchte nur sehen und fühlen, wie die Gegenwart eines anderen meine Freude an Dingen, die mir bereits gefallen, erhöht oder vermindert. Zuweilen gibt einem das Leben, was man von ihm erwartet. Mein Begleiter ist frei, genau wie ich. Jeder ist frei vor dem anderen, und beide sind wir frei vor den anderen. Zwischen uns besteht keine Bindung; morgen schon können wir entgegengesetzte Richtungen einschlagen oder unsere Entdeckungsfahrt zusammen fortsetzen.

Einstweilen ist alles Spiel; die selbst gewählte Vertrautheit, die der Schlafwagen dann zwangsläufig mit sich bringt, das Hantieren mit den Gestellen, den Lampen, den Tischchen, das für mich nichts Neues ist, das mein Reisegefährte aber nicht kennt, unsere allzu offenkundige Jugend, der Kuss, so lang wie die Fahrt durch einen Tunnel. Nur eins beunruhigt mich: Ist die Stadt, in die ich ihn führen werde, seiner würdig? Ich bin mir meines eigenen Geschmacks nicht ganz sicher. Würde ich es jemals sein? Wenn er mir nun beweist, dass der Arno reizlos und »mein« Giottino, der, den ich mir unter allen anderen ausgesucht habe, ein unbedeutendes Werk oder gar die Pfuscherei eines Fälschers ist?

Oben im Gepäcknetz liegen unsere Koffer nebeneinander; animistisch, wie ich nun einmal bin, meine ich fast, sie miteinander sprechen zu hören, als André seinen für einen Augenblick herunterholt, um ein Buch herauszunehmen. Dann sitzen wir wieder nebeneinander, und die Koffer droben setzen ihr Gespräch fort. Der Schaffner kann ruhig vorbeikommen: Ein Platz reicht für uns beide. Plötzlich fällt mir jene Reise von Braunschweig nach Magdeburg ein, auf der der Schaffner mich fragte, ob die Fahrkarte für mich oder meine Puppe sei, die ich neben mich gesetzt hatte. Sie war größer als ich – ein beschämendes Weihnachtsgeschenk. Diesmal wird mich niemand demütigen; und sollte es doch jemand versuchen, was unwahrscheinlich ist, würde ich nicht wie damals nur mit Tränen antworten.

Aber riecht das Buch, über das unsere Köpfe gebeugt sind, nicht nach Inquisition? Von Maurras weiß ich nur, dass er Antisemit ist. *Anthinea*. Doch sehen wir einmal näher hin. Die Sätze, die von dem bald gleichmäßigen, bald abgehackten Rattern der Räder untermalt werden, bezeugen Sinn für Schönheit. »Sei gegrüßt, schöne Kriegerin!« Florenz-Desdemona; es gibt keine bessere Anrede für meine Stadt, ihre Ziegeldächer, ihre Steine, ihre harmonischen Plätze – diese Stadt, die gewiss das Unterpfand unserer Zuneigung werden wird. Der Fall Maurras muss komplizierter sein, als ich dachte. Wer »Sei gegrüßt, schöne Kriegerin!« gefunden hat, kann nur versehentlich mein Feind sein.

Das gemeinsame Essen ist für uns nichts Neues mehr, aber diese Mahlzeit im Speisewagen ist noch etwas anderes, denn danach werden wir zusammenbleiben. Der Kellner bewegt sich schwankend zwischen den Tischen hindurch, unsere Nachbarn blicken sich suchend nach unseren Eltern um, die Dächer der Dörfer leuchten goldbraun, die Weinberge sehen aus wie eine Zeichnung von Dufy. Er erzählt mir, dass sein Vater ihm die Einwilligung zur Ausstellung eines Passes (er ist schließlich noch minderjährig) mit den Worten gegeben habe, es sei ihm lieber, er führe nach Italien, als dass er heirate: Der Gedanke, man könne mit einer Frau oder sogar mit einem Mädchen verreisen, ohne sie zuvor geheiratet zu haben, ist ihm wohl gar nicht in den Sinn gekommen. Ich lache. Er sieht mich an. Beim Lachen bekomme ich Grübchen in den Wangen; als ich klein war, sagte man mir, das rechte, tiefere sei für Salz, das linke für Pfeffer. Aber er sieht nicht auf meine Grübchen, sondern in meine mandelförmig geschnittenen blaugrünen Augen, die er für grau hält, weil ich es stets so einrichte, dass ein Kleid, ein Band, ein Schal oder ein Hut sie so wirken lässt. Hat er mir nicht gesagt, er habe gewusst, dass er eine Frau mit grauen Augen lieben würde?

Es wird Abend, wir fahren immer noch durch Frankreich. Die nächsten Stunden werden uns gehören wie nie zuvor.

Wo, außer im Gefängnis, haben zwei Menschen noch weniger Platz als im Schlafwagen? Wir freilich haben immer noch zu viel: Das untere Bett benutzen wir als Kleiderablage. Paris, Florenz, man bricht auf, ohne zu wissen, wohin man gelangen wird. Ich gelange in einen lange ersehnten und unerwarteten wunderbaren Hafen. Ich befinde mich in einem Land ohne Grenzen, in dem es kein Aufbegehren mehr gibt. Mein Ich war Chaos, nun entdecke ich die Ordnung. Mein Ich war Mittelpunkt der Welt, nun werde ich alle anderen. Einen Augenblick lang fürchte ich, ich hätte meine Würde verloren, er wüsste, dass das Glück zu leben mir den Atem nimmt, dann aber gebe ich mich der süßen Wärme hin, die aus meinem Innern strahlt und meine Haut, meine Muskeln, meine Brust, alle meine Glieder durchdringt. Jede Faser meines Körpers hat Anteil an dem wunderbaren Spiel. Zuerst möchte ich weinen, dann aber lache ich, entspannt, wie jemand, der nach langer Wartezeit endlich den findet, den er sucht.

Nacht. Die Lichter draußen gleiten auf Höhe unserer Hände vorbei. Ich spüre, dass er stolz ist auf das, was er mir gegeben hat. Ein klein wenig denke ich doch an Waleskas Worte ...

Als der Morgen dämmert und wir gerade eingeschlafen sind, schreckt uns ein Klopfen an der Tür auf: Der Schaffner bittet mich, in sein Abteil zu kommen. Wir haben die Grenze bereits überschritten, die Weinstöcke recken sich wie junge Bäume, und die Dächer laufen nicht mehr spitz zu. Wahrscheinlich will uns der Mann in der braunen Uniform die Pässe zurückgeben, die wir ihm am Abend ausgehändigt haben. Nein. Ein großes Register, braun wie sein Anzug, liegt aufgeschlagen auf dem Sitz. »Gnädiges Fräulein, der Herr im Abteil neben Ihnen hat mich gebeten, in die Liste der Reisenden Einblick nehmen zu dürfen. Als er Ihren Namen sah, sagte er: ›So eine Schande, ein Mädchen aus guter Familie!‹«

Noch vor einem Augenblick war ich ein Wesen ohne Angst, doch von nun an wird das Leben nie mehr sein wie bisher. Was erwartet dieser Beamte von mir? Ein Trinkgeld? Er soll es bekommen. »Nun, gnädiges Fräulein?« Ach ja, ich muss noch herausfinden, wer dieser Mensch ist. Nun ist es an mir, die sorgfältig linierten Blätter durchzusehen: »Monsieur Z.«, ein Freund meines Bruders, der mich ein einziges Mal gesehen hat. Manche Leute haben ein gutes Gedächtnis für Gesichter.

Hügel ziehen an uns vorbei, auf deren Höhen in regelmäßigen Abständen Bäume stehen, in einer Ordnung und Klarheit, die ich wiedererkenne: Ich liebe diese Weinstöcke, deren Trauben ich nur pflücken kann, wenn ich mich auf die Fußspitzen stelle. Ich erkenne die Kirchen mit den frei stehenden Glockentürmen wieder, ich summe mit dem Lied der Räder und verstehe – endlich – jene italienischen Bäuerinnen, die mir ein Jahr zuvor gesagt haben, die Liebe sei die einzige Freude, die ihnen in ihrer Armut bliebe.

Der Mann im Nebenabteil fährt sicher bald nach Paris zurück, wo er vielleicht alles herumerzählt. Verzauberung ist immer nur von kurzer Dauer. Warum muss ich meine friedvolle Insel verlassen, um mich von Neuem in der Wirklichkeit voranzutasten? Eines Tages, früher oder später, musste es so kommen. Aber dass es so schnell und in so unzweideutiger Weise geschehen würde, das hatte ich nicht erwartet. »Ich habe sie in einem Schlafwagen auf dem Weg nach Italien erwischt...« Selbst wenn wir aus einem Hotel gekommen wären, hätte ich noch leugnen können, aber hier ist es von vornherein sinnlos, sich eine Geschichte auszudenken, man würde sich nur lächerlich machen. Es würde auch nichts nützen, die ganze Angelegenheit zu bagatellisieren; man braucht nur daran zu denken, mit welcher Entrüstung Madame R. kürzlich erzählte, sie hätte gesehen, wie S. K. in einem – seltsamerweise erleuchteten – Taxi den Surrealisten B. küsste, wo es doch keinerlei Aussicht auf eine Heirat gab! Ein Schlafwagen ist noch schlimmer als ein Taxi …

Wie gern hätte ich nur an mich gedacht! Warum will man mir entreißen, was ich gerade erst entdeckt habe, worauf ich ein Anrecht habe, was ich mir vielleicht aber nur erhalten kann, wenn ich nicht in Ruhe gelassen werde? »Dort wohnen Luxus, Ruhe, Wollust.« Sind Luxus, Ruhe und Wollust siamesische Drillinge? Was weiß ich schon. Ach, ich werde es ja erfahren. Z. wird nach Paris zurückkehren und zu meinem Onkel laufen, der mich mit großen Worten aus dem Haus jagen oder irgendetwas ähnlich Altmodisches tun wird. Mama wird in Tränen aufgelöst versuchen, ihn zur Vernunft zu bringen, ohne natürlich zu vergessen, dass wir seit Papas Tod völlig von ihm abhängig sind. Denn wir haben zwar Geld, aber in gewisser Hinsicht ist es, als hätten wir keines: Zahlen auf dem Papier, ein Scheck am Monatsende, ein anderer zwischendurch, wenn man darum bittet, und von diesem Geld wissen wir nur, dass es aus der Lederfabrik kommt, in der es nach Salzlauge riecht. Keine Abrechnung, kein Vertrag: Wir gehören einer guten jüdischen Familie an, in der man einander vertraut, in der sich die Frauen nicht in geschäftliche Angelegenheiten mischen und in der man auf seinen Ruf bedacht ist. Schöne Aussichten! Arbeiten? Wo? Wie? Was? Ich habe nichts gelernt, womit ich auch nur einen Sou verdienen könnte …

»Wo bleibst du denn?«, fragte er, in der Tür wartend. In seinem seidenen Schlafanzug, in dem er aussieht wie einer der Clowns von Laforgue, wirkt er noch jünger als sonst. Ich liebe Laforgue, wie er. Genug phantasiert. Machen wir es wie der Zug: Er weicht nicht von seinem Weg ab! Im Abteil, dem Zeugen unserer Intimität, lehne ich meinen Kopf an ein Spitzendeckchen, das mich an den Zug erinnert, mit dem ich vor zehn Jahren mit meinen Eltern in den Süden fuhr. Die Ausstattung der Schlafwagen hält offensichtlich mit der Zeit nicht Schritt. Ich kauere mich in gewohnter Haltung in eine Ecke der Sitzbank, und mir ist, als säße ich vor meiner Schreibtischschublade, entschlossen, sie aufzuräumen.

Was der Schaffner wollte? Ich sage ihm die Wahrheit. – »Ist es dir unangenehm?« Jetzt schon nicht mehr so sehr. Aber ich darf ihm nichts verheimlichen, und so – ob nun aus dem Wunsch, das Gesicht zu wahren, oder aus einer mir selbst nicht bewussten Aufrichtigkeit – spreche ich als Erstes von Mamas Kummer. Dann erklärte ich ihm, ich hätte keine Lust, jene klägliche Heldin zu werden, als die ich mich im Geiste schon sah. Ich hörte mich sagen: »Meine Brüder werden mich hinauswerfen, und mein Onkel wird froh sein, mir keinen Franc mehr geben zu müssen.« – »Würde unsere Heirat die Sache einrenken?« – »Natürlich.« – »Dann kann mein Vater nichts mehr dagegen haben.«

Wieder ist eine Falle zugeschnappt. Das kommt mir zu Bewusstsein, noch bevor mir klar wird, dass meine Feigheit mich in Zukunft wie ein Schoßhündchen überallhin begleiten wird. Ein kleiner Versuch, mich zu befreien: »Wir lassen uns nach einem halben Jahr scheiden.« Er nickt. Im Grunde ist es ihm völlig gleichgültig; er hat ja schon vor zwei Wochen an eine Heirat gedacht. Seine Eltern leben, glaube ich, schon seit Langem getrennt; die Ehe, provisorisch oder definitiv, kann für uns beide nicht dasselbe bedeuten.

»Ich werde diese Angelegenheit mit diesem Menschen nebenan ins Reine bringen«, sagte er. Wenn wir bereit wären, dieses halbe Jahr, in dem wir »erwachsen« spielen wollen, als Komödie aufzufassen, könnte diese Geschichte sogar recht unterhaltsam werden, wer weiß. Im Augenblick stehen die Aussichten jedenfalls ganz gut. Er kommt zurück. »So ein Idiot, mit seiner lästigen Neugier! Ich habe ihm mit der größten Selbstverständlichkeit erklärt, dass wir verlobt sind und mit Erlaubnis unserer Eltern reisen. Aber zuvor habe ich ihm ein kleines Duell angeboten.«

In seinen Armen warte ich lachend darauf, dass er mich küsst, als der Schaffner, eine braune Silhouette vor dem grüngrauen Hintergrund der Hügel, noch einmal im Türrahmen auftaucht und uns eine Visitenkarte überreicht: »Monsieur Z. entbietet Mademoiselle Goldschmidt seine vorzügliche Hochachtung und versichert ihr, dass außerhalb dieses Waggons niemand von dem Zwischenfall erfahren wird.«

Artig formuliert. Der Schaffner hat sich ein hübsches

Sümmchen dazuverdient. Bei meiner Rückkehr werde ich erfahren, dass Z., kaum in Paris angekommen, jedem, der es hören wollte – und das waren nicht wenige –, von der reizenden Begegnung erzählte, die ihm der Zufall in einem Zug nach Florenz beschert hatte.

Gäbe es diese Stadt, diese Tage und Nächte nicht – allerdings muss ich zugeben, dass dann alles anders aussähe –, würde ich mich in den Arno stürzen; ich weiß sogar, an welcher Stelle: dort, wo er eine klare Grenze zwischen den festungsähnlichen Häusern zieht. Doch es gibt diese Stadt, und es gibt auch unsere Begeisterung für ihre Schönheit, und es gibt die Tage und Nächte und die Tage, die wir zu Nächten machen. Allerdings: Ich wollte frei sein, und nun bin ich abhängig von dem, was ich – um nicht das Wort Liebe zu gebrauchen – eine sinnliche Freundschaft nenne. Dabei ist seine Anwesenheit, unser völliges Einverständnis, kaum ein ausreichender Grund, um mir zu verzeihen, dass ich mich der Lust unterworfen habe, dass ich sein Erstaunen darüber, dass ich nicht dumm bin, hinnehme – eigentlich zweifelte er, bevor er mich kennenlernte, immer an der Fähigkeit der Frau, selbstständig zu denken. Fast ebenso unbegreiflich sind meine ehrfürchtige Bewunderung seiner Intelligenz und vor allem meine Feigheit angesichts der materiellen Schwierigkeiten, die ich vorausahne. Wie ungern gebe ich zu, vor dem ersten Hindernis versagt zu haben! Bin ich wirklich feige, oder verbirgt sich hinter meiner Feigheit der uneingestandene Wunsch, mein Leben an das seine zu binden? Mich selbst so zu belügen wäre furchtbar, da ich ein Leben anstrebe, das auf der Wahrheit aufbaut.

Irgendwie bin ich feige, und immer wieder sehe ich zwischen uns den Dämon der heimlichen Feigheit tanzen, der jenen kleinen Teufeln ähnelt, die André des Öfteren in einem einzigen Schnörkel auf das Papier zeichnet: den Teufel der gefährdeten Freundschaft, der vagen Pläne, der verborgenen Wünsche und der gescheiterten Ansätze, einander näherzukommen. Dann wieder versuche ich, mich davon zu überzeugen, dass es vielleicht ganz natürlich und normal ist, so zu reagieren, und dass weder er noch ich etwas anderes erwartet haben. Und das meint er wohl auch, als er mir halb verärgert und halb belustigt sagt: »Nun, mach doch nicht so ein Gesicht, du weißt genau, dass sich nach unserer Heirat zwischen uns nichts ändern wird.«

Von der Hauptpost in Florenz schicken wir meiner Mutter ein Telegramm, um ihr unsere Verlobung mitzuteilen. Das Hotel »Moderne« fügt sich zwischen zwei Palazzi aus Quadersteinen ein. Das Weiß der gekalkten Wände in unserem Zimmer beginnt sich bei mir mit der Vorstellung von Vergnügen zu verbinden; es ist der letzte Strand, den ich vor der immer von Neuem begonnenen Reise sehe. Eines Abends höre ich auf der anderen Seite des kleinen Hofes vor unserem Fenster eine Stimme auf Italienisch sagen: »Was geht denn in dem erleuchteten Zimmer vor sich?«, und eine andere antwortet: *Niente afatto*, ein kleines Mädchen, das ausgeht.« Ich übersetze belustigt und genieße einen der wenigen Triumphe, die mir bleiben: für ihn die Verbindung mit der Umwelt herzustellen.

Gegen elf Uhr morgens sitze ich bei »Da Giacosa«

oder bei »Deneux« in der Via Tornabuoni neben einem Begleiter in heller Kleidung, lasse in meinem Mund ein Fruchteis zergehen und höre zu, wie mehr oder weniger ruinierte junge Grundbesitzer die Mädchen begutachten, die ihre Schritte vor den Schaufenstern verlangsamen, in denen sich Kuchen zu üppigen Landschaften türmen. Wir essen in einer Trattoria zu Mittag und zu Abend, ich trinke eine Tasse Schokolade auf der Piazza della Signoria, gegenüber der Statue des *David* in seiner vollendeten Siegerpose. Ganze Straßen haben wir fast für uns allein. Der rege Dialog, der uns vereint, wird jeden Augenblick lebhafter; »mein« Giottino hat ihm gefallen, er konnte mir sogar erklären, warum er uns gefällt; vor Uccellos *Schlacht* rät er mir: »Betrachte dieses Bild so, als ob es keine historische Begebenheit darstellt.«

Etwas später verdeckt er mit vorgehaltener Hand einen Teil des Gemäldes: »Versuch es auch, du wirst sehen, dass es so viel besser wirkt.« Er hat recht.

Amüsiert beobachte ich, wie er, kaum dass er einen Saal betreten hat, umherrennt, als sei er in Gefahr, hastig die Gemälde mustert, um nach seiner eiligen Erkundung dorthin zurückzukehren, wo es ihm lohnend scheint. »Ich werde mir Rollschuhe kaufen, um dir besser folgen zu können«, scherze ich.

Sein umfassendes Wissen setzt mich immer wieder in Erstaunen, ebenso die Phantasie und der Sarkasmus, die abwechselnd in seinen Worten mitschwingen, seine originellen Assoziationen, sein rasches Urteil. Seine Schwärmerei hat zwei Aspekte: Sie ist leidenschaftlich und dandyhaft zugleich – in diesem von Savonarola und

Michelangelo geprägten Florenz werde ich vor allem den Dandy in ihm kennenlernen.

Dann kommt der Tag, an dem wir neben dem Friedhof von San Miniato al Monte im Gras liegen, hinter uns die von Michelangelo entworfene unvollendete Mauer, vor uns die golden glänzende Stadt, deren Dächer und Fassaden vom Abendlicht ganz in Rot getaucht werden. Schützend wölbt sich die Kuppel von Santa Maria del Fiore über den scharfen Umrissen der Türme, deren Namen wir kennen. Im selben Rhythmus werden wir mit der Stadt und miteinander vertraut, erzählen uns gegenseitig von unserem früheren Leben ohne einander und bereichern uns gleichzeitig an einer Vergangenheit, deren Zeugen die Fresken sind, die mittelalterliche Enge der *bifurchi* und die unerwartete Strenge der Boboli-Gärten.

»Wie glücklich wir sind«, sagt er zu einem Körper, der neben seinem liegt, zu Augen, deren Blick dem seinen folgt.

Warum soll ich diesen Augenblick nicht genießen? Warum dieses Zögern? Ist es Aberglaube oder Scham? Ich schäme mich etwas vor mir selbst, weil ich so leicht ein Glück annehme, das auf meiner Feigheit beruht. Vor uns im Tal versinkt die Stadt; alles, was er gesagt hat, erstarrt wie die Bewegung in einem unterbrochenen Film. Steckt in mir eine Neigung, das Schöne zu verderben? Es ist wohl eher Angst, Angst vor dem Unbekannten in ihm. Ich wage nicht, etwas zu sagen, aber auf dem Gras hat meine Hand die seine ergriffen, die ich schon einmal in einer Aufwallung von Dankbarkeit geküsst habe, die mich selbst überraschte. Er sagt: »Wenn du stirbst, werde ich mich umbringen.« Ich habe seine Hand zwar schon geküsst, aber verpflichten kann ich mich in diesem Augenblick nicht. Er wiederholt: »Ich würde mich umbringen« und fügt hinzu: »Und du?« Wozu bin ich fähig? Natürlich könnte ich mich umbringen, aber genauso gut könnte ich auch weiterleben. Der Besitz dessen, was ich seit Kurzem habe, stillt meine Begierde nicht, im Gegenteil. Noch nie war ich so voller Erwartung. Alles, schlicht und einfach alles, erhoffe ich mir: ihn, den Glanz, den er jedem Augenblick meines Lebens verleiht, auch meine Freiheit und schließlich die Unvergänglichkeit. Das ist mir bestimmt, die Unvergänglichkeit, die Intensität, überraschende Entdeckungen. Ja, ich liebe dich, Unvergänglichkeit ... Nein, ihn liebe ich. Ich habe nicht das Recht, sinnlose Worte auszusprechen. Wie kann ich versprechen, mich an mein Wort zu halten, das ich schon einmal gebrochen habe, ich, die Wortbrüchige, die Verräterin. Das muss er verstehen. »Jetzt, in diesem Augenblick ...« Die Anstrengung zu sprechen verleiht mir die Stimme einer jungen Nonne: »Jetzt bin ich sicher, dass ich es tun würde«, doch zu sagen, ich würde mich auch umbringen, scheint mir etwas unangebracht. »Woher soll man denn wissen, wie man später einmal sein wird? Ich kann nichts versprechen.« Und scherzend weiche ich aus: »Außerdem verstehen wir uns jetzt nur so gut, weil ich so sanft und gefügig bin, aber wenn wir erst einmal verheiratet sind, werde ich nicht mehr so entgegenkommend sein.«

An einem Nachmittag wie diesem hatte uns das Fräulein, wie schon so oft, mit einen Klappstuhl unter dem Arm, auf die Ranelagh-Wiese geführt. Lauter noch als der Lärm der spielenden Kinder hallte der Lärm der Stadt mit ihren Wagen und den schweren, dampfspeienden Maschinen. Ich aber hörte nur eine undurchdringliche Stille. Auch die Tiere ahnen Katastrophen, die sich weit entfernt abspielen; sie legen sich dann auf den Boden und warten, durch die enge Verbindung mit der bebenden Erde noch mehr verängstigt. Der Himmel war schwefelgelb, und das Gras roch nach Weltuntergang; während dieser Stunden hatte das Böse freie Bahn, ich wusste es: In der Ferne spaltete sich Sizilien.

Wer ahnt schon, dass ich, während ich atemlos neben ihm einen Hügel hinunterstolpere, wie damals neben den großen Schritten von Fräulein, auf das Ende der Welt warte? Während des ganzen Weges, der durch den schön angelegten Park und dann durch die Vorstadt mit ihren zahlreichen Gassen gelangt, schweigt er. Aus den Gassen kommen wir wieder in hell erleuchtete Straßen; die Menschen an den Straßenecken spüren, wie die Steine, gegen die sie sich lehnen, allmählich abkühlen. Ich möchte nicht mehr laufen, ich möchte auch stehen bleiben und den Rücken an die Wand lehnen, an die Wand, nicht an seine Arme. Wie habe ich es fertiggebracht, alles zu zerstören? Ich habe mich einer Verpflichtung entzogen. Ich erlebe zu viel, als dass ich ahnen könnte, was mir noch bevorsteht. Ich bin erst am Anfang. Ich habe Angst vor seinen Worten, ich weiß nicht, ob er selbst daran glaubt, und ich bin mir nicht mehr sicher, was sie bedeuten sollen …

In der Trattoria herrscht zwischen uns ein Schweigen, dornig wie ein Kaktus. Wird sich dieser Tanz, bei dem man sich findet, um sich gleich wieder zu verlieren – wie schon bei Papa – denn ewig wiederholen? Mutter zitierte manchmal Goethe: »Hab ich die Kraft, dich anzuziehn, besessen, / so hatt ich dich zu halten keine Kraft.« Das stimmt nicht. Den anderen, und es gab deren einige, habe ich den Laufpass gegeben. Er dagegen soll bleiben, nicht für immer, aber doch für lange Zeit. Um zu reden, zu lesen, zu schauen, zu reisen, zu fühlen, zu weinen.

Er sagt: »Du weinst!« Er sagt: »Wein nicht. Komm, wir wollen Chianti trinken und das alles vergessen.«

Jetzt beginnt das Leben wieder mit einer Süße, die aus dem Wein, aus unserem Kummer aufsteigt, aus Worten, die wir ausgesprochen haben, und aus Worten, die wir ungesagt lassen. Vielleicht bin ich ruppiger als er, weil ich mit zwei Brüdern einen anderen Ton gewohnt bin, während seine Empfindlichkeit von drei Frauen, über die ich so gut wie nichts weiß, noch verstärkt wurde.

Das Hotel »Moderne« hat keinen Aufzug. Ich blicke auf die Steinstufen, die neben einer Halbsäule beginnen. Drei Stockwerke, der Turm von Babel, die Sprachen, die einander fremd geworden sind, der Festungsturm »Tour Magne« von Nîmes. Er schließt mich in seine Arme. Ich habe mir immer vorgestellt, er sei wie ein großes Schiff, er, der Sohn von Seefahrern mit wiegendem Gang. Ich werde zu einer Schatztruhe, aus dem bunt gemischte Allegorien herausquellen: Tristan und Isolde wegen jenes Bettlers, der Isolde am Tag eines doppeldeutigen Schwurs trug; Elsa, die Lohengrin zu viele Fragen stellte;

der Ring, den ein übersättigter Tyrann ins Meer warf; die Frau, aber es gibt sie nicht, die plötzlich Angst bekam und weglief.

Waren wir aufgebrochen, um eine solche Erfüllung zu finden, oder auf welchen Umwegen gelangten wir zu ihr? Was bedeute ich ihm? Was für eine einsame Kindheit verjagt meine Anwesenheit? Welche Demütigungen lösche ich aus? Welche plötzlich in ihm aufgekeimte Hoffnung setzt er in die Liebe? In diesem Augenblick glaube ich zu verstehen, dass unsere Liebe für ihn eine Bekehrung bedeutet, den Bruch mit seinen früheren Beziehungen zur Welt. Unsere Heirat schien ein Spiel zu sein, das uns nicht weiter verpflichtete, eine rituelle Posse, um Zuschauer an der Nase herumzuführen, aber was diese Stunde mir enthüllte, hatte ich nicht vorausgeahnt oder vielleicht nicht zu erwarten gewagt.

Eines Tages, später, viel später, wird er mich wieder in seine Arme nehmen, er wird mich ein Stockwerk hochtragen, zwei Stockwerke, drei Stockwerke, höher noch, dann wird er gehen.

Siena mit seinem Platz, der wie eine riesige Jakobsmuschel aussieht. Auf den Mauern des Palazzo Civico ein einsamer Eroberer, der in uns keine Vorstellung von Kämpfen wachruft, weil seine ergreifend klaren Formen keine Assoziationen wecken, die über das Dargestellte hinausgehen, und dennoch wie für die Ewigkeit geschaffen scheinen.

San Gimignano, bei dessen Anblick ich entdecke, dass mein Begleiter das, was er vor Augen hat, immer ungeduldig mit dem vergleicht, was er sich, weil er es noch nicht gesehen hat, in seiner Phantasie ausmalt. Jede Situation unserer Reise erweckt in ihm den Wunsch nach der nächsten, die seine Ahnung bestätigen oder widerlegen wird: Entspricht dieses Drängen von einem Wunsch zum nächsten seinem innersten Wesen, oder rufe ich es durch meine Gegenwart hervor? Auf jeden Fall bin ich bereit, ihm auf diesem Weg zu folgen, solange er nichts Unmögliches verlangt. Angesichts der über dem Hügel aufragenden viereckigen Türme von San Gimignano fragt er sich zum Beispiel, ob nicht auch New York dem Reisenden, der in den Hafen der Stadt einfährt, den gleichen Anblick bietet – Türme, die über wuchtigen Häusermassen aufsteigen und den Himmel in Streifen zerteilen —, ohne dass es uns deswegen eingefallen wäre, unverzüglich hinzureisen. Als wir jedoch eines Abends am halb ausgetrockneten Bett des Arno spazierengingen und die blumenbunten Lampions, unter denen am anderen Ufer ein Fest gefeiert wird, uns an Venedig erinnerten, schlug er mir sofort vor, dorthin zu reisen. Ich war umso eher dazu bereit, als ich an diesem Tag ein Telegramm von Mama erhalten hatte, in dem es hieß: »komm sofort zurück, ohne deinen bekannten.« Obwohl diese Worte keineswegs aggressiv waren, verleiteten sie uns zum Ungehorsam. Dabei hätte Mama noch viel konventioneller reagieren können. Sie tat es aber nicht, auch nicht nach unserer Rückkehr, sondern sah nur etwas verwirrt, wie mein Leben eine so ganz andere Richtung nimmt als das ihre.

An den Fenstern des Abteils zog das Dörfchen vorbei, in dem ich vor zwei Jahren zum ersten Mal meine Ferien allein verbracht hatte; danach erschienen die Hügel nicht mehr so jugendlich streng, sondern wurden sanfter, wie eine glückliche Frau, ohne jedoch ihren Stolz zu verlieren. Jeder Marktflecken schien einen Besuch wert. Wir würden wiederkommen ... Weil wir Pläne schmiedeten, waren wir in meinen Augen nicht mehr so unbescholten.

Diese Vorstellung von Unbescholtenheit muss für mich wohl mit der nüchternen Strenge und Geradlinigkeit der florentinischen Architektur verbunden gewesen sein, da es mir so schwerfiel, an Venedig Gefallen zu finden. Seit meiner Kindheit hatte ich barocke Schnörkel abgelehnt, überreiche Verzierungen und ausladende Gesten missfielen mir. In Venedig sprang einfach kein Funke über, obwohl André mir einredete, ich müsse beim Anblick von San Marco die Signoria vergessen. Um ihn ein bisschen zu ärgern und auch um zu sehen, wohin diese Meinungsverschiedenheiten führen, widerspreche ich. Ich frage mich, ob mein puritanischer Geschmack nicht auf die Angst zurückzuführen sei, eines Tages erleben zu müssen, wie sich die tausend Möglichkeiten, die ich in mir berge, in alle Winde zerstreuen. Doch kann ich den Piazzette im Augenblick wirklich wenig abgewinnen, und indem ich sie ablehne, bestätige ich mich selbst.

Es gibt jedoch ein im Augenblick noch völlig hypothetisches anderes Gebiet, auf dem ich mir die Möglichkeit für künftige Erfahrungen erhalten möchte. Ich habe diese Ansprüche bei meinem Gefährten bereits angemeldet, ohne dass er davon besonders begeistert zu sein schien. Heute, da sie konkreter werden, muss ich darauf bestehen: »Wir dürfen uns nicht nur auf uns selbst beschränken, ob wir nun verheiratet sind oder nicht. Selbstverständlich werden wir uns in sechs Monaten scheiden lassen. Um danach zusammenzubleiben? Wahrscheinlich schon, aber müssen wir uns nicht vorher über unsere gegenseitige Freiheit einigen?« – »Glaubst du wirklich, dass wir das alles festlegen müssen?«, fragt er mich.

In diesen Tagen, in denen die Zeit nicht zählt, habe ich nicht das geringste Bedürfnis, eine Entscheidung zu treffen. Paradoxerweise beharre ich umso mehr auf meiner Haltung. Sein Ja klingt gar nicht überzeugend, aber ich finde mich damit ab. Ebenso wie ich mich schließlich an die Kuppel von Santa Maria della Salute gewöhne, diese schwach vergoldete Brioche, die ich durch das Fenster des Hotel »Danieli« betrachte. Es ist das einzige Hotel in Venedig, dessen Namen ich bei George Sand gelesen und von meinen Eltern gehört habe und in dem unser Geld allmählich zur Neige geht.

In Venedig fühle ich mich eigentlich erst am Abend wohl, wenn in der Dunkelheit jene verhaltene Leidenschaft aufflammt, die mit unserem fast verzweifelten Verlangen nach Maßlosigkeit einhergeht. Und obwohl ich nach wie vor die Zeichenkunst der Malerei vorziehe, bin ich in einem solchen Augenblick bereit zuzugeben, dass diese Welt ohne Sicherheitsnetz der Titanen bedarf, mit denen Tintoretto die Palastwände belebte, um sich auszudrücken. Später werden wir nach Rom weiterfahren. Vorerst fühle ich, dass gemeinsames Betrachten uns einander ebenso nahebringt wie das Spiel unserer Körper. Zuerst wundert er sich, aber dann lässt er sich genauso gern wie ich von diesem Spiel einfangen, beglücken und in eine gelöste, fast kindliche Stimmung versetzen, in der wir über alles lachen oder gemeinsam ein Stück Obst essen, ein Ritual, das mir fast ebenso intim erscheint wie das vorangegangene und mich in die Lage versetzt, etwas später seine Fragen nüchtern zu beantworten. Dass ich eine Antwort auf seine Fragen weiß, erstaunt ihn, glaube ich, am meisten. Er hat mir gestanden, niemals einer Frau begegnet zu sein, die so klar ausdrücken konnte, was sie empfand. Nichts scheint mein Vergnügen zu trüben, und wenn ich es noch nicht wage – aber werde ich das je? – anzudeuten, welche Geste ich in einem bestimmten Augenblick erwarte, dann nicht, weil ich nicht weiß, was ich erwarte, sondern weil ich die Überraschung ebenso genieße wie die Erfüllung eines Wunsches. Ich liebe es, mit offenen Augen in die Welt meiner Sinne vorzudringen: Ich habe das Gefühl, als intensiviere mein Bewusstsein auch hier alles, was ich erlebe.

Stimmt das? Mir jedenfalls scheint es so. Ich habe mich so sehr in diese Tage zurückversetzt, dass ich noch vor mir sehe, wie die Sonne langsam die Bogengänge der Piazza San Marco erhellt und die kandierten Früchte in der Auslage einer Konditorei neben dem Café »Florian« plötzlich durchsichtig schimmern lässt. Wie damals spielte ich mit dem Schmuck, der auf dem noch unzerstörten Ponte Vecchio verkauft wurde, und ich streifte die beiden Ringe, die ich mehr als zwanzig Jahre aufbewahrt habe, über die Finger. Der eine hatte in der Mitte eine prachtvolle barocke Perle, die mit Rubinen gefasst war und die, wenn man sie hochklappte, eine kleine Vertiefung freilegte, in der man – falls nötig, giftiges – Pulver verwahren konnte, was unserem gemeinsamen Sinn für das Abenteuerliche entsprach. Dieser Ring stammte übrigens aus dem 17. Jahrhundert. Der andere war weniger geheimnisumwittert, verlieh dem Träger jedoch mysteriöse Kräfte.

Glaubte ich denn an diese geheimnisvollen Kräfte? Sicher, denn ich glaube, wie ich wohl schon angedeutet habe, an alles, wie ich es schon in jener Zeit meiner Jugend tat. Mein Begleiter hingegen bekannte sich nach einer ersten Begegnung mit dem Mysteriösen zu einem unerschütterlichen Agnostizismus (unsere Tochter schlug unbewusst den gleichen Weg ein), fand jedoch nichtsdestoweniger Gefallen an den okkulten Wissenschaften. Er interpretierte Nostradamus, hatte sich mit Éliphas Lévi beschäftigt und erstellte als Schüler von Max Jacob sehr brauchbare Horoskope, wenn er gerade Lust dazu hatte. Deshalb scheute ich mich auch nicht, ihm von der Hellseherin Freya zu erzählen, die ich zusammen mit einer Freundin einst besucht hatte. Sie empfing mich, als ich durch die Tür ihres unerwartet hellen Salons trat, mit den Worten: »Noch eine, die sich nach einem übermenschlichen Glück sehnt!« Worauf ich entgegnete, dass das wohl das Mindeste sei, was ich erwarte.

Ohne Verlegenheit erzählte ich ihm auch die Geschichte des Ringes, den ich einen Tag vor dem Tod meines Vaters verloren hatte. Dieses Omen überraschte ihn keineswegs, denn, so belehrte er mich, der Amethyst sei der Stein der väterlichen Liebe. Während der zartfarbene Topas des zweiten Ringes, den ich in Italien gekauft hatte − er war in zwei florentinische Lilien aus bleichem Gold gefasst −, selbstverständlich die eheliche Liebe symbolisierte. Mir wäre lieber gewesen, wenn er das Symbol der Liebe schlechthin gewesen wäre. Aber lange Zeit waren beide für mich ein und dasselbe. Als ich daher in der Eremitage in Leningrad den Verlust meines honigfarbenen Steines bemerkte − dabei schien mir mein Finger merkwürdigerweise wie von einer Last befreit −, war ich ohne Verwunderung bereit, das hinzunehmen, was ihn und mich wie eine Art des Sterbens anmutete.

Aber noch ist es nicht so weit. August 1921. Nachdem wir die Hotelrechnung bezahlt und die Schlafwagenplätze reserviert hatten, blieb uns kein Sou mehr übrig. Ausgerechnet an diesem Tag musste der Orientexpress, der eine Vielzahl von neu entstandenen Ländern durchquerte, zwölf Stunden Verspätung haben. Wir verbrachten also den Nachmittag am Lido und aßen nichts weiter als ein paar Trauben. Ich erinnere mich, dass mich der Gedanke an den Hunger faszinierte, noch ehe sich dieser einstellte. Im feinen Sand zeichnete sich die Form meines Körpers ab. Um unsere Kräfte zu schonen, sprachen wir wenig, und dieses Fehlen einer Anstrengung zwischen uns war etwas Neues, Erholsames für mich.

An der Schweizer Grenze entdeckten wir, dass wir etwas Kleingeld in der Landeswährung besaßen, mit dem wir uns fünf Sandwiches kaufen konnten. Ich wollte sie auf die langen Stunden verteilen, die wir noch im Zug verbringen mussten. Doch schon bevor wir nach Frankreich kamen, fing André an zu murren. Er lag schon jetzt auf dem Bauch, um den Hunger weniger zu spüren. Daraufhin erklärte ich mich einverstanden, und wir aßen die Brötchen auf, obwohl ich es noch für zu früh hielt. Die letzten Stunden unserer Fahrt nach Paris überstanden wir mit Würde.

Am Bahnhof erwartete mich Mama mit meiner Tante Jeanne, die sich brennend, wenn auch vergeblich, für die intimen Dinge interessierte.

Jeanne fragte mich: »Lohnt es sich denn?«

Mama fragte mich: »Bist du glücklich?«

Mein Bruder Maurice fragte nicht, ob ich glücklich sei. Während er auf seinem Bett saß und ungeschickt versuchte, in einen zu engen Schuh zu schlüpfen, sagte er zu mir: »Du hast uns entehrt. Ich gehe nach Amerika.«

Ich entgegnete ihm: »Aber zieh zuerst deine Schuhe an.«

Am nächsten Tag traf er meinen Verlobten im »Fouquet«. Ich weiß nicht mehr, worüber sie sprachen, und erinnere mich nur noch daran, dass mein Bruder erklärte: »Sie ist wirklich ziemlich intelligent, das Dumme ist nur, dass sie auch völlig übergeschnappt ist.« Damit war ich gemeint. Daraufhin wechselten sie das Thema. Zwischen ihnen bestand lange Jahre ein sehr gutes Verhältnis.

»Wir werden bei dir in den zweiten Stock ziehen, der ja wie ein Appartement für sich ist«, sagte ich zu Mama, die sich über diesen Entschluss sehr freute.

»Eigentlich wollte ich nicht, dass mein Sohn so jung heiratet«, meinte mein Schwiegervater bei dem Höflichkeitsbesuch, den er meiner Mutter abstattete, »aber da uns die Kinder vor vollendete Tatsachen stellen, bleibt uns keine andere Wahl.«

»Diese Bemerkung hätte er sich sparen können«, meinte Mama zu mir.

»Sie ist bezaubernd«, sagte mein Schwiegervater zu seinem Sohn, »und für eine Jüdin sehr einfach gekleidet.« Ich hatte das weiße Kleid mit dem ägyptischen Figurenmuster selbst gemacht.

»Dein Onkel ist ein Bettler, und du bist nichts weiter als ein armes Mädchen«, sagte mein Onkel, als ich ihn bat, mir die Erbschaft meines Vaters auszuzahlen. »Ich werde mich an meinen Rechtsanwalt wenden«, erwiderte ich. Daraufhin lenkte er ein, allerdings nicht ohne mir vorher eine ziemlich hohe monatliche Pension anzubieten, die ich jedoch ausschlug; mein Onkel konnte nämlich großzügig sein, wenn es darum ging, andere weiterhin zu bevormunden.

»Sie müssen einen Vertrag abschließen«, riet mir der Anwalt, der uns schon bei unserem Ausbürgerungsprozess vertreten hatte. Ich lehnte ab, denn es schien mir unnötig, schwarz auf weiß festzuhalten, dass ich ein gewisses Vermögen besaß, André aber von seiner Familie keinerlei Unterstützung erhielt. Im Moment wog in meinen Augen das Risiko, von dem dieser vernünftige Mann sprach, meine Feigheit im Schlafwagen etwas auf.

»Dein Onkel sieht aus wie ein Senftopf«, sagte mein

Verlobter. Obwohl das naheliegend war, war es mir nie in den Sinn gekommen.

Mein Bruder fragte mich: »Möchtest du, dass Isa (das war seine Geliebte) deinen Brautkranz macht?« Ich stimmte begeistert zu, weil ich darin einen Verstoß gegen die bürgerliche Ordnung sah.

»Ich habe mir bei Poiret für die standesamtliche Trauung ein mit Feh besetztes Kostüm aus schwarzem Samt bestellt«, sagte ich. Dann fügte ich ein wenig verschämt hinzu: »Könnten wir nicht noch etwas anderes machen, ich meine irgendetwas religiöser Art? Mir ist es auch nicht wichtig, um welche Religion es sich dabei handelt; so ähnlich wie Laforgue, der nach der Trauung mit seiner Frau zehn Minuten im Dunkel einer Kirche verbrachte?«

»Einverstanden«, antwortete er, »aber dann besuchen wir nacheinander alle religiösen Stätten; wir gehen in eine protestantische und in eine katholische Kirche, in die Synagoge, in eine Moschee, in eine Pagode, wenn wir eine finden, und in ein Versammlungshaus der Christian Science.«

»Mir gefällt es gar nicht, wenn du dich über mich lustig machst«, sagte ich zu ihm.

»Du wirst noch im Kloster enden«, erwiderte er.

Acht Tage vor unserer Hochzeit ging ich zum Standesbeamten. »Monsieur, ich wünsche, dass die Geburtsdaten nicht verlesen werden«, erklärte ich ihm und schob ihm dabei mit einer Geste, die keinen Widerspruch duldete, dreihundert Francs zu.

»Ich verstehe«, erwiderte er, »die zukünftige Braut ist wohl nicht mehr die Jüngste.«

»Die zukünftige Braut steht vor Ihnen«, sagte ich.

»Dann«, meinte er traurig, »ist wohl der Bräutigam zu alt?«

»Im Gegenteil, er ist zu jung.«

»Ich bekomme meine Koffer nicht zu«, teilte mir mein Verlobter mit, als er eine Dreiviertelstunde vor der Trauung zu Hause ankam.

»Ich begleite dich zum Hotel«, erwiderte ich, »und nehme einen Koffer mit, in den wir einfach hineinstopfen, was zu viel ist.«

»Du wirst zu spät kommen«, sagte Mama zu mir.

»Man wird nicht ohne mich beginnen.«

»Während ich mich um das Gepäck kümmere, kannst du schon die Rechnung bezahlen«, sagte er, als wir im Hotel angekommen waren.

Er gab mir die Papiere und das Geld. Die Empfangsdame träumte vor sich hin.

»Madame«, drängte ich, »Madame, beeilen Sie sich, in zwanzig Minuten muss ich auf dem Standesamt sein.«

»So«, meinte sie, blickte dann endlich auf und fuhr fort: »Sie sind also die Kleine, die jeden Morgen zu diesem Jungen kommt? Und jetzt wird das Verhältnis legalisiert?«

»Ja«, sagte er.

»Ja«, sagte ich.

»Sie werden sehr glücklich sein«, erklärte der Bürgermeister, »weil Sie sehr jung sind.«

»Ach übrigens, ihre Geburtsdaten sind gar nicht verlesen worden«, fiel einer meiner Tanten auf.

»Und was machen wir damit?«, fragte mein Bräutigam, als wir die Treppen des Bürgermeisteramts hinuntergingen: Aus den Tiefen seiner Tasche beförderte er die Eheringe hervor. Seiner war zu weit, denn er hatte gedacht, er gehöre an den Mittelfinger.

»Du hättest den Vater heiraten sollen«, sagte Tante Jeanne. »Er sieht viel besser aus als der Sohn.«

Wie anders als die erste Verlobungszeit und wie eigenartig waren doch diese Wochen, die nur aus Lust und Schlaf bestanden. Schon am Morgen eilte ich in das mir inzwischen vertraut gewordene Hotel am linken Seineufer, um einen großen Pierrot zu besuchen, der oft noch schlief und dessen Frühstück ich aufaß. Ab ein Uhr wartete ich zu Hause auf ihn, jetzt meinerseits todmüde. Die Abende verbrachten wir gemeinsam. Mein Körper war nur noch ein einziger Quell der Freude. Für den Rest der Welt sah ich sicher nicht wie ein blühendes Geschöpf aus, sondern wie ein armes anämisches Kind. Ich nahm ab, meine Augen verloren ihren Glanz, und von meiner Nase zog sich ein immer tiefer werdendes trauriges Fältchen zu meinen Mundwinkeln und ließ schon die Falte ahnen, die ein paar Jahrzehnte später nicht mehr verschwinden sollte. Selten war ich eigentlich so wenig begehrenswert wie in jener Zeit, da ich begehrt wurde.

Und selten war ich so dumm wie zu jener Zeit. Von allen Gründen, die mich einen Menschen allen anderen vorziehen ließen, blieb ein einziger übrig: die Liebe. Durch das beruhigende Wissen, dass wir mit unseren Vorlieben bei Büchern, Kunstwerken, Veranstaltungen und Landschaften übereinstimmten, empfand ich keinerlei innere Unruhe, ließ mich gehen und lebte nur für meine wichtigste Entdeckung. Äußerst selten fragte ich mich, was ich über den Mann wusste, an den ich mich vorläufig und endgültig gebunden hatte, wie es bei allen Bindungen der Fall ist, was ich im Übrigen auch richtig fand.

Ja, was wusste ich eigentlich? Dass er in bewundernswerter Weise mit Ideen jonglierte und auf vielen Gebieten bewandert war, dass er Mut besaß, manchmal humorvoll und oft gereizt war, ein brillanter Gesprächspartner, aber weder frei von Snobismus noch von einer gewissen gesellschaftlichen Unbeholfenheit. Ich wusste, welche Zuflucht er in der Kunst fand, wie sehr Literatur und Malerei ihm Beweis waren, dass die Welt sich einfangen ließ; ich vermutete, dass er von dem Wunsch beseelt war, alles aufs Spiel zu setzen, um die Begeisterung des Augenblicks intensiver zu empfinden, und ich wusste, wie sich seine Angst vor dem Tod äußerte. Genauer gesagt hatte ich schon nach unseren ersten Begegnungen *Lunes en papier* aufmerksam gelesen. Da mir die avantgardistische Literatur, die Forderung nach dem Objektgedicht, die Theorien von Max Jacob, denen zufolge der Schriftsteller etwas schaffen sollte, das unabhängig von seinem Urheber existierte, sowie die Bedeutung des Überraschungseffekts vertraut waren, erstaunte mich das Werk keineswegs. An seinen ersten schriftstellerischen Versuchen gefielen mir die Leichtigkeit und die herbe Poesie. Es beeindruckte mich, welche Bedeutung er den Gerüchen beimaß und mit welcher Ausführlichkeit er beschrieb, wie sich verschiedene Materialien anfühlten, ob sie glatt waren oder rau. Aber hinter dem, was nur wie ein Produkt der Laune wirken sollte, verbarg sich, wie mir schien, das Bedürfnis, das Abenteuer des menschlichen Daseins, wie es die meisten Menschen erleben, zu bagatellisieren. Der wirkliche, lebendige Mensch war nicht vertreten in seinem ironisierenden Essay *Lunes en papier*, den man seinem Wesen nach als christlich bezeichnen konnte: Obwohl darin kaum vom Menschen als beseeltem Wesen die Rede war, so war er immerhin doch spürbar, wenn auch zur Marionette erstarrt. Denn dem, woran der Mensch sich messen sollte, mangelte es schlichtweg an Größe.

Außerdem glaubte ich nicht, dass mein Gefährte damit zu einer eigenen Ausdrucksform gefunden hatte. Schon in jener Zeit schien es mir, dass ihm seine wenigen kritischen Artikel besser lagen. Den Romanschriftsteller aber, der aus ihm werden sollte, sah ich in ihm überhaupt nicht.

Ja, was wusste ich eigentlich von dem Mann, mit dem ich damals meine Tage und meine Nächte verbrachte? Weniges, und »das Wichtigste«. Würde aber »das Wichtigste« auch nach den Flitterwochen noch ausreichen? Ich wünschte es von ganzem Herzen, trotzdem hätte ich gern Gewissheit gehabt, aber ich fragte nie. Aus einigen Anspielungen, einigen Widersprüchen, einigen »pathetischen Beschönigungen« – der Ausdruck stammt nicht von mir und bezieht sich auf Chateaubriand – schloss ich auf eine traurige, vielleicht sogar vom Elend gezeichnete Kindheit. Mit dem Instinkt eines Kindes reicher Eltern durchschaute ich kleine Schwindeleien sofort. Man brauchte mir nicht erst zu sagen, dass seine Mutter nie im »Claridge« gewohnt hatte, wie er immer behauptete, und dass seine Großmutter, bei der er nach der Scheidung seiner Eltern gelebt hatte, in Bondy ein kleines Lebensmittelgeschäft führte. Ich gab vor, seinen etwas widersprüchlichen Behauptungen Glauben zu schenken, versuchte mir einzureden, dass die Wahrheit für ihn anders aussah als für mich, und kam mir dabei sehr selbstlos vor – machte dabei jedoch in Wirklichkeit eine viel traurigere Figur als er.

Straßburg. In unserem Hotelzimmer vergesse ich ein Buch von de Sade, den *B… von Venedig* mit Illustrationen von Drains. Ich bemerke den Verlust erst im Flugzeug, mitten in den Wolken, und sage, ohne mir dabei etwas zu denken, zu meinem Begleiter, dass ich an das Hotel »Châpeau Rouge« schreiben werde, man solle mir das Buch nach Paris nachschicken. Seltsamerweise ist er dagegen. Aber kann ich mich rühmen, die Logik selbst zu sein? Also gebe ich nach. Doch mir fallen – der von mir geschätzte – Gourmont ein und seine amüsante Behauptung, eine anständige Frau könne nicht mehr als solche betrachtet werden, wenn sie den göttlichen Marquis gelesen habe. Ich scheine mich durch die Lektüre nicht verändert zu haben. Wahrscheinlich war ich schon vorher keine anständige Frau.

Das Flugzeug bringt uns nach Prag. Angeblich soll es interessant sein, die Welt aus großer Höhe zu betrachten; aber während dieses Fluges sehe ich unter schmutzigbraunen bis schuppiggrauen Wolken nur Ausschnitte dieser Welt. Wer von uns beiden sagte: »Später werden wir sonnige Länder überfliegen«? Die Landung erinnert mich an eine Schlittenfahrt. Dann staunen wir über ein uns unbekanntes und doch so schnell zu erreichendes Land, über die roten Kopftücher der Frauen, über die Berge von Schlagsahne in den Schaufenstern der Konditoreien, über die Passagen, die durch die Häuser hindurchführen und sie miteinander verbinden; wir staunen über die Statuen, vor allem über die auf der Brücke, die in eindringlichen Posen ihre Freude oder ihre Verzweiflung zum Ausdruck bringen, über die Läden voller Marionetten, wie gemacht, um die Stücke zu spielen, von denen ich träume.

Wir gehen zwischen den Gräbern des alten jüdischen Friedhofs hindurch – früher hatte der Golem diese Toten beschützt, und dann hatte er sie getötet, zumindest einige von ihnen. Zuvor hatten sich ihre bedrohten Leiber in der alten Synagoge im Rhythmus der monotonen Gesänge gewiegt. Wir gehen zum Gebetshaus hinüber; die bärtigen Greise vor der bescheidenen Pforte erinnern mich an die Gedichte von Apollinaire, aber nicht an meine Vorfahren, die ihnen vielleicht ähnlich sahen. Belustigt über unsere Neugierde, holen sie einen Schlüssel, zünden unzählige Lichter an wie bei einem feierlichen Anlass und zeigen uns mit dem Eifer von Fremdenführern den bestickten Samtvorhang und die vielarmigen Kandelaber. Noch lange rührte uns die warme Brüderlichkeit dieser Armen.

»Wie freundlich sie zu uns sind«, meint mein Begleiter.

»Auch für mich ist das neu«, erwidere ich. Nein, das

stimmt nicht ganz, ich habe vor dem Krieg, während der Ferien in Karlsbad, schon solche Männer gesehen. Damals schämte ich mich dieser sonderbaren Geschöpfe mit ihren Kaftanen, ihren Schläfenlocken, ihren Käppchen und ihren zittrigen Händen; heute rühren sie mich, obwohl sie mir vielleicht noch genauso fremd sind.

Als André ein paar Tage später zu mir sagte: »Sei du so sehr Jüdin und so sehr Frau wie möglich, denn so gefällst du mir«, dachte er sicher nicht an diese Männer, sondern daran, was es für ihn bedeutete, dass ich in keine Schublade passte. Denn noch zwei oder drei Tage vor der Hochzeit hatte er mir anvertraut: »Wir Franzosen – ich muss dir das sagen – beginnen mit vierzig Jahren unseren Vätern zu ähneln.« Hoffte er, dass ich ihn davor bewahren würde? Sein Vater, soweit ich ihn kannte, war mir nicht unsympathisch. Er war ein Träumer, der seine Träumereien ernst nahm, weil er sie in die Tat umsetzte. Was hatte er nicht alles erfunden, das schon zwanzig Mal erfunden worden war: einen Reifen, der nicht platzen kann, eine unzerbrechliche Lampe, eine kippsichere Flasche. Doch stets hatten Interessen, deren Existenz er kaum ahnte, die Verwirklichung dieser Projekte verhindert, deshalb hatte seine Vermögenslage Höhen und Tiefen gekannt, meistens aber Tiefen. Er sah gut aus und redete mit der Gewandtheit eines Mannes, der die Frauen liebt und den die Frauen lieben. Einer seiner Vorbehalte gegen unsere Heirat war ein maßloser Patriotismus, weil er an meiner deutschen Herkunft Anstoß nahm. Nie sprach er von Frankreich anders als von »la douce France«, dem lieblichen Frankreich. Hier sei alles besser; er musste es wissen, denn er hatte fast ein Jahr in Spanien gelebt und dachte an diese Zeit wie an ein Martyrium zurück. Danach hatte er nie wieder die Grenze überschritten und sich vorgenommen, das aus freien Stücken auch nie wieder zu tun. Dass der Krieg, in dem er es zum Leutnant gebracht hatte, ein gerechter war, lag für ihn auf der Hand.

Nachdem wir uns an Prag sattgesehen hatten, gönnten wir uns einen kurzen Aufenthalt in Wien. Schon damals war die Geldentwertung für mich kein leeres Wort mehr und auch nicht nur die recht verlockende Möglichkeit, Dinge zu kaufen, deren Preis von Stunde zu Stunde sank. Ich war nämlich schon nach der ersten Abwertung wieder in Deutschland gewesen, als die Menschen nur noch über Körbe voll wertloser Banknoten sprachen, traurig von ruinierten Familien erzählten oder erleichtert berichteten, wie sie sich aus der Affäre gezogen hatten, wie es auch meiner Familie gelungen war. Wien machte auf uns den Eindruck einer Stadt, deren Bevölkerung zu drei Vierteln ausgehungerter war als die einer belagerten Festung. In langen Schlangen standen sie vor den Volksküchen, in denen ein dünner Brei sparsam verteilt wurde, als handle es sich um eine Bowle, die in deutschen Haushalten meistens aus großen verzierten Porzellangefäßen serviert wurde. Die Armen von heute gesellten sich zu den Armen von gestern. Man konnte sie voneinander unterscheiden, weil die letzteren leichtsinnigerweise ihre Mäntel verkauft hatten und jetzt in der Kälte Offiziers- oder Husarenjacken trugen. Trotzdem waren die Theater voll besetzt, ebenso die vornehmen Restaurants, und zwar nicht nur von Ausländern, die auf legale Plünderung aus waren.

In den breiten Alleen mit Häusern, deren Frontseiten mit steinernen Blumenornamenten geschmückt waren, glich das Elend einem tragischen Karneval. Ich wunderte mich, dass sich mein Gefährte über die Unsinnigkeit des Militarismus, den sein Vater und Ubu in seinen Augen verkörperten, viel mehr aufregte als über den Krieg selbst, für dessen Folge ich die damaligen Zustände in Österreich hielt. Ich hatte die Lehren von Jaurès und Romain Rolland nicht vergessen. Ungeschickt versuchte ich nun, das wenige, was ich wusste, zueinander in Beziehung zu setzen, um dadurch zu neuen Erkenntnissen zu gelangen. Deshalb sprach ich von den Streiks in den Fiat-Werken, deren Augenzeugin ich bei meinem ersten Aufenthalt in Florenz geworden war. Die Forderungen der Arbeiter erschienen mir berechtigt. Ich sprach – wenn auch nicht ganz logisch – von der sozialen Ungerechtigkeit, von einer zukünftigen Revolution in Westeuropa. Die Antwort, die ich erhielt, setzte mich in Erstaunen und tut es noch heute: »Du gehörst zu jenen, die für das Wohl einiger weniger alle anderen umbringen wollen.« Aber nein, ich wollte genau das Gegenteil. Wie gewöhnlich, wenn ich glaube, eine zugleich wichtige und angefochtene Position zu vertreten, wollte ich alles sagen, ereiferte mich, redete unzusammenhängend, verwechselte gestern und heute und endete mit einem Satz, den ich in der Folgezeit nur zu oft gebrauchte: »Es sieht so aus, als hättest du recht, aber ich weiß, dass du unrecht hast.« Damals lachten wir beide. Später ärgerte er sich verständlicherweise darüber.

Der Zug rollte durch eine endlose Schneelandschaft, die sich nicht zu verändern schien. Wir sitzen im Harmonikazug. Ist es unsere erste oder unsere zweite Reise durch deutschsprachige Länder? Die beiden lagen nur zwei Monate auseinander, und in meiner Erinnerung fügen sie sich zusammen … Sicher weiß ich nur noch, dass wir unter wolkenverhangenem Himmel durch schneebedeckte Berge fuhren und dass es Morgen war. Wir standen im Gang, und hinter uns bereitete der Schaffner unser Abteil für den Tag vor. André sagte zu mir: »Ich werde kein Schriftsteller. Der Amateur ist dem schöpferischen Geist überlegen. Die Chinesen hatten das erkannt und stuften den, der den Garten zu würdigen weiß, höher ein als den Gärtner. Der Mensch, der es versteht, das Leben und die Schöpfungen anderer Menschen zu genießen, ist der vollendete Künstler.« Ich hörte ihm zu, ohne zu antworten. Zum Teil war ich mit seinen Worten einverstanden, denn ich habe noch nie etwas für Menschen übrig gehabt, die das Leben auf künstlerisches Schaffen reduzierten. Für mich war das Leben selbst immer das Wichtigste, und das bedeutete, sich ihm in seinen vielfältigen Formen zu stellen. Doch mein Gefährte schien mir eindeutig zum Schriftsteller berufen, und ich erwartete auch von ihm, dass er dieser Berufung folgen würde, freute mich aber trotzdem darüber, dass dies nicht alles war, was er von sich selbst erwartete.

Es folgten so viele Zugfahrten, dass ich sie nicht mehr auseinanderhalten kann: Am Neujahrstag unternahmen wir eine kleine Pilgerfahrt nach Magdeburg mit einem Abstecher nach Bayern. Wir besuchten Rothenburg, ein echteres Carcassonne, und Weihnachten feierten wir in Nürnberg in einem Restaurant mit Butzenscheiben und rauchgeschwärzten dicken Balken. Ich übersetzte ihm die Lieder:

Wenn der weiße Flieder wieder blüht …

Und plötzlich diese improvisierte Strophe:

Wenn Franzos' und Deutsche sich verstehn …

Mein Begleiter schaute sich im Lokal um. »Wie wenig nachtragend sie sind«, sagte er, »und wie gut sie sich mit allem abfinden!« Damals glaubte ich es auch. Am Nebentisch, an dem eine Gruppe von zehn jungen Leuten sitzt, erhebt sich ein Mann und kommt zu uns herüber. Er spricht Französisch mit deutschem Akzent: »Je suis con«, sagt er, womit er meint, dass er Kohn heißt, und fügt hinzu: »Meine Freunde und ich möchten Sie an unseren Tisch bitten.« Nachdem wir ihm erklärt haben, dass wir den Abend zu zweit verbringen wollen, kehrt er zu seinen Leuten zurück. Den ganzen Abend nickt man uns freundlich zu und beschießt uns hin und wieder mit kleinen bunten Papierkugeln.

Auf die Zugfahrten folgten endlose Schiffsreisen. Durch unzählige Fenster sah ich die Landschaft vorbeifliegen, fürchtete mich auf unzähligen Decks vor der Ankunft und machte unzählige Bekanntschaften, die, wie ich glaube, spurlos an mir vorübergingen. Andere wiederum hinterließen tiefe Spuren. Ich möchte von jener berichten, die uns aus der Wanderung zu zweit, zu der unser Leben geworden war, herausriss und uns zugleich amüsierte und überraschte, weil sie uns unversehens mit einem fremden Leben konfrontierte.

Wir kamen aus Griechenland zurück, einem Griechenland, dem ich nichts abgewinnen konnte. Das Athen der Zwanzigerjahre war noch nicht das Athen von heute: Damals war es fast eine Provinzstadt, mit winzigen runden Kirchen, die sich hier ganz natürlich einfügten, aus der man nur auf überwucherten Wegen zu einem Parthenon gelangte, der noch nicht so reich an aufrecht stehenden Säulen war wie der heutige. Hatte man jedoch die Akropolis erreicht, dann war alles klare Ordnung und kühle Präzision. Ich aber wandte mich von dieser starren geometrischen Architektur ab und betrachtete in der Ferne die weichen Umrisse der Inseln. Bis am Spätnachmittag diese unmenschliche Strenge im Licht der untergehenden Sonne lebendig wurde und ich mich umso bereitwilliger ergreifen ließ, weil ich mich vorher so hartnäckig gesträubt hatte. An eine dieser lebendigen Säulen gelehnt, akzeptierte ich die vom Menschen gewollte genaue Aufteilung und Abgrenzung der Landschaft. Am nächsten Tag bat man uns, das Haus nicht zu verlassen: Ein Aufstand war ausgebrochen. Weiteres erfuhr ich nicht und interessierte mich auch nicht dafür. Doch fielen auch uns zwangsläufig die Flüchtlinge aus Smyrna auf, die am Hafen zwischen riesigen bunten Gemüsekörben auf dem Boden hockten.

Da ein lokaler Streik unseren geplanten Ausflug ins Tal von Tempe vereitelte, begnügten wir uns damit, nach Larissa zu fahren. Es wurde unsere erste Begegnung mit dem Orient. An der Grenzstation Gevgelija hielt der Zug etwa zehn Minuten, bis endlich ein halb uniformierter Mann auftauchte: »Ich bin General Graf Barnat-Brischenski«, stellte er sich vor. »Gestatten Sie mir, Platz zu nehmen? Sie haben französische Bücher dabei. Es ist schon lange her, seit ich die letzte französische Neuerscheinung gelesen habe.« Das Spiel der Erinnerung ist doch seltsam: Ich erinnere mich genau, dass es sich um einen damals erst vor Kurzem erschienenen Giraudoux handelte. »Schenken Sie ihn mir? Danke. Ja, ich bin General Graf Barnat-Brischenski, habe an der Seite General Wrangels gekämpft, mich aber geweigert, auf der Seite Denikins zu stehen. Jetzt lebe ich hier, bin Bahnhofsvorsteher, und kein Zug fährt ab, ohne dass ich das Zeichen dazu gegeben habe. Ich bin nicht unglücklich, wissen Sie, wir sind eine kleine Gruppe von Russen und verstehen uns nicht schlecht, alles gebildete Leute. Leider macht mein Sohn mir Sorgen. Er hat gegen meinen Willen geheiratet. Das Mädchen stammt zwar aus unseren Kreisen, aber sie ist ein giftiges Weib. Sie leben in Paris, deshalb bitte ich Sie, mir nach Ihrer Rückkehr eine Bürgschaft zu schicken, mit der ich nach Frankreich einreisen kann. Meine Schwiegertochter, dieses Luder, hat sie mir immer verweigert. Selbstverständlich will ich nicht dort bleiben, ich möchte diesem dummen Frauenzimmer lediglich meine Meinung sagen und dann nach Larissa zurückkehren, um die Züge abfahren zu lassen. Sie werden mir doch helfen, nicht?«

Das war die Geschichte. Sie gehört zwar nicht unbedingt hierher, aber ich hatte einfach Lust, sie zu erzählen: Noch heute höre ich die Stimme von Graf Barnat-Brischenski.

Wichtiger − aber man weiß nie, was wichtig ist − war die Begegnung zwischen meiner Familie und meinem Mann. Weihnachten. Sechs Monate zuvor waren meine Mutter, meine zwei Brüder und ich nach dem Waffenstillstand wieder in Magdeburg gewesen, wo meine Großmutter inzwischen gestorben war. Im Zug erklärte mein Bruder: »Wenn sie vom Krieg sprechen, bleibe ich nicht da.« Sie sprachen vom Krieg, doch nur um festzustellen, dass sie bei den Bombenangriffen auf beiden Seiten der Grenze vom Schlaf übermannt worden waren. »Unglaublich, wie wir schliefen«, sagten sie, »wir haben dauernd geschlafen.« Sie hatten sich wiedergefunden. Für meinen Großvater war das kein Problem. Hatte ich nicht auch schon von meinem Großvater kurz nach dem Waffenstillstand gehört, er habe »sein Bestes getan für die Vaterländer«? Vier Söhne auf der einen, zwei Enkel auf der anderen Seite …

Zwei meiner Onkel holten uns am Bahnhof ab. Keiner von beiden hatte die mehr als onkelhafte Zärtlichkeit ganz abgelegt, die sie für ihre fast gleichaltrige Nichte empfanden. »Du hast deinen jüngeren Bruder geheiratet«, meinte der Ältere. Der andere, von Gobineau geprägt, bemerkte: »Da hast du also einen großen, blonden Arier aufgetrieben.«

Am Nachmittag bat uns mein Großvater, ihn ins Museum zu begleiten, um eine Sammlung von Kupferstichen zu besuchen, die er der Stadt gestiftet hatte. Straßenbahn und Taxi verachtend, durchquerte der alte Mann mit uns zu Fuß die halbe nicht gerade kleine Stadt, die ganz verschneit ist. Mein Begleiter staunte: »Dein Großvater ist wirklich wie eine mächtige alte Eiche.« Dieser stapfte zufrieden zwischen seinen beiden Enkelkindern aus Frankreich. Trotzdem beunruhigte mich der Gedanke an den Abend, den wir zu dritt, mein junger Ehemann, mein Großvater und ich, verbringen sollten.

Da seine Frau, die stets seine Neigung zum Pathos gedämpft hatte, nun nicht mehr dort auf dem roten Sofa saß, thronte Großvater sehr aufrecht am Esstisch und redete, als ob er den Vorsitz in einer Versammlung führte. Mein Gefährte wurde nervös. Wir begaben uns ins Nebenzimmer. Das Familienoberhaupt trank seiner Gewohnheit gemäß zwei Tassen starken Kaffee und sagte: »Hol meinen Heine aus der Bibliothek drüben.« Das Buch war in grünbronzenes Leinen gebunden und flößte mit seinen Frakturbuchstaben eine gewisse Ehrfurcht ein. »Ich möchte einige Gedichte vorlesen«, sagte mein Großvater und öffnete das Buch, »und du wirst sie deinem jungen Mann ins Französische übersetzen.« So übersetzte ich die *Lorelei*:

> *Mein Kind, wir waren Kinder,*
> *Zwei Kinder, klein und froh ...*

Ein Jüngling liebt ein Mädchen,
Die hat einen andern erwählt…

Es ist eine alte Geschichte,
Doch bleibt sie immer neu;
Und wem sie just passieret,
Dem bricht das Herz entzwei.

Mein Großvater intonierte die Verse sehr genau:

Es fällt ein Stern herunter
Aus seiner funkelnden Höh!

Sie liebten sich beide, doch keiner
Wollt es dem andern gestehn.

Gegen elf sagte Großvater zu mir: »Du hast dir umsonst Sorgen gemacht. Dein Mann und ich, wir haben uns sehr gut verstanden, ohne dass er Deutsch und ohne dass ich Französisch kann.«

Von Magdeburg fuhren wir weiter nach Berlin. In den Kinos lief *Das Kabinett des Dr. Caligari*, die Kunstgalerien stellten Dix aus, in den Museen entdeckten wir Rembrandt, und in den Nachtbars bestaunten wir blonde junge Transvestiten, die wie rührende Gretchen aussahen. In den Buchhandlungen kaufte ich – oder war es beim folgenden Besuch – Bücher von Spengler und Keyserling, das Werk Prinzhorns über die Malerei der Geisteskranken, die Anthologie der expressionistischen

Dichter, *Menschheitsdämmerung*, Bücher von Kaiser und Werfel, Freuds Frühwerk und das Tagebuch eines halbwüchsigen Mädchens, das ich später, in meinem Krankenbett im Spital von Phnom Penh, ins Französische übersetzte. Ich erstand außerdem einige schöne Bildbände, die wir abends auf dem Sofa gemeinsam durchblätterten: *Ars Orbis*, Carl Einsteins Buch *Negerplastik* und seinen Bebuquin, meiner Meinung nach das Werk des deutschen Expressionismus, das ihn am meisten verbildlicht, aus dem einige Seiten in der Zeitschrift *Aktion* erschienen waren. Kurz vor dem letzten Krieg begann ich, zusammen mit seinem Verfasser, das ganze Werk zu übersetzen, verlor aber später das Manuskript.

Paris. Als verheiratetes Paar gehörten wir von nun an zur Familie, enger vielleicht, als mir lieb war. Wir nahmen unsere Mahlzeiten nicht oben in unserem Zimmer mit den dunklen Möbeln ein, sondern unten im Speisezimmer. Allerdings sahen wir während der ganzen Zeit fast niemanden: Wir waren uns selbst genug.

Ab und zu verbrachten wir einen Abend mit Georges G., einem jungen Dichter, der eine gekünstelte Sensibilität zur Schau trug und sich für Jean de Tinan und Musset in einer Person hielt und, von Geld und Luxus geblendet, nichts anderes im Sinn hatte, als sich mithilfe wohlhabender Freunde oder solcher, die er dafür hielt, Zugang zu reichen Häusern zu verschaffen. Wir gehörten dazu. Die Kritiker sahen in ihm eines der drei Nachwuchstalente — das dritte war Radiguet. Ich für meinen Teil hielt nicht viel von ihm, ebenso wenig von Radiguet, in dem ich mich jedoch täuschte.

Mit wem kamen wir zusammen? Mit wenigen Leuten und mit niemandem von wirklicher Bedeutung. Etwas verlegen stellte mir mein Begleiter seinen Jugendfreund vor, den »Farblosen«. Georges G., der sich selbst als lesbisch bezeichnete, nannte er ein »männliches Ladenmädchen«; den »Farblosen« nannte er einen »Laufburschen«. Obwohl ich auf ihn vorbereitet war, überraschten mich seine Stimme und sein Tonfall, der stets zu sagen schien: »Womit kann ich sonst noch dienen, mein Herr?« Seinerzeit war er in den Augen meines Gefährten zu Ruhm und Ehre gekommen, als er während eines Louvre-Besuchs, überwältigt vor einer Amorstatue schlechtesten römischen Stils, stehen geblieben war.

Manchmal gingen wir bis zur Rue Cortot, in der Galanis wohnte, der Grafiker und Maler war, hauptsächlich jedoch Grafiker. Das Atelier führte auf einen Garten hinaus, und ich glaube, dass Utrillo, Utter und Marie-Clémentine Valadon eine Zeit lang im selben Haus gelebt hatten. Mir gefielen sein sauberer Strich und die niemals vulgäre Sinnlichkeit seiner Darstellungen von Musikinstrumenten, Früchten oder Landschaften. Ich wunderte mich jedoch, als ich meinen Begleiter behaupten hörte − es war 1922 oder 1923 −, das folgende Jahr brächte Galanis den großen Durchbruch. Die Feststellung: »Er ist einer der wenigen intelligenten Maler«, schien mir treffender. Außerdem war er gebildet, belesen und musikbegeistert.

Etwas später trafen wir uns manchmal mit Paul Budry, einem gelehrten Schweizer, den ich mochte, weil seine Haltung gegenüber der Kunst völlig unprätentiös war und von großer Aufgeschlossenheit und Einfühlungsgabe zeugte. Manchmal besuchten wir gemeinsam mit ihm seine Landsmännin Jeanne Buché, die an der Ecke der Rue du Vieux-Colombier eine avantgardistische Galerie führte, in der wir Gemälde von De Chirico, Dufy und Matisse bewundern konnten.

Manche Sonntagnachmittage verbrachten wir bei Kahnweiler in Boulogne und saßen bei schönem Wetter in einem von Mauern geschützten kleinen Garten, in dem sich auch Daniels Frau zu uns gesellte sowie seine Stieftochter und seine Schwägerin, noch etwas provinzlerische junge Mädchen, von denen später die eine Michel Leiris, die andere den Maler Élie Lascaux heiratete. Außerdem kamen Juan Gris, dem ich als nur gelegentliche Besucherin nicht anmerkte, dass er bereits vom Tod gezeichnet war, der liebenswürdige Chagall, seine Frau Bella mit ihrem russisch-jüdischen Charme und beider Tochter.

Bereits in jener Zeit machten wir auch die Bekanntschaft eines der interessantesten Exemplare meiner Sammlung von Freunden (und sie enthielt viele, wenn auch kaum jemanden, der zugleich intelligent und gebildet war, der revoltierte und in seiner Revolte konsequent blieb). P. P. war kein Umstürzler, sondern eher ein Anarchist, und seine Bildung bestand aus lauter zufällig Angelesenem. Aber schreiben konnte er ausgezeichnet, und meistens ahmte er mit großer Genauigkeit amüsante Schriftsteller minderen Genres nach, denen er sehr gewagte erotische Werke zuschrieb, die sie bestimmt nicht verleugnet hätten. Unter eigenem Namen veröffentlichte er jahrelang kaum mehr als ein Dutzend Seiten. Die Zeitschrift, der er sie zuschickte, lehnte sie jedoch wegen ihrer antimilitaristischen Tendenz ab, was ihm jede Freude am eigenen literarischen Schaffen verdarb. Die Qualität seines Stils war verblüffend: Seine trockenen, kurzen und prägnanten Sätze sagten genau, was er meinte, und waren von erschreckender Treffsicherheit. In seiner Jugend war er während des Krieges Redakteur eines antimilitaristischen Blattes gewesen, wofür er mit der Versetzung nach Afrika, ins Strafbataillon Bat' d'Af', belohnt wurde. Wegen Tätlichkeit gegenüber einem Vorgesetzten kam er ins Gefängnis, wegen Malaria wurde er wieder freigelassen. Ich habe wenige Menschen kennengelernt, die ihr Leben so konsequent geführt haben. Alt zu werden ist schwer. Mehr weiß ich nicht von ihm, aber es reicht, um ihn ewig zu bewundern.

Etwa 1922 traten wir in Verbindung zur *Nouvelle Revue Française*, damals noch geleitet von Jacques Rivière, der die etwas aggressive Brillanz meines Gefährten nicht zu schätzen schien. Er lehnte ein paar seiner Texte unter dem Vorwand ab, dass ihr Autor später, wenn er auf bedeutendere Werke zurückblicken könnte, es bedauern würde, solch anspruchslose Gelegenheitsprodukte veröffentlicht zu haben.

Von diesen Besuchen in den kleinen, dunklen, mit Büchern vollgestopften Räumen des späteren großen Verlagshauses Gallimard brachte mein Begleiter eines Tages einen jungen Mann von kleinem Wuchs mit, in dessen rundem Gesicht die Augen hinter den Brillengläsern doppelt so groß schienen: Marcel Arland, dessen Zurückhaltung etwas Provozierendes hatte und dessen kindliche Züge im Gegensatz zu seinem gesetzten Auftreten standen. Später stellte sich heraus, dass er der treueste Freund war, den wir besaßen, und zwar sowohl während wir zusammenlebten als auch später. Mit dem Eifer eines fanatischen Mönchs widmete er sich der Literatur, bis er später ein ausgeprägtes Interesse für die Malerei entwickelte. Bei unserer ersten Begegnung trug er eine Uniform, auf die er jedoch vom nächsten Treffen an verzichtete.

Obwohl immer eine gewisse Skepsis blieb, fühlte er sich von dem unkonventionellen neuen Stil der Dadaisten angezogen. Er verehrte Georges Limbour, den Surrealisten, von dem er mir erzählte, er habe eines Tages, als er in Geldnöten war, heiße Maronen an der Straßenecke verkauft und ein anderes Mal in einem Restaurant, als seine Tischnachbarn ihn daran hinderten, ein Fenster zu öffnen, angefangen, sich auszuziehen, was angesichts seines Wunsches, nicht unter der Hitze zu leiden, nur logisch war. Als er bei der Hose ankam, wurde ihm Einhalt geboten.

Marcel und André verstanden sich, was die Kunst betraf, sehr schnell. Sie diskutierten mit der gleichen Leidenschaft, der sich vonseiten des Letzteren zuweilen etwas Ironie beimischte. Bald schon gehörte das Wort »farfelu«, versponnen, zu seinem Wortschatz. Als ich nach seiner Herkunft fragte, antwortete er, dass es bereits sehr früh im Französischen vorkomme und dass es dieselbe Wurzel habe wie das italienische »farfallo«, Schmetterling.

Auch tauchten in diesen langen Gesprächen bereits Themen auf, die er später in *Der Kampf mit dem Engel* wieder aufgriff. Was tun in einer Welt, in der es keinen Gott mehr gibt? Welche Rechtfertigung für sein irdisches Leben kann der Mensch in der Kunst finden? Was ist der Wert eines Menschen (eine Frage, auf die der Fragesteller bekanntlich selbst jene glänzende Antwort gab)? Was für eine Bedeutung kommt der Geschichte zu? Welche Rolle spielen die Mythen im Abenteuer des menschlichen Daseins? Und später: Welche Bedeutung hat die Tat im Schicksal des Einzelnen? Über manche Dinge konnten sie sich jedoch nicht einigen. Marcel zum Beispiel liebte Poussin, während mein Gefährte in ihm, wie übrigens auch in Racine, nur den vollkommenen Ausdruck einer Epoche sah, eine Meinung, die er später – zumindest den Maler betreffend – revidierte, als er in einem russischen Museum vor Poussins großem weißen Pferd stand.

Es waren Augenblicke ungeheurer Intensität, die, wenn sie das Leben auch nicht rechtfertigten, ihm doch einen unvergleichlichen Glanz verliehen. Wenn ich mich auch wenig an den Gesprächen zwischen Marcel und meinem Gefährten beteiligte, so holte ich das zur Genüge nach, wenn wir allein waren. Dann wurde ich ihm wieder ebenbürtig. Vertraute Wege unserer Jugend! Ich behaupte nicht, einen anderen Einfluss auf ihn ausgeübt zu haben als die Jugendfreunde, mit denen man auf dem Schulhof oder in den Straßen bis zum Abend diskutiert und an die man sich später verwundert erinnert. Aber wenn er mich auf diese Weise beeinflusst hat, so habe auch ich ihn beeinflusst.

Eines Abends sahen wir auf der Place du Tertre mehrere Personen in nachbarlichem Gespräch zusammenstehen. Wir erkannten Utter und Valadon und etwas abseits Utrillo und traten zu ihnen. Da näherte sich Utrillo, der den umherirrenden, verehrten und gefürchteten Geisteskranken, denen wir später in islamischen Ländern begegnen sollten, erschreckend ähnelte: Er blickte uns durchdringend an, berührte mit seinem Zeigefinger fast die Jacke meines Begleiters und stammelte: »Maler oder Dichter?«

In jenen Jahren des großen Umbruchs eröffneten sich uns Welten. Welche Generation empfing so viele Geschenke wie die unsere? Weise aus dem Morgenland legten uns eine Welt zu Füßen, deren entlegenste Winkel es zu erforschen galt. Wir hatten gelernt, den Gesetzen der Schwerkraft zu trotzen und uns vom Erdball zu lösen. Die Welt aus dem Flugzeug zu betrachten lehrte uns, ihre vorläufigen oder ewigen Grenzen zu verachten. Mit einem einzigen Augenaufschlag konnten wir verfeindete Länder überblicken, durch unmittelbare Anschauung gelang es uns leichter, uns ihre bis dahin unbekannte Vergangenheit vorzustellen. Wir waren zu Herrschern über längst vergangene Zeiten und noch nicht zivilisierte Räume geworden.

Aber wenn wir glaubten, Gestern und Heute gehörten uns, entrissen uns die Philosophen diesen Glauben sofort wieder, indem sie uns lehrten, dass wir keineswegs besaßen, was wir uns so gierig aneigneten: Die verflossenen Jahrhunderte sind tot, behauptete Spengler, und wir begreifen sie nicht. Was bedeutet es schon, vom Mittelmeerraum über Mittelasien bis zum Fernen Osten frappierende Ähnlichkeiten zu entdecken? Die Kulturen sind von unüberwindbaren Mauern umgeben, ein Lächeln kann man nicht weitergeben. Der Mensch als solcher, unser Bruder in der Ewigkeit, existiert auf einer so niederen Ebene, dass man ihn nicht als Gegenbeweis anführen darf.

Aber wir machten uns umso fröhlicher daran, die Gestalten zu entdecken, unter denen die Geschichte aufgetreten war. Wir freuten uns sogar darüber, dass sie so vielfältig waren und nicht nur Abbilder unserer selbst; wir erhoben keinen Anspruch auf allumfassende Weisheit. Dennoch nannte sich die Schule, in die Keyserling Menschen aufnahm, die nach einer Niederlage im Leben einen anderen Sinn suchten als jenen Sieg, der ihnen entgangen war, die »Schule der Weisheit«. Diese Weisheit fand sich damit ab, dass wir Europäer keine solchen beispielhaften Idealfiguren waren, als die wir uns bis dahin vorgestellt hatten.

Und da unsere Welt aus einem sinnlosen Krieg hervorgegangen war, sollte für uns die Entdeckung an die Stelle des Glaubens treten − wobei wir wussten, dass jede Entdeckung nur unvollständig sein konnte. Ebenso gelassen nahmen wir Widersprüche hin. Wie hätte es anders sein können? Wir waren eine Generation ohne

Dogmatismus, die mehr suchte, als sie fand, und die sich vor jeglicher Systematisierung hütete – obwohl sie einen echten Hang dazu hatte und dadurch von der Versuchung des Thomismus und, später, des Marxismus auf die Probe gestellt wurde. Die Ideologien von vorgestern und gestern waren uns keineswegs fremd, und über die von heute wussten wir schon Bescheid, während sie entworfen wurden. Aber keine Organisationsform schien uns so »treffend« zu sein, dass wir dafür eingetreten wären, in ihrem Namen alle anderen abzuschaffen. Bestürzt über den Zusammenbruch des katholischen Universums, strebten wir nicht mehr nach einer Totalität. Aber auch wenn wir die Geschichte schon als langsam wachsendes Gebilde aus unvollständigen Bauteilen enthüllt hatten, dessen Zweck uns unbekannt war und das jede Epoche und jede menschliche Gruppe nach ihrem Ermessen benutzte, so waren wir doch noch nicht auf den Gedanken gekommen, uns ihrer zu bedienen, um Gott auferstehen zu lassen.

Ja, Welten taten sich uns auf: Vergangenheit und Gegenwart, zurückliegende Jahrtausende und bisher unzugängliche Gebiete. Betrachten, Assoziieren und Fühlen reizte uns mehr als Klassifizieren und Organisieren. Die Fülle dessen, was uns zuteil wurde, rief nur Fragen in uns wach. Deshalb wandten wir uns der Kunst zu, denn sie würde uns nicht zwingen, die Antworten zu geben, die wir nicht geben wollten und die, hätte man uns dazu gezwungen, nichts als Ablehnung und Verweigerung ausgedrückt hätten. Selten schien es nötiger gewesen zu zerstören.

Der Dadaismus hatte dieses Spiel schon vor uns gespielt, aber dadurch, dass er die Kunst mit ihren eigenen Mitteln bekämpfen wollte, verlor er in unseren Augen an Gewicht. In Deutschland gab es den Expressionismus und seine Revolte.

Ja, unsere Generation wollte alles kennenlernen, und man gab ihr die Möglichkeit, vieles kennenzulernen. Immer neue Wege zur Erkenntnis des Menschen wurden gefunden, neue Formen wurden uns offenbart, neue Techniken machten jeden von uns zu einem Fremden für sich selbst. Wir erwarben neue Sinne, wir malten auf Leinwand, was noch kein menschliches Auge erblickt hatte, wir unterwarfen unsere Verse einer Syntax, die unserem innersten Wesen entsprach. Und da wir wie Kinder unsere ersten Schritte in dieser Welt machten, schenkte man uns Spielzeuge: Auto, Flugzeug, Kino.

Doch obwohl uns all dieses Neue faszinierte, waren wir verzweifelt. Nie hatten wir Gott so dringend gebraucht wie nach diesem Krieg, dessen Helden in keine Walhalla aufgenommen wurden. Die Gesellschaftsordnung unserer Eltern hatte zu dem schlimmsten Blutbad der Menschheitsgeschichte geführt. Wir wandten uns von ihnen ab; sie konnten ja nicht einmal einem Buch oder einem Film, einem modernen Gemälde oder einem modernen Gedicht etwas abgewinnen. Sie trugen schlicht für alles die Verantwortung, selbst für die Bücher, die uns das lehrten. »Nicht der Mörder, das Opfer ist schuldig.« Wenn ich meine Mutter trotzdem noch liebte, dann, weil sie meine Tochter geworden war.

In dieser Zeit ohne Werte gewann jeder Mensch neue

Bedeutung. Uns selbst zu verwirklichen war das Einzige, was wir im Sinn hatten. »Mach aus dir das unersetzlichste Wesen«, riet uns der eine; der andere sprach gleich von »offener Moral«. Die Einzigen, die für uns zählten, waren Helden, Künstler und Heilige.

Ein paar Mal stieg Edmond Jaloux die Treppe zu unserer Wohnung herauf und setzte sich in unseren grau gepolsterten schwarzen Holzsessel, der übrigens nicht sehr bequem war. Ihm gegenüber hingen eine – wenn ich mich recht erinnere – sehr schöne Collage von Picasso und ein etwas fragwürdiger Derain; beide Bilder hatten wir bei Kahnweiler gekauft. Was zeugte in diesem Zimmer noch von unserem Geschmack? Holzschnitte, ebenfalls von Derain, ein Bild von Galanis, ein Bild von Kisling, der Torso einer nackten Frau, der sich aus einem drapierten Tuch aufreckte, und ein Werk der naiven Kunst, das wir auf dem Boulevard de Clichy gekauft hatten und das Moses darstellte, wie er zu seinem Volk zurückkehrt, dessen Männer Turbane wie Araber, dessen Frauen Kopftücher wie Polinnen trugen; außerdem eine vergoldete hölzerne Barockstatue, die mir ans Herz wuchs, was mich nicht besonders verwunderte: Weshalb sollten meine Neigungen nicht widersprüchlich sein?

Jaloux trug einen großen Schnurrbart, wie er 1910 Mode war. Seine Lieblingsdichter waren noch älter und fast dieselben wie meine – Jean Paul, Hölderlin, Kleist –, aber ich wagte nicht, das zu sagen. Denn seit eine anspruchsvolle Gestalt an meiner Seite mich ständig zwang, ihm gewachsen zu sein – das heißt, dem gewachsen zu sein, was mein Gefährte in mir sah und sehen wollte –, hatte ich Hemmungen, mich in Gegenwart Dritter zu äußern. Im Zwiegespräch kann ich mich korrigieren, nuancieren, mir sogar widersprechen, aber sobald die Gegenwart eines Dritten unseren Dialog in eine Unterhaltung verwandelt, habe ich das Gefühl, meine Sätze werden zu Abziehbildern, die in einem Zug ausgeführt werden müssen, weil sie keine Retuschen dulden. Mein Gefährte ist viel brillanter als ich. Nein, das ist nicht der richtige Ausdruck, es handelt sich dabei nicht um Brillanz, sondern um eine offenkundige Überlegenheit, wie ich sie von dem Mann erwartete, den ich lieben würde. Aber muss mich diese Überlegenheit in diesem Maß in ihren Bann schlagen, oder muss ich mich überhaupt so von ihr gebannt fühlen? Ich höre ihm zu, ich bewundere ihn, ich schweige. Aber manchmal kommt mir eine Formulierung in den Sinn, die ich erst kürzlich gehört und deshalb noch frisch im Kopf habe: Er verhält sich wie ein Gas, er nimmt den ganzen Raum ein.

In Jaloux' Gegenwart, mit dem ich mich noch gestern, als wir allein waren, ungezwungen unterhalten hatte, schwieg ich, obwohl er über Werke redete, die ich mindestens so gut kannte wie die beiden …

Aber mein Gefährte war nicht allein für meinen Persönlichkeitsverlust verantwortlich. Ich verlor durch die bloße Anwesenheit eines Dritten meine Fähigkeit, den Gedanken eines anderen zu folgen: Ich wurde dann zu einer Leinwand, auf die gleichzeitig verschiedene Filme projiziert werden. Menschen und Dinge waren durch nichts mehr verbunden, ich nahm nur mehr bewegte Arabesken wahr.

All das habe ich schon schriftlich festgehalten: Zehn Jahre lang gab ich in kurzen, abstrakten Sätzen einem Unbehagen Ausdruck, dessen ich mich beinahe schämte. All das entstand wie Tropfen, die stetig auf den gleichen Punkt eines Stalaktiten fallen. Am Ende waren es sechzig Seiten von derselben trügerischen Härte wie meine Augen.

Es hieß:

Der Rechenschaftsbericht

Ich werde zurückkommen. Als ich ging, habe ich Dir nicht gesagt, dass ich vielleicht nicht zurückkommen würde; aber es gibt noch Dinge, die ich Dir nicht sagen muss, weil Du sie weißt.

Ich werde zurückkommen. Denn in den vierzehn Tagen ohne Dich habe ich die Gewissheit erlangt, dass es leichter ist, alles zu ertragen, als ohne Dich zu leben. Welch eigenartige Liebeserklärung! Ich erwarte von Dir nichts mehr als Dich selbst.

Vor nicht allzu langer Zeit − vor knapp fünf Jahren, bei unserer Hochzeit − erwartete ich alles von Dir. Heute weiß ich, dass Du mir nicht helfen kannst, dass Deine Gegenwart genügt, um alles von mir fernzuhalten, was nicht Du bist.

Und ich komme zurück.

Aber ich füge mich nicht endgültig: ich werde wieder aufbegehren. Dann werde ich mir sagen: »Ruhig Blut, du bist einmal weggelaufen, und du bist zurückgekommen. Das ist wahrlich kein Grund, stolz zu sein.«

Und dann, eines schönen Tages, wird es mir gehen wie allen anderen: Ich werde alt sein.

Ich glaube, es ist jetzt an der Zeit, nachzudenken und Konsequenzen zu ziehen. Vielleicht hilft uns das, leichter zu leben.

Pralognan ist der ideale Ort für eine innere Einkehr. Ich bin beinahe allein im Hotel, abgesehen von einigen älteren, kränklichen Frauen. Ich habe mit einer dreifarbigen Katze Freundschaft geschlossen, und vorgestern sagte ich zu ihr: »Dreifarbige Katze, wenn Marc hier wäre, wären wir beide viel glücklicher!« Aber gestern sagte ich zu ihr: »Katze, vielleicht hatte ich gestern mit meinen Worten unrecht: Wer weiß, ob wir allein nicht glücklicher sind?« Wenn ich sie nachher wiedersehe, werde ich ihr sagen: »Einerlei, ob wir glücklich sind oder unglücklich, wir können nicht länger ohne Marc sein!«

Natürlich gebe ich meine Niederlage zu, aber ich möchte die Gründe dafür wissen.

Wahrscheinlich sind sie in mir selbst zu finden. Das mag so sein. Aber habe ich schlecht gespielt, weil man nicht gut spielen konnte, oder habe ich schlecht gespielt, weil ich gar nicht richtig spielen kann?

Manchmal, wenn ich sehr wütend war, dachte ich: »Du spielst schlecht, weil dein Partner falsch spielt.« Ich weiß, dass das nicht stimmt. Muss ein Mann denn falsch spielen, um zu gewinnen, und muss eine Frau mit einem Falschspieler spielen, um zu verlieren?

Ich glaube, dass wir Frauen alle besiegt wurden und selbst jene von uns, die es am weitesten gebracht haben – selbst ich.

Erinnerst Du Dich daran, dass ich zu Beginn unserer Ehe unablässig von mir sprach, von mir in jedem Alter? Heute rede ich weniger darüber – gerade weil es mir noch mehr bedeutet.

Um an Deiner Seite zu bestehen, um nicht einfach ein Abglanz von Dir (der noch schwächer wäre, weil ich eine Frau bin), vielleicht sogar eine Karikatur zu sein, bewahrte ich meine Vergangenheit als Beweis einer früheren Existenz.

Ich existierte bereits, bevor ich Dich kennenlernte, Marc: Vielleicht war ich damals nur das Abbild mehrerer, während ich heute das Abbild eines Einzigen bin; vielleicht existierte ich dadurch, dass ich eher ein Abbild von diesem als von jenem war, dass ich einen bestimmten Zug eher von diesem als von jenem übernahm? Aber waren nicht Helden – die ich mir ebenfalls selbst ausgesucht hatte – meine Vorbilder, bevor ich mich an Menschen orientierte? Und habe ich das nicht mit allen Menschen gemeinsam?

Nein, ich habe erst an dem Tag aufgehört zu existieren, als ich Dich akzeptierte, so wie Du warst. Und um sicher zu sein, dass ich eine eigene Persönlichkeit bin, bleibt mir nur die Besinnung auf mich selbst und auf meine Kontinuität.

Ich weiß, Du liebst Deine Vergangenheit nicht – weshalb sollten Männer auch ihre Vergangenheit lieben? Du liebst auch meine nicht. Aber war es nicht der größte Beweis meiner Liebe, dass ich Dir dieses kleine Mädchen, das ich war, geschenkt habe? Ich verzichtete darauf, das, was mir meine Existenz garantierte, allein zu besitzen.

Und Du nahmst dieses Geschenk nicht an. Hättest Du es angenommen, würde ich heute vielleicht versuchen, es von Dir zurückzuverlangen. Wer weiß, ob ich nicht sogar imstande gewesen wäre, zu behaupten, ich hätte Dir zu sehr vertraut?

Wäre ich dazu fähig gewesen?

Ich habe Dir all die jungen Mädchen, die ich einmal war, zum Geschenk gemacht. Das Mädchen, das sich nicht zwischen der Lektüre der großen Dichter und den Meditationen über die

Züchtigungen einer Madame Fichini entscheiden konnte, das etwas ältere, das eine Tragödie schrieb, sie aber nie beendete, weil die Heldin hätte sterben müssen, jenes schließlich, das Nietzsche las und Verse nach dem Vorbild Laforgues oder vielleicht Franc-Nohains verfasste!

Du hast auch das junge Mädchen kennengelernt, das harmlose Liebeleien ablehnte, nicht aus moralischen Gründen, sondern aus Stolz, und jenes, dem der Mut so viel galt, dass ihm nichts an einem Vergnügen lag, das nicht mit Gefahr verbunden war – als ob die Männer so viel verlangten!

Als wir uns begegneten, hatte ich eben eine absurde, aber vielleicht unvermeidliche Erfahrung gemacht.

Erlaubt es die Verwirklichung eines Jugendtraumes nicht, alle anderen über Bord zu werfen? Du hattest das Glück auf Deiner Seite, selbst jenes, für mich nicht der erste Mann gewesen zu sein, der mir viel bedeutete.

Ich war von Dir geblendet, Marc. Aber warum diese Bescheidenheit? Wir waren beide überrascht über die Harmonie unseres Geistes, unseres Geschmacks und unserer Körper. Ich hielt Dich für zartfühlend, dabei warst Du nur gütig – und Du liebtest mich.

Aber diese Reise, die wir gemeinsam unternahmen und auf der wir beschlossen, das Risiko einer Ehe einzugehen, ist nicht nur in meiner Erinnerung ein phantastisches Erlebnis. Ich hatte bereits geliebt und aufgehört zu lieben, und dennoch schmerzte mich allein der Gedanke, dass ich Dich eines Tages nicht mehr nötig haben würde.

Bisher hatte ich mich immer vor der Ehe gescheut, weil sie zwei Menschen zwingt, alles miteinander zu teilen: die Familie, die Freunde, das Leben.

Die Familie war am einfachsten: Wir hatten fast keine Verwandtschaft und hatten uns schon von ihr gelöst.

Komplizierter war es in Bezug auf unsere Freunde. Meine Freunde sollten sich nicht begegnen; denn jedem von ihnen hatte ich ein Stück meiner selbst, einigen ein Stück ihrer selbst gegeben.

Ich liebe die Freude des Menschen, dem man in die Augen blickt, dem man aufmerksam zuhört und dem man zustimmt. Ich liebe das Gefühl der Zusammengehörigkeit, selbst wenn es nicht echt ist. Ich glaube, man nennt das Koketterie, aber da ich mir gegenüber nachsichtig bin, nannte ich es Anpassung.

Aber kannst Du Dir vorstellen, dass ich mich in Deiner Gegenwart vor Pierre, Paul oder Jeanne nur angepasst habe? Wie gern hättest Du meine Eifersucht, die auch Dir nicht fremd war, als Verachtung hingestellt?!

Dann begann ich zu schweigen. Du ahnst nicht, wie schweigsam ich in Deiner Gegenwart bin, obwohl ich doch fürs Reden gemacht bin.

Vieles wird bei uns Frauen – wie vielleicht auch bei Euch Männern – vom Aussehen bestimmt. Ich bin nicht hübsch genug, um schweigen zu können. Dazu bedarf es eines ernsten, ebenmäßigen und geheimnisvollen Gesichts. Ich habe nichts Geheimnisvolles an mir, und meine Züge sind nicht ebenmäßig.

Sehr früh erkannte ich die Grenzen, die mir mein Körper setzte: Ich kann nur durch meine Ausdruckskraft und meine Lebhaftigkeit wirken, durch einen gewissen Witz in Bewegungen und Worten. Deine Gegenwart zwang mich, mir selbst und der Vorstellung, die Du Dir von mir machtest, treu zu bleiben.

Dabei wurde alles noch komplizierter: Das, was Dir an mir gefiel, liebtest Du nur, wenn es auf Dich bezogen war.

Bis zum Alter von zwanzig war ich dumm genug zu glauben, von den Männern als ebenbürtig angesehen zu werden, und anzunehmen, es wäre nicht von vornherein ein Handicap, eine Frau zu sein.

Meine Dummheit ging noch weiter. Wiegen die vernünftigen Dinge, die ich sage, meine Dummheiten nicht wieder auf, fragte ich mich. Als Entschuldigung, die Du mir wohl zugestehst, führe ich das Milieu an, in dem ich aufwuchs: eine Bourgeoisie, in der die Älteren sich den Geschäften widmeten, während im Leben der Jüngeren Beruf und Sport einander ablösten. Kulturelle Dinge wurden geachtet, doch als Sache der Frauen angesehen.

Denk nicht, dass ich meine Grenzen nicht kannte. Ich wusste, dass meine Auffassungsgabe von meinem geistigen Befinden und der Persönlichkeit meines Gesprächspartners abhing. Ich wusste, dass mir einige Welten verschlossen blieben, und ich kämpfte, fast immer erfolglos, gegen ein inneres Chaos und völlige Disziplinlosigkeit an.

Meiner neuen Erkenntnis folgend, drang ich in eine Welt ein, in der es genügte, Frau zu sein, um unterschätzt zu werden. Ich habe Deine Freunde empfangen, wobei ich sehr wohl wusste, dass sie mich nur als ebenbürtig ansahen, wenn ich ihnen überlegen war.

Ich weiß, dass die Intelligenz eine gewisse Zustimmung vonseiten dessen voraussetzt, vor dem sie sich äußert. Ich war mir bewusst, dass ich diese Zustimmung nicht finden würde. Von diesem Augenblick an maß ich meinen Worten mehr Gewicht bei, versuchte durch jeden meiner Sätze zu überzeugen und erging mich nur noch in Banalitäten.

Vielleicht hätte ich mich damit abgefunden, wären nicht einige von denen, die mich verachteten, mir unterlegen gewesen und wäre ich nicht insgeheim bereit gewesen, auch ihnen recht zu geben.

Eine Frau lieben heißt für einen Mann vielleicht, sie so sehen, wie er sie sich vorstellt. Für eine Frau bedeutet lieben, dass sie wünscht, der Erwählte möge dem Bild entsprechen, das er sich von sich selbst macht; oft bedeutet es auch ganz einfach, dass er er selbst sein soll. Ich nahm Dich so, wie Du warst. Du aber wolltest ständig aus mir eine ideale Camilla machen. Lange Zeit habe ich alles getan, um Dich nicht zu enttäuschen, um vorauszuahnen, was Du von mir erwartetest. Alle meine Fähigkeiten zur Anpassung, die ich bei anderen erprobt hatte, stellte ich in Deinen Dienst.

Im Grunde genommen war ich die erste Frau, die Du liebtest. Du erwartetest äußerst widersprüchliche Dinge von mir. Du hättest gern gesehen, dass ich brilliere, aber es war Dir unerträglich, zurückstehen zu müssen; manchmal warst Du entzückt von dem Rest Kindlichkeit, den ich mir bewahrt hatte, dann wieder hast Du Dich darüber geärgert; mein schlechtes Benehmen belustigte Dich, bei anderer Gelegenheit warst Du schockiert, meine Ellbogen auf dem Tisch zu sehen, oder sehr deutliche Worte von mir zu hören.

Hätte ich Dich weniger geliebt, so wäre das alles kaum von Bedeutung gewesen. Mein einziger Wunsch war jedoch, Dir zu gefallen, und je mehr ich mich anstrengte, umso weniger schien es mir zu gelingen. Stumpfte meine Fähigkeit, mich auf andere Menschen einzustellen, ab, weil ich sie nur noch

auf Dich anwandte? Oder vereitelte die Liebe jede instinktive
Reaktion?

Nach mehreren vergeblichen Versuchen schwand ein Teil
meines Selbstvertrauens. Dadurch wurde ich noch ungeschickter.
Trotzdem war ich realistisch genug, um zu erkennen, dass einige
Deiner Wünsche niemand auf dieser Welt hätte erfüllen können.

Sehr oft spielte ich mit anderen Männern ein Spiel, das immer
Erfolg hatte. Ich hörte mit größter Aufmerksamkeit auf das, was
sie sagten, blickte ihnen in die Augen, zögerte einen Augenblick
und bat dann um eine genauere Erklärung eines Punktes, der
mir restlos klar war. Mein Gesprächspartner legte nun seine Theorie dar und erläuterte sie. Daraufhin gab ich ihm zu verstehen,
dass ich durch ihn etwas begriffen hatte, das mir bisher unverständlich gewesen war. Niemals habe ich erlebt, dass ein Mann
nicht von meiner Hilflosigkeit und meinem Vertrauen gerührt
gewesen wäre.

Es ist mir etwas peinlich, Marc, Dir von diesen Dingen zu
erzählen, auf die ich heute nicht sehr stolz bin. Zweimal habe ich
zu Beginn unserer Beziehung dieses Spiel mit Dir gespielt. Und
Du bist »darauf hereingefallen«. Diese Komödie setzt jedoch eine
gewisse Verachtung des Partners voraus – und Verachtung habe
ich für Dich nie empfunden.

Ich glaube, ich habe Dich so geliebt, wie eine Frau heutzutage zu lieben vermag. Trotzdem muss ich zugeben, dass ich,
auch wenn es mir schwerfiel, mit Dir und den anderen zu leben,
es mir unmöglich gewesen wäre, mit Dir allein auf der berühmten einsamen Insel zu leben.

Schon immer brauchte ich Menschen, brauchte die neuen Im-
pulse, die von ihnen ausgehen, brauchte die Intensität, die ihr
Leben dem unseren verleiht. Ich freute mich, wenn Du Eindruck

machtest, und will meinerseits auf Dich Eindruck machen; ich wünsche mir immer, dass die Bewunderung der anderen Dich in Deiner Entscheidung für mich bestärkte: Meine Sicherheit Dir gegenüber wie auch meine Selbstsicherheit wären dadurch nur gefestigt worden.

Doch war mir die Freude, in Deiner Gegenwart Eindruck zu machen, selten vergönnt. Während Du Dich immer mehr durchsetztest, trat ich immer mehr in den Hintergrund. Wir glichen den Männchen eines Schweizer Barometers: Nur einer von uns konnte vorne stehen. Und wir fanden es beide natürlich, dass Du es warst.

Ich merkte, wie ich allmählich scheu und schweigsam wurde. Ich verlor mein Selbstvertrauen, ich hatte das Gefühl, weder in den Augen der anderen noch in Deinen zu existieren, und mit zweiundzwanzig Jahren verschwand alles, was aus mir eine junge Frau machte: das Gefühl, begehrt zu werden, meine Spontaneität, die Freude am Lachen, der Mut, Dummheiten zu sagen.

Mein Körper kam mir zu Hilfe: Alles, was ich mir nicht eingestehen wollte – denn schließlich war ich glücklich, ich konnte gar nicht anders, als glücklich zu sein –, schlug sich in einer Krankheit nieder.

Trennten uns meine späteren Krankheiten, so brachte diese uns einander näher. Du warst Deiner Erfolge und der Menschen etwas überdrüssig geworden. Meine Krankheit war ernst, aber kurz: Sehr bald schenkte ich Dir die Freude meiner Genesung. Ich war glücklich, zu leben, glücklich, da zu sein und Dich in meiner Nähe zu wissen. Sobald ich mich besser fühlte, reisten wir nach Griechenland.

Ich brauchte ein neues Element in meinem Leben – aber war

nicht das Entscheidende daran, dass es nicht von Dir kommen durfte? Außerdem war die Zeit fern, in der Du der Einzige sein wolltest, der mir die Welt zu Füßen legte…

Das Bedürfnis nach Erneuerung wurde an dem Tag zur Gewissheit, als wir Francis wiedersahen. Du kanntest ihn bereits vor unserer Hochzeit, er war einer Deiner engen Freunde. Auch mich selbst verband mit ihm eine gewisse Freundschaft. Ich setzte eine vage Hoffnung – welcher Art, weiß ich selbst nicht – in die Rückkehr dieses Mannes, den wir beide schon vor unserer Begegnung gekannt hatten.

Das erste Zusammentreffen ließ sich schlecht an. Francis fand nicht gleich den richtigen Ton für uns drei. Danach schienen die Schwierigkeiten überwunden, aber nur, weil er meine Anwesenheit vergessen hatte. Zwischen Euch beiden entstand wieder die alte Freundschaft, eine Freundschaft, von der ich ausgeschlossen war.

Das war etwas Neues für mich. Schon oft hatte ich das Gefühl, eine Fremde zu sein, die sich zwischen Dich und Deine Freunde drängte: Aber es waren immerhin Deine Freunde, und ich war dabei gewissermaßen der Eindringling. Aber zum ersten Mal gab mir die Tatsache, Deine Frau zu sein, nicht nur nichts, sondern nahm mir etwas, das mir gehört hatte.

Nun verstand ich besser, wie schwer ein Leben zu dritt sein muss, die Last der ständigen Gegenwart des anderen, die vielleicht nicht einmal beabsichtigte Überwachung vonseiten desjenigen, der mit uns lebt. Ich verstand, welchen Zwang die Anwesenheit eines Menschen, selbst wenn man ihn liebt, darstellen und welche Freiheit seine Abwesenheit bedeuten kann. Und dennoch, wie selten war ich stark genug, Dir nicht alles aufzubürden, worunter ich litt.

Dann sah ich einen meiner früheren Lehrer wieder. Während des Krieges hatte dieser damals noch junge, leicht verwundete Mann uns in englischer Literatur unterrichtet. Er hatte mir gefallen, und ich hatte mir eingebildet, in ihn verliebt zu sein, und vielleicht war ich es auch wirklich. Dann hatte ich ihn durch den Krieg aus den Augen verloren.

Der Zufall führte uns wieder zusammen. Als er mein Erstaunen darüber bemerkte, dass er mich wiedererkannte, behauptete er, das junge Mädchen von damals nie vergessen zu haben. Dann fragte er mich ohne Umschweife, warum das, was früher nicht möglich war und wovon er schon damals träumte, jetzt nicht Wirklichkeit werden sollte. Doch fand sein Angebot bei mir kein Echo.

Er war darüber weder erbost noch enttäuscht. Aber etwas später verriet er mir, dass er sich für mich etwas anderes erhofft hätte als das Schicksal einer Ehefrau.

Es war dies – meine ganze Vernunft sagte es mir – der Satz eines abgewiesenen Mannes. Trotzdem ging es mir zu Herzen. Denn er hatte jenes Bild in mir wachgerufen, das ich mir in meiner Jugend von mir selbst gemacht hatte, und daran gemessen, hatte ich versagt. Aber wer von uns könnte ohne Verlegenheit dem Vergleich mit den Erwartungen, die man mit fünfzehn Jahren hat, standhalten?

Jene, die Dich früher gekannt haben, finden Dich zu Recht oder zu Unrecht um eine Hoffnung betrogen, dachte ich, und jene, die Dich heute kennenlernen, interessieren sich nicht für Dich. Wird sich denn niemand finden, der zwar den Gefährten, den Du Dir ausgesucht hast, bewundert, aber auch Dir etwas Freundschaft entgegenbringt?

Ich war so dumm, Dir von meinem Unbehagen zu erzäh-

len. Ich wusste damals nicht, dass ein Mann einer Frau alles ver-
zeihen kann außer dem Vorwurf, er mache sie nicht glücklich.

Äußerlich änderte sich nach diesem Gespräch wenig. Aber
von da an hast Du begonnen, meine Worte zu interpretieren.
Du wittertest in den harmlosesten Bemerkungen eine Anspie-
lung auf das, worüber ich mich beklagt hatte. Dabei liegt mir
nichts ferner, als Anspielungen zu machen. Ich glaubte immer –
aber das weißt du nicht –, dass lieben bedeutet, sich auszuspre-
chen.

Es muss zu Beginn des Jahres 1923 gewesen sein, als uns
Alfred Salmony besuchte, ein Angestellter, vielleicht
sogar der Direktor des Kölner Museums. Er hatte Ar-
chäologie studiert und war durch die Schule des Expressionismus gegangen. Für mich war er eine der größten
Persönlichkeiten der jüngeren Generation. Er bereitete
eine Ausstellung vergleichender Kunst vor, nicht in der
Art, wie wir sie kannten, sondern sie sollte in einem seltsamen Querschnitt alle Kunstformen vereinigen, die uns
anzusprechen vermochten.

Aus einer Mappe, die er an seinen Stuhl lehnte, zog
er einen Stapel Fotografien, die er mit der Gewandtheit
eines Kassierers sortierte und dann, als sie auf dem Tisch
ausgebreitet lagen, nach einem subtilen Schema ordnete.
Es war das erste Mal, dass ich eine Thaiskulptur sah.
Dann zeigte er an einem Han-Kopf und einem romani-
schen Kopf, wie verwandt sie im Ausdruck sind.

Fassungslos standen wir vor dieser für uns neuartigen
Zusammenstellung und fragten uns, ob die Schöpfer dieser Werke das gleiche Gefühl ansprechen wollten oder ob

ihre Verwandtschaft, ihre Ähnlichkeit allein in der Form bestand.

Salmony verabschiedete sich, ließ jedoch einige seiner kostbaren Fotos zurück; uns hatte er die Tür zu einem neuen Weltverständnis geöffnet.

Abends breitete mein Gefährte auf der großen Tischplatte, die man umdrehen konnte, um den schwarzen Lack zu schonen, oft Papierbogen mit Schriftzeichen, typografischen Verzierungen und Illustrationen aus. Dann machte er sich, mit Schere und Leim bewaffnet, daran, Bücher »anzufertigen«, so wie eine Schneiderin ein Kleid anfertigt.

Ich sah einen Gegenstand entstehen, die Hand, die zupackt und zusammenfügt, Neues schafft und modelliert. Das Talent meines Gefährten äußerte sich in verschiedensten Werken. Einige waren für einen wohlhabenden jungen Verleger bestimmt, dessen Eltern zufällig Freunde meiner Mutter waren. Vorsichtshalber hatte ich verhindert, dass meine Familie vor unserer Hochzeit bei ihnen Erkundigungen über meinen Bräutigam einholte. Sie sollte ruhig im Unklaren bleiben über seine wohl ziemlich unsichere Stellung, denn ich war entschlossen, mich durch nichts außerhalb unserer Beziehung, beeinflussen zu lassen. Ohne irgendwelche Nachprüfungen oder Sicherheiten glaubte ich ihm, als er mir erzählte – was übrigens stimmte –, dass er zuerst für einen Verlagsbuchhändler in der Passage de la Madeleine seltene Ausgaben gesucht, danach eine Publikation von Texten Laforgues vorbereitet hatte und schließlich als künstlerischer Direktor – ein für die Größe des Unternehmens leicht hochtrabender Titel – bei einem anderen Verlagsbuchhändler arbeitete, der aufgeschlossen genug war, Werke von beinahe unbekannten Autoren herauszubringen.

Aber da die relativ regelmäßige Anwesenheit, die dieser Posten verlangte, sich nicht mit unserer Reiselust vereinbaren ließ, gab ihn mein Gefährte schon bald auf. Daraufhin verlegte er sich auf das Verfassen gewagter Texte, die mit nicht weniger gewagten Illustrationen versehen wurden. Ich weiß nicht, wie diese reizende Produktion anfangs abgesetzt wurde; später übernahm es P. P. zusammen mit einem gewissen Bonnel, diese Werke zu vertreiben, sogar mit sehr viel Erfolg und, was in jener glücklichen Epoche möglich war, beinahe öffentlich. An diesem Unternehmen fand ich nichts Anstößiges; am Anfang war ich vielleicht etwas überrascht, denn bis dahin war mir diese Art Tätigkeit fremd gewesen. Dann machte sie mir umso mehr Spaß, als sie mit einer gewissen Gefahr verbunden war.

Unsere illegale Tätigkeit reizte mich also gerade wegen ihres möglichen Risikos, wegen ihrer Regelwidrigkeit: Sie kompensierte mein Einverständnis zu einer Heirat, das mich in meinen Augen mit Schande bedeckt hatte; sie schien mir wie ein geheimes Gottesurteil zu sein, das zwischen Schuldigen und Unschuldigen unterscheidet. Nicht mehr an Gott zu glauben führt offenbar zu einer Haltung, die dieser Überzeugung entspricht. Nicht mehr an die Gesellschaft zu glauben, ihre Ordnung und ihre Gesetze infrage zu stellen, musste mehr umfassen als die Beleidigung eines Priesters oder das Verteilen eines Flugblatts, welches so destruktiv ist, dass es keine Reaktion auslöst. Anscheinend leichten Herzens fand ich mich damit ab, dass bestimmte Bücher nicht herumliegen durften, dass wir nach einigen Monaten des Zusammenlebens keiner regelmäßigen Beschäftigung mehr nachgingen und dass – wie ich schon gleich nach unserer offiziellen Verbindung erfuhr – das Bündel Banknoten, das ich dem »Familienoberhaupt« ausgehändigt hatte, wie es vor dreißig Jahren mein Großvater meinem Vater ausgehändigt hatte, unverzüglich in Wertpapieren angelegt wurde, worunter ich mir nichts vorstellen konnte. Sie waren seltsamen Schwankungen unterworfen, die man in Fachzeitschriften nachprüfen konnte, von denen ich bis dahin nicht einmal wusste, dass es sie gab. Ebenso musste ich mich damit abfinden, dass mein Gefährte keinerlei Erfahrung in diesem Geschäft hatte, sich aber unwiderstehlich und plötzlich dazu berufen fühlte, an der Börse in Termingeschäften zu spekulieren, wie man es nannte.

Natürlich hatte ich Angst, ich hatte immer Angst, so weit ich zurückdenken kann. Mit acht Jahren hatte ich Angst vor Feuerwerken, ich hatte Angst beim Donnern der Kanonen, als ich 1916 meinen verwundeten Bruder hinter der Front besuchte, ich hatte Angst, als man mich in Magdeburg mit Steinen bewarf, ich hatte Angst bei unserem Ausbürgerungsprozess, im Flugzeug hatte ich Angst, immer hatte ich Angst vor den gesellschaftlichen Regeln, Angst vor dem Ruin, in Europa, Asien, Spanien und Kambodscha, ich hatte Angst während der Verfolgungen, während der Résistance, ich hatte Angst vor dem Unvermeidlichen und vor dem Selbstgewählten. Wenn ich es mir recht überlege, liegt darin die einzige Dominante eines Lebens, in dem ich unablässig Mut vorgetäuscht habe, denn ein revoltierender Mensch muss notwendigerweise ein mutiger Mensch sein.

Worauf will ich damit hinaus, wenn ich trotz meiner Angst dieses Geständnis gewagt habe? Zunächst einmal muss ich festhalten, dass ich mich mit dieser Angst gut arrangiert habe und dass ich seit ungefähr meinem zwanzigsten Lebensjahr immer so gelebt habe, dass ein Ordnungshüter bei mir jederzeit mindestens einen Grund zu einer Anzeige gefunden hätte: Beherbergung einer von einer Abtreibung noch blassen jungen Frau, Opium oder Opiumsüchtige, verbotene Bücher, illegale Flugblätter, wegen eines Vergehens polizeilich gesuchte Männer oder Frauen, Fremde mit nicht vorschriftsmäßigen oder nicht vorhandenen Papieren und während der Besatzungszeit Polen, Widerstandskämpfer – darunter auch Deutsche –, ahnungslose Überbringer von Plastiksprengstoff, Fotografien oder englischen Generalstabskarten.

Man moge mir glauben, dass ich mich seit zehn Jahren auf keine solchen Abenteuer mehr einlasse. Lägen sie nicht so weit zurück, könnte ich dafür ohne Weiteres ins Gefängnis kommen. Aber – welch eigenartiges Spiel der Verdrängung – da fällt mir ein, dass ich beinahe vergaß, von ähnlichen Delikten anlässlich meiner Aufenthalte in Indochina zu berichten: illegale Aneignung von Kunstwerken – ach ja, da war später noch die, sagen wir, nicht ganz legale Aneignung von graeco-buddhistischen Statuen – und etwas abenteuerliche, aber manchmal erfolgreiche politische Aktivitäten. Allerdings verlor sich meine Angst nie, und da ich mich dieses Gefühls nicht erwehren konnte, habe ich mich – wann eigentlich? – entschlossen, es bewusst zuzulassen und zu empfinden, aus gutem Grund, wie ich meine.

Zu all diesen Ängsten muss ich noch die hinzuzählen, die aus der Verbindung mit meinem Gefährten geboren wurden. Ich hatte von der Liebe mehr oder weniger erwartet, dass sie mir Sicherheit bieten würde: Es ist zwar ganz interessant, als Kind zwischen zwei Kulturen und drei Religionen hin und her gerissen zu sein; es sei bereichernd, heißt es, aber es ist auch nicht immer ganz einfach auszuhalten. Wie gut wäre es gewesen, wenigstens eine Art von Beziehung zu haben, die ohne jede Ambiguität ist; diese Gnade ist mir nicht zuteil geworden. Der Mann, der für mich der wichtigste meines Lebens war, hat mir nie, zu keinem Zeitpunkt, das königliche Geschenk gemacht, ihm vertrauen zu können.

Wo endete bei meinem Gefährten der Traum, wo begann für ihn die Realität? »Ich lüge«, erklärte er mir eines Tages, »aber meine Lügen werden Wahrheiten.« Einverstanden. Aber diese in die Zukunft projizierte Vergangenheit ist nicht dazu geschaffen, Gewissheiten entstehen zu lassen, und ich als Zwanzigjährige hatte ein absolutes Bedürfnis nach Gewissheiten.

Der Zweifel ist ein weiches Kopfkissen, hatte man mir beigebracht, mir, die ich doch festen Boden unter den Füßen haben wollte. Denn ich hatte mich vollständig, wie die Frauen aus früheren Zeiten, in die Hände desjenigen begeben, der jeden meiner Augenblicke verzauberte.

Eines Tages, es war Frühjahr, erinnerte ich ihn daran, dass »die Monate, die wir als Mann und Frau verbringen wollten, vorüber sind, und wir uns – jedenfalls unserer Abmachung zufolge – eigentlich jetzt trennen müssten«. Er erwiderte: »Könnte man das Geld, das die Scheidung verschlingen würde, nicht besser verwenden? Könnten wir nicht zum Beispiel nach Tunesien reisen?«

Wir reisten nach Tunesien.

Bei unseren Spaziergängen durch Straßen und Gassen wurden wir an Hamilkar Barka und an *Salammbô* erinnert, ein Buch, das wir zwar schon vor langer Zeit gelesen hatten, das uns aber immer noch etwas bedeutete.

Wir sprachen von Baal, dem Kinderfresser. Noch unter dem Eindruck des Krieges entdeckte ich mit Schrecken, dass es zu allen Zeiten Menschenopfer gegeben hat und dass sich nur die Umstände und die Gründe ändern, derentwegen sie verlangt oder sogar freiwillig dargebracht wurden.

Bis nach Kairuan war es noch eine weitere Tagesreise. In einem schmutzigen Zugabteil durchquerten wir ein weites Land, das mit graugrünem Gras bedeckt war. Diese monotone Ebene rief falsche Erinnerungen in uns wach: Wir dachten an die großen asiatischen Brandungen. Später sollten wir erfahren, dass diese Weiten weder Steppe noch Wüste waren.

Wir haben geweihte Orte besucht, wir haben Kaffee

auf Straßen getrunken, die von neuartigen Schreien erfüllt waren, wir haben die nach fettiger Wolle riechenden Teppiche in den Souks nicht heruntergehandelt, wir haben einen Vormittag auf einem Markt verbracht, wo man Kamele mit Schlangenköpfen verkaufte. Mein Gefährte wollte mir keines kaufen, obgleich ich ihm lang und breit beschrieben habe, was für ein Spaß es wäre, wenn wir es neben dem Zug her marschieren sähen, wie das Kamel von Tartarin, auf unserem Weg zurück von Marseille nach Paris, und wie wir, etwas später, am Sonntag mit ihm durch den Bois de Boulogne schreiten würden.

Wir lebten bald hier, bald dort, oft in Paris, waren herrlich ungebunden, entdeckten jeden Tag einen neuen Aspekt dieser Welt und freuten uns am Spiel unserer Körper und unseres Geistes. Wir maßen uns aneinander anhand der Erfahrungen aus unseren Reisen, unseren Lektüren, aus den langen Gängen durch Museen und Galerien, aus den Stunden im Kino, in den Nachtklubs, in den echten Ballets Russes, im seltener besuchten Theater; wir bummelten durch die Straßen, durch überdachte Passagen und Säulengänge, tranken auf belebten Plätzen milchigen Anislikör, Pfefferminztee und undefinierbare Mixgetränke, wir hielten uns für reich und waren es eigentlich kaum.

Nachdem ich das Spekulieren begriffen hatte und es mir gelungen war, die Abneigung zu überwinden (worauf ich ein wenig stolz bin) gegen dieses Geschäft, bei dem der Schweiß des Angesichts eine zu geringe Rolle spielte, um der Ethik, die ich als Kind zwischen zwei Religionen entwickelt hatte, gerecht zu werden, sah ich in der Spekulation einen interessanten Sport, der gegenüber dem Pferdesport den Vorteil hatte, dass er keine raffinierte Garderobe erforderte. An Werktagen, das heißt an Tagen, an denen die Börse geöffnet war, begaben wir uns gleich nach dem Mittagessen zur nächstgelegenen Bank, um die Nachrichten der unter Glaskästen stehenden Maschinen zu entziffern. Für uns lief alles günstig; das kleine Zeichen + stand oft rechts neben dem Namen der Wertpapiere, die wir beim Börsenmakler hinterlegt hatten.

Hinter einem dieser Namen verbarg sich ein mexikanisches Grubenunternehmen; mein Gefährte hatte einmal an einer Aufsichtsratssitzung dieses Unternehmens teilgenommen. Die Minen, erklärte er mir, gehörten einer einzigen Familie, und einige ihrer Angehörigen hatten sich zur erwähnten Sitzung bemüht. Nach seiner Beschreibung zu urteilen, waren es liebenswürdige, behaarte und braun gebrannte Halbwilde, was mir Vertrauen einflößte. Noch wusste ich nicht, dass ihr Schicksal, genau wie das unsere, von Mächten abhing, die keine Rücksicht auf Redlichkeit nahmen. Dafür wusste ich aber, dass das Börsengeschäft mit den seltsamen Kursschwankungen der schon damals so genannten Devisen zusammenhing, insbesondere mit jenen, die den besiegten Ländern die Möglichkeit geben sollten, die Reparationszahlungen zu leisten. Die Deutschen werden zahlen ... Womit, fragte ich mich manchmal. Die Markscheine wurden zwar noch nicht schubkarrenweise transportiert, aber doch schon beinahe. Meine Familie hatte ihr Vermögen in Häuser mit schmucken Fassaden umgesetzt; mein Großvater schien sich mühelos an Beträge gewöhnt zu haben, die noch zwei Jahre zuvor ein sagenhaftes Vermögen gewesen wären. Mit Ausnahme der kleinen Insel, auf die sich jene gerettet hatten, die durch ihre täglichen Geschäfte mit dem Ausland vor Hunger und Arbeitslosigkeit in Sicherheit waren, versank das Land im Elend.

Obwohl dieses Leben für mich neu und ungewohnt war, konnte ich mich nicht beruhigen über das eigenartige Bewusstsein, das der Mensch dem Menschen aufzwang. Für das Menschenbild, wie es drüben im Osten entworfen wurde, empfand ich eine gewisse Sympathie. Aber die angeblichen Nachfolger von Jaurès hatten in Tours gerade erklärt, dass dieses neue Menschenbild nicht ihren Erwartungen entsprach. Es kursierten ziemlich düstere Geschichten über die UdSSR; unter anderem hieß es, wenn Raymond Lefebvre nicht von einer Russlandreise zurückgekehrt sei, dann sei er wohl aufgrund der Befürchtung zurückgehalten worden, er könnte nicht allzu begeistert über das sowjetische Experiment berichten.

»Aber liegt es nicht an der von den ehemaligen Alliierten verhängten Blockade, dass das Experiment nicht glücken will?«, fragte ich mich manchmal. Weiter dachte ich nicht, doch ob es nun die Hungersnot in Deutschland, die ich mir gut vorstellen konnte, oder die in Russland, von der ich mir kein klares Bild machen konnte, menschliches Leid bedrückte mich immer zutiefst. Damals kannte ich Marx noch nicht und wusste nicht, dass eine ganze philosophische Lehre davon ausging, dass der Lauf der Welt, durch die Mitwirkung des Menschen mehr oder weniger beschleunigt, schließlich zu einer besseren Gesellschaftsordnung führen sollte.

Mein Schwiegervater war trotz seiner Bemerkung über die erstaunliche Schlichtheit meiner Kleidung kein Antisemit: Die Schwester seiner zweiten Frau hatte einen Juden geheiratet, ohne dass er daran Anstoß genommen hätte. Bevor er mich jedoch persönlich kennenlernte, hatte es seinem Chauvinismus missfallen, dass meine Vorfahren in Deutschland ansässig gewesen waren. Seither aber ließ ihn meine Gegenwart wahrscheinlich die nicht mehr Vorhandenen vergessen, und er betrachtete mich als Französin. Später empfand er sogar echte Zuneigung für mich, die ich erwiderte.

Inzwischen war er von meiner Schwiegermutter geschieden und hatte die Frau geheiratet, mit der er nun seit zehn Jahren sein Leben teilte. Er lud uns ein, ein paar Wochen in seinem Landhaus zu verbringen, in dem er seine frühzeitige Pensionierung genoss. Die Verwaltung des Vermögens seiner Schwägerin und einige Börsengeschäfte auf eigene Rechnung sorgten für Abwechslung in diesem etwas monotonen Leben. Mein Schwiegervater, der durch und durch Städter war, merkte ziemlich schnell, dass die Freuden, die er sich von Gartenarbeit und Gemüseanbau erhofft hatte, eine Illusion waren.

An der Gare d'Orléans traf ich zum ersten Mal meinen reizenden siebenjährigen Schwager, der begeistert war, eine Schwägerin zu besitzen. Etwas später entdeckte ich im Bois-Dormant – das war der Name des Hauses – einen zweiten Schwager, der noch kein Jahr alt war. Die Stiefmutter meines Gefährten, die er erst jetzt kennenlernte, empfing uns beide mit schlichter Herzlichkeit.

Von diesem Aufenthalt besitze ich noch heute eine kolorierte Fotografie auf Glas, eine der seltenen Erinnerungen an die Vorkriegszeit. Ich betrachte das Bild: Ich hatte kein so rundes Gesicht, wie es auf dieser Frontalansicht erscheint. Meinen Hut hatte ich mir selbst gemacht, ebenso das Kleid aus geblümtem Möbelstoff, und beides gefiel meinem Schwiegervater ohne Zweifel. Doch fügt sich in diese Vergangenheit eine andere ein, wie ein Gemälde in ein größeres: Ich sehe meinen älteren Schwager vor mir kurz nach dem Waffenstillstand. Sein geschmeidiger Körper liegt ausgestreckt vor dem Kamin unserer Hütte im Departement Lot, in die ich mich damals geflüchtet hatte, und er vertraut mir Geheimnisse an, die man sonst nur einer Schwester erzählt, und hört sich meine an wie ein Bruder. Schließlich sagt er mit gedämpfter Stimme, denn meine Tochter schlief im Nebenzimmer: »Hast du denn noch nicht bemerkt, dass er einfach unmenschlich ist?«

Zwischen diesem Gespräch und unserer ersten Begegnung habe ich miterlebt, wie der siebenjährige Knabe, der seinen Vater um die Erlaubnis bitten musste, dem Gärtner bei der Arbeit zusehen zu dürfen, zu einem jungen Mann heranwuchs, der sich schnell verliebte und sich schnell von seinen Geliebten trennte. Er war übrigens der hübscheste, verführerischste und tragischste junge Mann, den ich kannte; er wusste genau, dass er an seinen Bruder nicht heranreichte, der ihn durch seine verdiente Berühmtheit überall ausstach.

Er war hübsch, doch er war lange Zeit nicht glücklich; der Krieg bewies ihm, dass er mutig war, doch das Leben hätte ihm bewiesen, dass er auch andere Qualitäten besaß. Er starb einige Tage, vielleicht sogar nur einige Stunden vor seiner Rettung, als ein Torpedo das Schiff versenkte, das ihn nach Schweden bringen sollte.

Der Jüngere ... Der Jüngere war zugleich charmant und unerträglich. Für ihn, der keine inneren Probleme kannte, waren Theorie und Praxis eins. Als Zwölfjähriger feuerte er während eines Spaziergangs in den Tuilerien in Begleitung meiner Tochter und ihres Kindermädchens aus reinem Vergnügen ein paar Schüsse auf den Geräteschuppen der Parkwächter ab. Später wurde er als Spahi nach Algerien versetzt und verliebte sich dort in eine Frau, die seine Liebe nicht genügend zu erwidern schien. Daraufhin stieg er am Ende eines Diensturlaubs in einen Zug in Richtung spanischer Grenze und reiste in ein Land ein, das sich zu jener Zeit mitten im Bürgerkrieg befand. Durch sein weißes Cape, unter dem er ein nicht minder schönes rotes trug, wurde man auf ihn aufmerksam. Ihn in diesem Aufzug der Spionage zu bezichtigen hielt ich für fast undenkbar. Doch genau das geschah, und er verdankte sein Leben einem wunderbaren Zufall. Gerade noch rechtzeitig gelang es ihm nämlich, sich mit meinem Gefährten in Verbindung zu setzen, der beteuerte, dass dieser seltsame Mensch tatsächlich sein Bruder sei. Daraufhin wurde er zur Grenze zurückgebracht, noch früh genug, um nicht als Deserteur gemeldet zu werden.

Dennoch sollte er durch Kugeln sterben. Während der Besatzungszeit wurde er von den Deutschen verhaftet und, da er Informationen für die Engländer bei sich trug, erschossen. Als einer der ersten Widerstandskämpfer starb er als Zwanzigjähriger, kurz nach unserer Niederlage.

Alles, was ich über die Familie meiner Schwiegereltern erfuhr, war mir sympathisch. Sie verkörperten Flandern und Dünkirchen, die ich ebenso wenig kannte wie mein Gefährte und von denen wir beide wegen ihrer legendären Seite träumten, die ihnen die mündliche Überlieferung der Familie verlieh. Man erzählte mir, dass der Großvater kaum Französisch konnte. Er hatte ein Mädchen geheiratet, das aus vornehmeren Kreisen stammte als er. Kurz nach der Hochzeit hatte sie versucht, ihn zu verlassen. Vergeblich, denn ihr Vater brachte sie ins eheliche Heim zurück, an das jährliche Niederkünfte sie fesselten. Später wurde sie dann von einer Arbeitswut erfasst, die sie ganze Nächte vor Haushaltsbüchern verbringen ließ. Der Ehrgeiz trieb ihren Mann dazu, in einem anderen Flügel des großen Hauses – den wir erst beim Begräbnis meines Schwiegervaters entdeckten, als er bereits von einem anderen Zweig der Familie besetzt war – im Gegenzug ebenfalls vor einer brennenden Kerze zu sitzen und sich irgendwelchen Arbeiten zu widmen. Er war Neufundlandfahrer, Küfer und Weinkenner und besaß auch noch einige kleinere Schiffe. Die Frau erlag als Erste diesem absonderlichen Wettstreit. Auf sich allein gestellt, war er nicht mehr in der Lage, seine Geschäfte zu überwachen; er vernachlässigte die Absicherungen und verlor seine Schiffe. Vorher hatte er seine jüngste Tochter unter anderem dadurch erzogen, dass er sie im Winter in einen der großen Kachelöfen einsperrte, wie ich sie von Magdeburg her kannte. Schließlich starb er als ruinierter alter Mann unter dem Hieb einer Doppelaxt, als er versuchte, einem Schiffsjungen zu zeigen, wie man Holz spaltet. Er ging dabei mit so viel Schwung ans Werk, dass er sich selber den Schädel einschlug.

So etwas gefiel mir; in meinem Herzen gesellte sich der Großvater aus Dünkirchen zu dem Großvater aus Deutschland, den ein Wutausbruch über die Kontrolle pedantischer Zöllner den Kopf kostete.

Die Art, wie mein Schwiegervater über den Krieg erzählte, erschien mir als kindlicher Manichäismus. Mit ihm setzte ich mich kaum darüber auseinander, dafür umso ausführlicher mit André.

Eines Abends erzählte mir mein Gefährte, er fände den Sturm der Offiziersschüler von Saint-Cyr zu Beginn des Krieges großartig. Ich kannte ein Opfer dieses Angriffs: meinen Nachbarn Pierre, einen Freund meines Bruders und Schüler von Saint-Cyr. Ohne Weiteres konnte ich mir vorstellen, wie er in seinem albernen Käppi, auf dem der Helmbusch wie ein Fragezeichen stand, und in seinen roten Hosen selbst für den ungeschicktesten Schützen ein leichtes Ziel bot und andere Opfer der veralteten bunten Uniformen mit in den Tod riss. War er jedoch davon überzeugt gewesen, aus freien

Stücken zu handeln, so hatten seine Gefolgsleute diesen sinnlosen Tod nicht selbst gewählt. Das versuchte ich meinem Gefährten, der neben mir lag, klarzumachen.

Ich sagte: »Diese Geste war überflüssig, und ein Haufen Männer, die ihren Vorgesetzten gehorchen mussten, sind dort sinnlos und unnötig gestorben.« Er antwortete (ich fasse seine Worte sinngemäß zusammen): »Es war eine schöne Geste, und das ist die Hauptsache.« Worauf ich (wörtlich) erwiderte: »Es war idiotisch, es war die Geste eines Mörders.« Seine Antwort darauf war (soweit ich mich erinnere), ich hätte keinen Sinn für Größe und für Details. Ich sagte: »Wenn du diese Geste verteidigst, dann bist du genauso borniert wie die Schüler von Saint-Cyr.«

Er entgegnete: »Wenn du so etwas sagst, bist du feige wie eine Jüdin.«

Ich stand auf, zog mich an, öffnete und schlug eine erste, dann eine zweite Tür zu und verließ das Haus. In der Nähe der Gare d'Orléans holte er mich ein.

»Du bist verrückt«, sagte er.

»Du hast mir vorgeworfen, ich sei feige wie eine Jüdin«, gab ich ihm zurück. »Das reicht.«

»Du hast angefangen«, sagte er. »Du hast mir an den Kopf geworfen, ich sei dumm wie ein Schüler von Saint-Cyr.«

»Was natürlich nicht stimmt«, lenkte ich ein, »aber wenn ich dich beleidige, bemühe ich wenigstens keine Klischees.«

Wir hatten eine Aussprache, nach der wir uns wieder versöhnten, weil wir uns liebten, weil wir zwanzig waren und weil wir glaubten – und damit hatten wir im Grunde genommen recht –, dass wir trotz allem einer Meinung waren. Ich verbürge mich dafür, dass mein Gefährte nie Antisemit war und dass ihn auch unsere Streitigkeiten nicht dazu machten. Sie bestärkten ihn nur in seiner grundsätzlichen Frauenfeindlichkeit.

In Belgien gefiel es uns gut: In Brüssel gingen wir oft an der Grand Place Muscheln essen, auf den Kanälen von Brügge machten wir Kahnfahrten, und in Tervueren bestaunten wir den Panthermenschen in seinem Kleid aus Fell und fragten uns, wie er zugleich er selbst und das gefleckte Raubtier sein könne.

Besonderen Spaß machte es uns, in den Bordellbars von Antwerpen einzukehren. Eines Abends gingen wir in eine Matrosenkneipe, in deren Obergeschoss die Frauen konsumiert wurden, die im Erdgeschoss zum Alkoholkonsum animieren sollten. Bald darauf wurden diese Lokale geschlossen, wo ich erlebte, wie die käuflichen Verkäuferinnen sich gelassen erhoben und aus einem Regal Klistierspritzen holten, die ihnen als ausreichender Schutz gegen eine der Krankheiten erschienen, von denen sie sich bedroht sahen: die der Fortpflanzung. Überhaupt vollzog sich in diesen Jahren – war es nicht die Zeit von Belle-de-Jour? – hinter einer sozusagen pittoresken Fassade ein tiefgreifender Wandel im Verhältnis der Geschlechter zueinander, hervorgerufen durch den Krieg, den Frauenüberschuss, die Besetzung des besiegten Deutschland, die Wirtschaftskrisen, durch Reisen und Sachbücher, durch Freud sowie durch die Tatsache, dass immer mehr Mädchen studierten und immer mehr Frauen aus dem Bürgertum einen Beruf ausübten.

Wir saßen gerade an einem schweren Holztisch und tranken Bier, als sich eine im Stil solcher Lokale gekleidete Frau – sie trug eine bunte, nicht allzu durchsichtige Bluse – zu uns setzte. Um uns herum wurde Flämisch gesprochen. »Ich bin Französin«, sagte sie, »ich habe mich zu euch gesetzt, weil die anderen kein Französisch sprechen.« Ihr Körper – man sah weniger davon als in manchen Strandbädern – war wie ein abgeschliffener, gescheuerter und polierter Stein. Er bebte kaum, wenn sie lachte. Aber sie lachte selten, denn sie war ein ruhiges Geschöpf und sicher gewissenhaft in der Ausübung ihres Berufs.

»Ich bin aus Paris«, sagte sie zu mir. »Ich auch«, erwiderte ich. »Ich bin aus Belleville«, fuhr sie fort. »Ich vom Point-du-Jour«, antwortete ich. Blitzschnell war mir eingefallen, dass dies der einzige Ort des 16. Arrondissements war, den ich nennen konnte. »Möchtest du nicht bei uns arbeiten?«, fragte sie mich. »Nein, in Paris läuft der Laden ganz gut.« Sie trank einen Schluck Pernod, den wir ihr angeboten hatten. »Du hast recht«, meinte sie, »wir sind hier schon mehr als genug. Es sieht hier sowieso nicht besonders rosig aus. Die Matrosen gehen ja noch, aber die Offiziere sind alle knausrig.«

»In Paris ist's auch nicht immer so einfach«, antwortete ich, »aber da kenn ich mich aus, also bleib ich lieber dort.«

»Ich verstehe«, sagte sie.

Ein paar Minuten später verschwand sie beruhigt. Ich glaube, ich fühlte mich geschmeichelt.

Auf einer unserer Reisen nach Brügge begleitete uns Marcel Arland. Mein Gefährte verließ uns für einige Stunden, um einen Abstecher nach Ostende zu machen, wo er den alten Ensor besuchen und ihn fragen wollte, ob dieser ein Buch, das bald erscheinen sollte, illustrieren könnte.

Nach seiner Rückkehr erzählte uns André von seinem Besuch. Er beschrieb uns Ensors Bilder – sie gefielen uns allen dreien –, aber vor allem beschrieb er uns die kleinen Meerjungfrauen, die der alte Mann ihm gezeigt hatte. Es waren Frauenkörper, so lang wie zwei aneinandergelegte Hände, mit genau proportionierten Brüsten. Trotz des Fischschwanzes wirkten sie aufregend. Da ich an alles glauben kann, war ich einen Augenblick lang davon überzeugt, dass diese Geschöpfe, so wie sie waren, wirklich gelebt hatten: Meerjungfrauen und Töchter von Meerjungfrauen. Aber mein Gefährte erklärte mir sogleich, dass irgendein geschickter Seemann sie aus präparierter Fischhaut hergestellt hatte, was mich natürlich sehr enttäuschte. Doch beneidete ich ihn trotzdem, denn er hatte die kleinen Geschöpfe gesehen und war, da er nicht an ihre Existenz glaubte, vielleicht nur nicht würdig gewesen, davon überzeugt zu werden.

Mein Gefährte war ein Frauenfeind. Ich hatte das ganz nebenbei, und fast ohne mir dessen bewusst zu werden, im Verlauf eines Gesprächs mit jemandem erwähnt, der daraus zu meiner Verwunderung eine fette Schlagzeile gemacht hatte. War dies wirklich der Hauptenor meiner Antworten gewesen? Mir schien es nicht so. Aber er verachtete die Frauen tatsächlich, und auch unser Verhältnis wurde bisweilen dadurch getrübt. Nicht, dass er mich uninteressant oder langweilig gefunden hätte, im Gegenteil, ich war für ihn ein »vollwertiger Gesprächspartner«, ein angemessener Vermittler zwischen ihm und der Menschheit. Tagtäglich ließ ich vor seinen Augen eine Welt von Kindern, Frauen und Männern vorbeiziehen, mit denen er bis dahin keinen Kontakt gehabt hatte und deren Lebensauffassung von seiner eigenen abwich: Ich machte sie ihm vertraut. Dann gab es Stunden, in denen wir gemeinsam irgendeinen abstrakten Gipfel erklommen, wobei er meistens, wenn auch nicht immer, die Führung übernahm. Wir ermutigten und spornten uns gegenseitig an bei diesen Intelligenzspielen und waren so eifrig bei der Sache, dass die körperlichen Spiele unvermeidlich darauf folgten und uns das physische Vergnügen als natürliche Krönung des intellektuellen erschien. Trotz alledem war ich in seinen Augen kein vollgültiger Mensch. In meiner Empörung darüber verlangte ich nach mehr Eigenständigkeit – was in der Liebe Freiheit bedeutet –, als ich je verlangt hätte, wenn er mich wirklich anerkannt hätte.

Nach reiflicher Überlegung bin ich mir sicher, dass ich in jedem Fall Autonomie für mich gefordert hätte, wenn auch vielleicht weniger aggressiv. Dabei bewunderte ich ihn so sehr, dass meine Auflehnungsversuche auf intellektuellem Gebiet nur in einer umso tieferen Unterwerfung und oft sogar Demütigung endeten. Dass ich von da an immer häufiger Lust hatte, mich mit anderen zu messen, war eine durchaus natürliche Reaktion, aber ich glaube nicht, dass er sie verstand.

Gewiss wurde sein Weiberhass oder sein Verteidigungsinstinkt durch meinen Widerspruchsgeist und meinen Selbstbehauptungswillen noch verstärkt, doch zweifellos existierte er schon vor unserer Begegnung. Ich erinnere mich zum Beispiel an den Ton, in dem er zu sagen pflegte: »So können nur Frauen malen.« Er sprach auch vom »weiblichen Korpsgeist«, von dem ich bis dahin nie etwas geahnt hatte. Ja sogar im Gegenteil, meistens ergriff meine Mutter bei unseren Streitereien seine Partei, offenbar weil sie – nicht ohne Grund – dachte, er habe in unserer Ehe den schwereren Stand. Aber kaum hatte er den »weiblichen Korpsgeist« erwähnt, entdeckte ich den der Männer und merkte bald, wie viel bewusste oder unbewusste Verachtung für die Frauen dieser »männliche Korpsgeist« implizierte.

Er war ebenfalls der Erste, der mich auf das »Ewig-Weibliche« aufmerksam machte, mir im Übrigen aber versicherte, dass es das »Ewig-Männliche« nicht gäbe. Das ärgerte mich; ich wollte von keinem – noch so idealen – Prototyp bestimmt sein, sondern mich selbst nach meiner Vorstellung verwirklichen; ich wollte kein Wesen sein, sondern eine Persönlichkeit; weshalb sollte dieses Privileg, wie so viele andere, dem anderen Geschlecht vorbehalten sein? C. G. Jung bestärkte mich dabei.

Allein der Gedanke, dass eine Frau ein Urteil über ihn fällen könnte, war meinem Gefährten unerträglich; das ging so weit, dass ich erlebte, wie er einen Mann aus meiner Familie verteidigte, dem seine Frau, die sich zu

Recht für begabter, feinfühliger und sogar intelligenter hielt, etwas zusetzte. Unsere Streitigkeiten wegen einer Ungleichheit, die für ihn offenkundig war, nahmen wir nicht ernst, was aber nicht verhinderte, dass wir uns häufig stritten. In Wirklichkeit wirkten wir bei diesen Diskussionen beide gleichermaßen lächerlich. Meine Argumente waren aber wohl nicht immer dumm, denn ich erinnere mich noch, wie André eines Tages zu mir sagte, dass es doch amüsant wäre, da die Werte unserer Zivilisation von Männern geschaffen worden seien, sich vorzustellen, welche Werte eine weiblich geprägte Zivilisation hervorgebracht hätte. Daraufhin stellten wir die unmöglichsten Hypothesen auf. Diese Meinungsverschiedenheiten belasteten mich, doch konnten sie unserem grundsätzlichen Einverständnis nichts anhaben.

In einem Punkt waren wir völlig einer Meinung: Militärdienst kam nicht infrage. Allein der Gedanke an all die Tage, die ich ohne ihn verbringen müsste, während er fern von mir seine Zeit mit stumpfsinnigem Exerzieren verlor, ließ uns nicht ruhen. Trotz seiner unterschwelligen Bewunderung für den Saint-Cyr-Kult empfand er nur Verachtung für jene, denen ein höherer Dienstgrad das Recht verlieh, arme Teufel wegen Lappalien zu schikanieren. Für das Theater hatten wir beide im Allgemeinen wenig übrig, die einzigen Stücke, die wir gerne besuchten, waren solche, bei denen sich hinter der burlesken Fassade offener Antimilitarismus verbarg wie in *Der 8-Uhr-47-Zug* oder *Die Freuden der Schwadron*.

Den Ersten Weltkrieg und seine grotesken Begleiterscheinungen hatten alle noch in lebendiger Erinnerung. Breton fand die Zustimmung der besten Köpfe Frankreichs, als er schrieb, dass er und seine Anhänger »die so gut gespielte Verzweiflung genießen wollten, mit der das Bürgertum, welches sich immer bereitwillig herabließ, ihnen einige Jugendsünden zu verzeihen, auf ihr Bedürfnis reagierte, angesichts der französischen Fahne in schallendes Gelächter auszubrechen«.

Bei unserer ersten Begegnung war mein Gefährte noch keine zwanzig Jahre alt gewesen und hatte damals erst eine Musterung hinter sich, die er dank eines – echten – ärztlichen Attests über Gelenkrheumatismus im Kindesalter in Verbindung mit einer Dosis Koffein ungeschoren überstanden hatte. Aber 1924 brauchte Frankreich Kinder; Verhütungsmittel wurden nur noch heimlich unter den Arkaden des Palais Royal verkauft, und man musste schon bucklig, krumm oder einbeinig sein, um ausgemustert zu werden. Kurzum, man teilte ihn zum Ersatzdienst ein, was uns umso mehr aufbrachte, als wir auch mit dem Spekulieren nicht mehr so viel Glück hatten wie in den beiden Jahren zuvor.

Je näher die Dienstzeit heranrückte, umso bedrohlicher erschien sie uns. Eines Tages fanden wir in der Briefschale ein Schreiben mit der Aufforderung, er habe sich an dem und dem Tag in Straßburg zu melden.

Mein Bruder hatte ebenfalls seine Militärzeit im Elsass verbracht und war anschließend dort geblieben, um in einem Gerbereiunternehmen zu arbeiten, von dem wir Aktien besaßen. Von Straßburg nach Paris zurückgekehrt, hatte er ein paar gute Beziehungen weiterhin gepflegt, unter anderem zu einem dort ansässigen Arzt.

Wir mussten etwas unternehmen, jedenfalls war das meine Meinung. Vor einem drohenden Ereignis will ich immer »etwas unternehmen«, ganz gleich, was. Diesmal musste ich meinen jüngeren Bruder über unsere Schwierigkeiten aufklären. Durch die Freundschaft, die zwischen meinem Mann und meinem älteren Bruder entstanden war, fühlte sich der jüngere in den Hintergrund gedrängt; hier bot sich nun für ihn die Gelegenheit, zu beweisen, dass er von Nutzen sein konnte.

Am Tag der Einberufung bestiegen wir drei heimlich – denn meine Familie durfte von dieser Geschichte nichts erfahren, da wir das Alter meines Gefährten verschwiegen hatten – und nicht gerade stolz den Zug.

Wir mieteten uns in einer Pension nahe dem Stadtteil Robertsau ein; der eine meiner Begleiter begab sich zur Kaserne, der andere machte sich auf, Doktor S. ins Bild zu setzen. Die Apostel machten die Runde, und der Hahn krähte dreimal, damit der Apostel seinen Herrn verleugnen konnte. Stunden verstrichen, ehe sie zurückkamen. Der eine teilte mir mit, dass er infolge irgendeines Irrtums den Husaren zugewiesen worden war, deren Körpergröße maximal einen Meter sechzig betragen durfte, während er doch beinahe einen Meter achtzig groß war; der andere erklärte, optimistisch, wie er war, dass sein Freund »uns schon aus der Verlegenheit helfen würde«.

Man fand keine passende Uniform für ihn. Er war der größte Husar in Frankreich und Navarra, den es je gab, ein Husar, der seinesgleichen suchte. Wenn ich ihn von der Kaserne abholte, konnte ich ihn schon von Weitem erkennen, weil seine Hosen ihm nur bis zur Wade reichten. Wäre er wohl versetzt worden, wenn er länger Soldat gewesen wäre als die drei Wochen, die er über sich ergehen lassen musste, oder hätte man ihm eine Maßuniform angefertigt? Er richtete es so ein, dass diese Frage hinfällig wurde: Gleich bei seiner Ankunft schützte er Herzbeschwerden vor, um nicht am Gemeinschaftsleben teilnehmen zu müssen, und verbrachte die Tage auf seinem nicht aufgedeckten Bett, das er nur abends verließ, um zu mir in die Pension zu kommen. Dort ließ er sich dann wiederum auf mein zerwühltes Bett fallen, nach Atem ringend, fröstelnd, schweißgebadet und am ganzen Körper bebend, wie es nach dem übermäßigen Konsum von Koffeintabletten nicht anders zu erwarten war. Damals wurden die Apotheken noch nicht so streng kontrolliert wie heute.

Er hatte großes Glück, denn der Stabsarzt, der ihn untersuchte und der vom Freund meines Bruders erfahren hatte, mit welchem Entsetzen mein Gefährte an die langen Monate des drohenden Kasernenlebens dachte, fand diese Ansicht durchaus vernünftig. Nach einer Unterredung mit dem Widerspenstigen erklärte er: »Ein Mann wie Sie hat Besseres zu tun, als hier herumzulungern«, und unterschrieb ein Attest über Wehruntauglichkeit, womit er sein gutes Urteilsvermögen bewies.

Am vernünftigsten wäre es gewesen, unverzüglich nach Paris zurückzukehren. Die Börsenkurse fielen, speziell die Papiere, in denen wir unser Geld angelegt hatten. Trotzdem stimmte ich zu, als André erklärte, wir bräuchten dringend Luftveränderung und sollten, um neue Eindrücke zu sammeln, dem Rhein, der nur auf uns zu warten schien, einen Besuch abstatten. Wir bestiegen das Schiff und glitten an Weinbergen vorbei, in denen Trauben hingen, dicht gedrängt wie Getreidekörner an einer Ähre.

Dies waren die letzten Tage, die wir in einer Traumwelt völliger Sorglosigkeit verbrachten. Mein Mann erzählte mir von einer rheinischen Kultur, die sich entlang des Flusses erstreckt und Kunst, Bräuche und Landschaft dieser Gegend geprägt hatte. Als wir den berühmten Felsen passierten, trug ich die *Lorelei* vor. Ich dachte an meinen Vater, der mir während unseres Aufenthalts in Neckarsteinach den Strom zum ersten Mal gezeigt hatte. Während der ganzen Fahrt den Rhein hinab lasen wir keine Zeitung. Bei unserer Ankunft in Paris erfuhren wir, dass wir ruiniert waren.

Oh, wir waren nicht die Einzigen! Doch muss ich zugeben, dass unser Vertrauen in die schnurrbärtigen und sympathischen Mexikaner sich als böser Fehler erwiesen hatte. Nicht genug damit, dass die Pedrazzini – Familie, Wertpapiere und Bergwerke, alles eingeschlossen – Konkurs machten, sie tauchten unter, verschwanden von der Bildfläche, lösten sich in Luft auf. Für unsere erste Spekulation war es eine Meisterleistung! Wenn ich mich recht entsinne, war uns nicht einmal ein Stück Papier geblieben, das an unseren vergangenen Ruhm erinnerte.

Aber vielleicht ist das nur eine Einbildung, die auf meiner Eitelkeit beruht, welche mein Gefährte mir mehr als einmal vorwarf… Noch vor ein paar Monaten hatte er mir während einer Filmvorführung zärtlich ins Ohr geflüstert: »Heute beläuft sich unser Vermögen auf soundsoviel.« Es war eine runde Summe gewesen, die sich gut anhörte und seinen Geschäftssinn bewies. Andere Geschäfte abseits der Börse waren zuvor weniger zufriedenstellend verlaufen; deshalb waren wir zu dem Schluss gekommen, das Spekulieren sei doch vorteilhafter. Aus diesem Grunde hatte es mein Gefährte schon früh aufgegeben, Filme zu kaufen, für die man ihm trotz aller Bemühungen keine Vorführgenehmigung erteilte. Eine Zeit lang hatten wir uns damit begnügt, diese Filme im privaten Kreis sechs oder sieben Freunden zu zeigen, was uns letztlich doch lieber war, als sie zum Essen einzuladen. Es waren deutsche Filme: Der erste, dessen Titel und Thema ich vergessen habe, war ein Horrorfilm, der zweite, *Uriel Acosta*, machte mich um die Erkenntnis reicher, dass die Synagoge ebenso grausam sein könnte wie die Kirche. Yvan Goll hatte uns bei diesem wenig lukrativen Unternehmen geholfen. Wir trafen uns auch weiterhin mit ihm und mit seiner Frau, allerdings nicht so oft, wie sie es erwartet hatten, denn mein Gefährte fühlte sich zu keinem von beiden besonders hingezogen. Sie lebten nach einer anderen Ästhetik als er, und außerdem hatte er nur wenig für Menschen übrig, die vor ihm eine Rolle in meinem Leben gespielt hatten.

Auch die Produktion erotischer Werke war zurückgegangen, zum Teil weil P. P. ebenfalls zum Militär eingezogen worden war.

Einige Zeit war vergangen, seit unser Ruin offenbar geworden war. Wir konnten uns noch glücklich schätzen, keine Schulden beim Börsenmakler zu haben; jetzt wusste ich, wohin Termingeschäfte führen können. In der folgenden Zeit bemühten wir uns mit Zustimmung meiner Mutter, auf der Bank von Mühlhausen liegende Wertpapiere wieder in unseren Besitz zu bringen, die wir vor dem Krieg meinem Großvater anvertraut hatten. Da Frankreich den Krieg gewonnen hatte, konnten wir erst an die Papiere herankommen, nachdem sie durch eine mittlerweile nicht mehr ganz legale Transaktion wieder in französische Hände gelangt waren. Bei dieser Operation bewies mein Gefährte erneut echtes Talent für solche Geschäfte; die nächsten zwei oder drei Monate waren wir der finanziellen Sorgen enthoben.

In der Tat lag eine märchenhafte Zeit hinter uns: Zwei herrliche Jahre, die wie im Traum vergangen waren und die wir trotzdem mit allen Sinnen auskosteten, hatten uns etwas gegeben, was das Leben selbst jenen, deren Welt der unseren gleicht, gewöhnlich nur über einen viel längeren Zeitraum verteilt gewährt. Wir hatten gelesen und waren gereist, wir hatten viel gesehen und verglichen, wir hatten wenige Menschen, dafür aber einander kennengelernt. Da mein Gefährte von den Frauen nur Dummheit, Falschheit und Treulosigkeit erwartete, neigte er dazu, meine guten Eigenschaften zu überschätzen. Weiberhass hat auch seine Vorteile. Er verlangte, dass ich mich mit ihm identifizierte, und vor unserem finanziellen Ruin war ich auch wirklich völlig solidarisch mit ihm. Aber bald mussten wir uns für irgendetwas entscheiden. Ich stellte ihm ein paar Fragen, auf die er schlicht antwortete: »Du glaubst doch wohl nicht, dass ich in Zukunft arbeiten werde?«

Das war deutlich genug, und mir wurde bewusst, dass ich eigentlich auch gar nicht von ihm erwartet hatte, er würde arbeiten. Und ich suchte sogar nach Sätzen, um es zu rechtfertigen: »Und das Büro?«, sagt die Verliebte in Rimbauds Gedicht. Auch konnte ich mich damals noch nicht auf Sätze berufen, die mein Gefährte später schreiben sollte: »Nein, so viele Möglichkeiten gab es nicht, seine Freiheit zu verdienen. Nicht die geringste Lust, Autos, Wertpapiere oder Abhandlungen zu verkaufen ...«

»Nun, ich glaube nicht«, erwiderte ich, »also dann ...«

Aber wenn ich auch nicht sonderlich praktisch veranlagt war, so wusste ich doch, was man zum täglichen Leben braucht.

»Also ...«, begann er, »kennst du eigentlich den alten Weg von Flandern nach Spanien, den Pilgerweg nach Compostela?«

»Nein«, entgegnete ich kurz, da mir der Zusammenhang zwischen meinen Fragen und seiner Antwort nicht klar war.

»Das spielt auch gar keine Rolle«, meinte er. »Dieser Weg war jedenfalls von Kathedralen gesäumt, die noch heute mehr oder weniger erhalten sind. Aber sicherlich gab es außer diesen großen Gotteshäusern auch kleine Kapellen, von denen viele nicht mehr existieren.«

»So«, sagte ich. Darüber hatte ich mir nie Gedanken gemacht.

»Nun, zwischen Siam und Kambodscha gab es entlang des Königswegs, vom Dangrekgebirge bis nach Angkor, große Tempel, die entdeckt und beschrieben wurden. Doch gab es bestimmt noch kleinere, die bis heute unbekannt sind.«

»Möglich«, räumte ich ein. Wie konnte ich wissen, worauf er hinauswollte?

»Nun, wir suchen irgendeinen kleinen Tempel in Kambodscha und entwenden ein paar Statuen, die wir dann in Amerika verkaufen. Mit dem Erlös können wir zwei oder drei Jahre lang in aller Ruhe leben.«

Dieser Plan überraschte mich, aber sicher hätte ich mich noch viel mehr gewundert, wenn er mit derselben Selbstverständlichkeit erklärt hätte, er sei in eine Import-Export-Firma eingetreten. Gemeinsam hatten wir des Öfteren das Musée Guimet besucht. Einige Male hatte er dort allein die orientalische Bibliothek aufgesucht, aber zusammen waren wir die Liste der Khmerdenkmäler durchgegangen.

Es war kein günstiger Zeitpunkt für unsere Abreise. Wir mussten das Ende der Regenperiode abwarten, was eher misslich war, denn Pläne dieser Art müssen nun einmal rasch umgesetzt werden, da zu langes Nachdenken ihnen nur schadet. War ich seit dem Tod meines Vaters davon überzeugt gewesen, dass ich eines Tages Angkor sehen würde, so hätte ich mir doch nicht träumen lassen, dass es unter derart ungewöhnlichen Umständen geschehen würde. Aber seit 1912 wusste ich, dass ich nach Kambodscha reisen »musste«. Wie eine Antwort auf eine Frage, wie ein Same, der aufgeht, um zu einer Blume zu werden – so erschien mir die Reise, die ich unternehmen sollte.

Vorerst waren wir jedoch auf ein solches Unternehmen noch viel zu wenig vorbereitet, vor allem fehlten uns genaue Informationen. Was wussten wir schon über Kambodscha, abgesehen von dem, was wir in Büchern von Loti, im *Inventaire* und in chinesischen Reiseberichten gelesen hatten, die alle viel zu alt waren, um uns noch nützen zu können? Dort war es heiß, es gab sonderbare Krankheiten, und das Land stand unter dem »Schutz« Frankreichs. Außerdem hatten wir ein halbes Jahr zuvor zierliche Tänzerinnen gesehen, die zusammen mit ihrem Orchester aus diesem Land nach Paris gekommen waren: Das Stammpublikum der Opéra hatte die Vorstellung nach ein paar Lachern fluchtartig verlassen. Da wir auf so spärliche Informationen angewiesen waren, stellte ich mir eine Reise in dieses Land viel schwieriger vor, als sie selbst in jener Zeit war. Wie sah seine Bevölkerung aus, abgesehen von seinen grazilen Tänzerinnen? Was würde geschehen, wenn einer von uns im Dschungel krank würde? Und vor allem, würde man uns unser kleines Unternehmen, das uns sanieren sollte, ungehindert ausführen lassen? So viele Unbekannte beunruhigten mich, ließen jedoch keine moralischen Bedenken in mir aufkommen.

Während wir darauf warteten, dass in jenen Ländern, von denen ich seit meinem vierzehnten Lebensjahr geträumt hatte, die Trockenzeit anbrach, bereiteten wir unsere sonderbare Expedition mittels einer Landkarte vor. Mein Gefährte ging weiterhin ins Musée Guimet, um die Reiseroute zu studieren, an die wir uns dann doch nicht hielten. Ich hatte nie allzu großes Vertrauen in vorgezeichnete Wege, und die Ereignisse bestätigten meine Zweifel. Unser Plan nahm, je länger wir darüber redeten, uns recht vertraute Formen an: In Kambodscha warteten riesige Blumen geduldig darauf, von uns gepflückt zu werden. Dann erschien mir unser Abenteuer plötzlich – wie wenn sich der Himmel unvermutet verdunkelt – in einem anderen Licht. Man hat immer viel zu viel gelesen. In meinen Tagträumen taucht Conrads *Herz der Finsternis* auf, vielleicht als Vorahnung dessen, was uns erwartete: Auch wir würden den Fluss wieder hinauffahren und zu uns selbst zurückfinden. Wie konnte man nicht mehr oder weniger bewusst an die grausamen Spiele der Kindheit zurückdenken, bei denen mit Speeren bewaffnete Wilde ihre rituellen Gelage feierten und Sklaven gefoltert wurden, oder an die Versuchung, sich selbst geheimnisvolle Kräfte zuzuschreiben? Ich hatte Angst. Ein Mann und eine Frau, fast mittellos, in einem noch nicht zivilisierten Land, von dessen Sprache und Sitten sie keine Ahnung hatten, inmitten ungezähmter Flora und Fauna. War es da abwegig, an Tiger, Schlangen und Anophelesmücken zu denken, deren Namen ich soeben erst erfahren hatte?

Hätte es sich nicht um Kambodscha gehandelt, wäre

die Angst vielleicht noch größer gewesen. Aber ich konnte unmöglich ein Land ablehnen, das mir mein Vater auf dem Totenbett verheißen hatte, und deshalb blieb mir nichts anderes übrig, als nach besten Kräften mitzuhelfen, unser Unternehmen vorzubereiten. Wir brauchten eine Mission. In der Annahme, ein amtliches Dokument würde uns gegen mögliche Gefahren schützen, setzte er sich mit der Museumsleitung in Verbindung und verblüffte diese Leute mit seinem umfassenden Wissen so sehr, dass sie nicht auf den Gedanken kamen nachzuprüfen, ob er tatsächlich Orientalist war. Aber warum sollten sie sich in Nachforschungen stürzen, anstatt ihren Sinnen zu vertrauen: Vor ihnen stand ein junger Mann, der in einer Villa im Pariser Nobelviertel Passy wohnte, der einige literarische Artikel und eine interessante Broschüre veröffentlicht hatte, der sich für die Kunst des Orients interessierte, der unbestreitbar viel darüber wusste und der eine Expedition vorbereitete, die Frankreich nichts kosten würde, da der verlangte Auftrag keine finanzielle Unterstützung einschloss und dem Land, falls man dabei irgendeine Entdeckung machte, nur zusätzliches Prestige verschaffen würde. Wer wollte sich da noch zieren? Wir erhielten den Auftrag, ein Empfehlungsschreiben sowie die Auflage, die Behörden über das Ergebnis unserer Arbeit zu informieren.

Als zweite Folge unserer Befürchtungen machten wir dem »Farblosen« den Vorschlag, mit uns zu reisen – auf unsere Kosten natürlich. Zweifellos war es besser, sich zu dritt statt zu zweit an dieses abenteuerliche Unternehmen zu machen. Durch eine Krankheit, um nicht an noch Schlimmeres zu denken, konnte einer von uns dem anderen zur Last werden. Die Vorstellung war schrecklich, sich mit einem im Fieber phantasierenden Gefährten inmitten einer feindlichen Fauna zu befinden, umgeben von Menschen, deren Ruf, friedfertig zu sein, übertrieben sein mochte. Der mangelnde Realismus dieses jungen Mannes war außerdem nicht sonderlich dazu angetan, mich zu ermutigen. Ich wandte ein, dass er meiner Meinung nach kaum der Typ des Abenteurers sei. Die Antwort darauf war, dass uns keine andere Wahl bliebe, ein Argument, welches noch dadurch bekräftigt wurde, dass der einzige Freund, dem ich damals die Rolle eines Beschützers zugetraut hätte, anderweitig in Schwierigkeiten verwickelt war. Versuchen wir es also mit dem »Farblosen«: Immerhin hat er zwei Arme und Beine, mit Händen und Füßen dran, die sich im Notfall als nützlich erweisen können.

Blieb die Ausrüstung: Sie sollte so billig wie möglich sein und trotzdem den Anschein erwecken, als verfügten wir über bedeutende finanzielle Mittel. Das wurde meine Aufgabe. Ich tat mein Bestes und ließ einige Modelle der großen Modehäuser von einer sehr geschickten Concierge, die im Nebenberuf Schneiderin war, kopieren. Eine andere fertigte mir eine Tropenuniform an, die sich später zu meiner großen Überraschung als sehr kleidsam und praktisch erwies. Sie bestand aus einer sogenannten »Jagdjacke« mit großen Taschen und einem Gürtel, einer Reithose, die man in lange Ledergamaschen stopfen konnte, die wiederum über Stoffschuhe gestülpt wurden. Als Kopfbedeckung suchte ich mir keinen Helm aus, sondern einen breitkrempigen, luftdurchlässigen Damenhut aus grauem Filz.

Außerdem erhob sich die Frage – niemand wird bestreiten, dass wir sehr realistisch dachten –, wie wir unsere Beute veräußern sollten, und dieses Problem musste gelöst werden, noch bevor sie sich in unserem Besitz befand. Mein Gefährte bestand umso mehr darauf, als ich es gewagt hatte, Zweifel anzumelden, ob sich so leicht ein Käufer finden ließe für diese schönen, edlen Köpfe, die ich schon so deutlich vor mir sah, dass mir der bloße Gedanke, mich von ihnen zu trennen, Kummer bereitete. Einige würden wir behalten, das stand fest. Sie würden unserem Zimmer mit seinen schwarz lackierten Möbeln größere Würde verleihen als der afrikanische Fetisch und das rostfarbene Tongefäß, das unserer Meinung nach ein Werk spanisch-mexikanischer Kunst war und das ich neulich bei einem berühmten Antiquitätenhändler unter einer ganz anderen Bezeichnung wiederentdeckte.

Die Kunstwerke, die wir uns aneignen und – leider nur für kurze Zeit – besitzen würden, mussten an den Mann gebracht werden. Wir kamen uns vor wie die Queen Victoria, die ihre zahlreichen Töchter in möglichst fürstlichen Familien unterbringen musste: In unserem Fall waren das die Museen und großen Sammlungen. An erster Stelle bot sich Amerika an, das seine ungeheuren Reichtümer, die es nach dem Krieg noch vermehrt hatte, bekanntlich in Kunstwerken anlegen wollte. Wir wandten uns also an einen befreundeten Kunsthändler und erklärten ihm, dass wir demnächst auf denkbar legalem Weg in den Besitz einer Reihe von

131

Khmerstatuen gelangen würden. Daraufhin nahm der betreffende Freund Kontakt mit seinen Kollegen im Ausland auf, die großes Interesse bekundeten und sich direkt an uns wandten. Einige dieser Briefe wurden später bei dem Prozess in Phnom Penh als Beweisstücke gegen unsere kleine Gruppe verwendet und verschlimmerten unsere an sich schon heikle Situation noch mehr. Wir hatten zwar vornehme Fahrkarten erster Klasse für die Reise nach Indochina in der Tasche, doch für die Rückfahrt besaßen wir keinen Sou ... Wir reisten ab, nachdem wir fast im wahrsten Sinne des Wortes alle Brücken hinter uns abgebrochen hatten ...

Meiner Meinung nach, und so empfinde ich es auch noch heute, entbehrte unser Verhalten in der Jugend nicht einer gewissen Größe: Bis zu meinem Tod werde ich mich mit Stolz dazu bekennen, und das Einzige, was ich bedaure, ist, dass meine innere Bereitschaft nicht immer der Größe unserer Taten entsprach. Ich hatte in jener Zeit manchmal das unbestimmte Gefühl, dass sie mein Verhältnis zu den Menschen, die ich von Kind an geliebt hatte, zerstören würden. Ich liebte meine Mutter, ich fühlte, wie sie sich jetzt so an mich klammerte wie früher an meinen Vater. Sie hatte mein Leben geteilt und teilte es weiterhin. Hatte sie nicht eines Tages zu mir gesagt: »Durch dich habe ich fast genauso intensiv gelebt wie durch meinen Mann«? Und das stimmte. Papas Tod lag bereits zehn Jahre zurück. Während dieser Jahre war ich an ihrer Seite herangewachsen und war umso stärker mit ihr verbunden, als sie mir jede Freiheit ließ. War sie deswegen in der Lage, sich so in unsere Generation einzufühlen, weil sie selbst in ihrer Jugend durch den Tod meines Vaters plötzlich in eine andere Welt versetzt worden war?

Den Fernen Osten zu besuchen ist heute kaum mehr als ein Ausflug. Damals aber lag Saigon eine vierwöchige Reise von Frankreich entfernt, und wer sich dorthin begab, stand in hohem Ansehen: Man braucht nur in *Pélerin d'Angkor* (*Der Pilger von Angkor*, von Pierre Loti) nachzulesen oder in Pierre Benoits *Der aussätzige König*, das erst unter dem Einfluss unserer Expedition geschrieben wurde. Damals waren ferne Länder wirklich noch fern. All die Reiseliteratur, die es heute gibt, existierte damals noch nicht. Zwischen Europa und Asien lagen endlose Tage des Heimwehs, der Träumerei, der Sehnsucht und der Hoffnung, aber auch der Langeweile, der Erschöpfung und der Hitze, gegen die man mit einer Art Ventilator ankämpfte, dessen Flügel man so lange in alle Richtungen drehen musste, bis ein Luftzug sie zufällig in Bewegung setzte. Es dauerte lange, bis ich mich an alles gewöhnt hatte: an die Spiele an Deck, bei denen Wurfscheiben die Kugeln ersetzten; an die Tischtennispartien, die Feste und Maskenbälle; an die Seite an Seite aufgereihten Liegestühle; an die Rundgänge an Deck, die man mitzählte und von denen die ersten immer recht amüsant waren, weil man entdeckte, dass sich im Laufe der letzten Stunden neue Paare gebildet hatten oder andere wieder auseinandergegangen waren, während man die letzten eher lustlos und nur wegen des körperlichen Wohlbefindens absolvierte; an die Wetten über die Geschwindigkeit des Schiffes, an das Nebelhorn bei schlechter Sicht, die Neuigkeiten, die mittags am Schwarzen Brett angeschlagen wurden, und schließlich an die Verwunderung, dass es noch etwas außerhalb dieses Schiffes gab, das für jeden Passagier ein anderes Ziel anzusteuern schien. Abwechslung brachten die Zwischenaufenthalte. Wie die farbenprächtigen Bilder eines Geografiebuchs breiteten sich vor unseren Augen der Vordere Orient, Kleinasien, Afrika und Asien aus und, wären wir weitergefahren, auch noch Australien und Amerika. Mich erwartete am Ende der Reise die von dem Bildband *L'Illustration* verheißene Herrlichkeit. Auf den glatten Seiten waren meine Finger den Kanten und Rundungen der Tempel gefolgt, und dabei war mir etwas bewusst geworden, das mich noch heute erstaunt: die unendliche Vielfalt der Schöpfungen des Menschen. Es schien mir fast selbstverständlich, dass meine Erwartungen in Erfüllung gehen würden.

Doch noch mussten wir uns bis zum Ende der Regenzeit gedulden. Bei Besuchen im Musée Guimet machten wir uns mit den Gesichtern und Gestalten vertraut, die uns erwarteten. Wenigstens mit denen aus Stein, denn als wir in Indochina ankamen, waren wir überrascht vom Unterschied zwischen dem goldfarbenen Gesicht der Annamiten und dem bronzefarbenen der Kambodschaner mit den lebhaften, italienisch geschnittenen Augen.

Genau genommen verlieh uns unser offizieller Auftrag nur das Recht, uns Büffelkarren mit Fuhrleuten stellen zu lassen. Nie hatten wir uns gefragt, ob dort, wohin wir wollten, die Wege überhaupt für solche Wagen geeignet waren. Wohl aus Angst, unsere Phantasie könnte zu weit abschweifen, hatten wir uns nie erlaubt, uns schon im Dschungel zu sehen.

Andererseits waren wir nicht so naiv, außer Acht zu lassen, dass es Stechmücken und somit Malaria gab. Deshalb versorgten wir uns mit Chinin in seiner einfachsten Form, was bei mir später solche Blutungen auslöste, dass ich es nicht mehr als zweimal einnehmen konnte. Da wir uns auch vor Schlangen fürchteten, erkundigten wir uns vorsorglich über Seren gegen ihre Bisse, doch es gab so unendlich viele, für jedes Reptil ein spezielles, dass wir uns auf gut Glück für das erstbeste Mittel entschieden und schließlich noch eine Spritze kauften, mit der wir allerdings nicht umgehen konnten. Die Verpackung unserer unausbleiblichen Funde sollte erst zu gegebener Zeit, an Ort und Stelle, geregelt werden. Trotzdem gingen wir nicht ganz kopflos zu Werke: Wir ergänzten unsere Ausrüstung durch ein Windlicht, das ein zirpendes Geräusch von sich gab, wenn man an einem Kettchen zog, wodurch, für mich unverständlich, seine Batterie aufgeladen wurde – und, noch wichtiger, durch ein Dutzend Fuchsschwänze, die nichts Geringeres leisten sollten, als Stein zu sägen.

Man spricht vom Aufbruch, und dann, eines Tages, ist es so weit. Mama, ihr besorgtes Gesicht, die Gesten spontaner Zärtlichkeit, zu denen wir nie wieder fähig sein würden, der Garten, in den ich nie mehr zurückkehren, die Zimmer, in denen ich nie mehr schlafen sollte. Im Taxi weinte ich, aber mein Gefährte hatte kein Verständnis dafür. »Weshalb weinst du?«, fragte er, während ich vor Verzweiflung im abendlich dunklen Fond des Taxis immer kleiner wurde. »Weil alles vorbei ist«, antwortete ich, »weil nichts mehr sein wird wie früher.« Der bittere Vorgeschmack des Verlustes erfüllte meinen Mund. Aber er sprach von einer Zukunft, die so sein würde wie die Vergangenheit, nur noch viel schöner. Er ahnte weder Gefahr noch Leid und gewiss nicht, dass ich schon bald nur mit Mühe dem Tod entrinnen würde. Ich weinte, weil ich wusste, dass ich bei der Rückkehr keine Mutter und keine Brüder, kein Haus und kein Geld mehr haben würde; aber ich wusste noch nicht, dass ich eines Tages nicht einmal mehr das Recht haben würde, mich zu erinnern.

Das Taxi war an der Gare de Lyon angekommen. Hoch oben am Bahnhofsturm leuchtete die mattgelbe Uhr, die André »die Zitrone« nannte. Wir wussten, dass wir nach Asien aufbrachen, dass unser erstes Ziel Siam sein würde. Vielleicht würden wir schon dort Köpfe finden, wer weiß, möglicherweise sogar einfacher als in Kambodscha, weil Siam keine Kolonie war. Die Thaikunst ist auch schön, wenn auch nicht so architektonischstreng wie die Khmerkunst, nicht so ernst, gefälliger. In Siam gab es Tempel, vielleicht auch Antiquitätenhändler. Irgendwie würden wir es schaffen, einige Kunstwerke zu kaufen, auch wenn ich noch nicht wusste, wie, aber André meinte, der Gemäldehändler würde uns gewiss einen Vorschuss geben. Ich wollte alles glauben, was er sagte. Noch einmal machte sich ein Zug auf in die Nacht.

Vom Meer war ich enttäuscht und auch vom Schiff. Man hatte es mir als eine Stadt beschrieben, ich aber fühlte mich wie in einem Hotel, das aber groß genug war, um sich darin zu verlaufen. Es hieß *Angkor*, und diesen Namen betrachteten wir als ein Omen. Die Passagiere der ersten Klasse waren fast nur Beamte und höhere Offiziere. Die Abfahrt fand an einem Freitag, dem 13., statt; in dieser Hinsicht bin ich nicht abergläubisch, was etwas heißen will, wenn man bedenkt, was später alles geschah. Wir hatten einen offiziellen Auftrag; dass wir die Kosten selbst trugen, wussten die anderen nicht. An einem Abend lud uns der Kapitän sogar an seinen Tisch.

Vom klassischen Mittelmeer aus grüßten wir aus der Ferne Sizilien; Port Said in der Zeit zwischen den beiden Weltkriegen; Straßenjungen, die obszöne Postkarten und ihre »unversehrten« Schwestern anboten, andere Straßenjungen, die einem die Schuhe putzen wollten, denn schließlich musste man irgendwie leben. Ich begann zu ahnen, dass es nicht leicht ist, in so primitiven Verhältnissen zu leben; der Sueskanal, dort der Berg Sinai. Kam mir die Wüste deshalb nicht unbekannt vor, weil ich ein phantasiebegabtes Wesen bin? Einander beherrschende lange Linien, Sand bis zum Horizont, reich an Gelb-, Braun- und Ockertönen, alle Nuancen, die das Auge erfassen kann. Hatten sich die Silhouetten meiner Ahnen wirklich gegen diesen Horizont abgezeichnet, der weiter ist als der des Ozeans? Aber man brauchte gar nicht an die Geschichte der Vorväter zu denken, um hier von einer irdischen Unendlichkeit überwältigt zu sein: André war ebenso beeindruckt wie ich. Seit wir auf dem Schiff waren, hatte meine Angst abgenommen; ich hatte von Abenteuern geträumt, jetzt erlebte ich sie. Gemeinsam waren wir auf dem Weg zur Verwirklichung eines Traums.

Dschibuti. Dies war nun wirklich eine fremde Welt; auf einem Platz standen riesige Bienenkörbe aus Lehm, einer neben dem anderen: Häuser, in denen Menschen wohnten. In einem davon tanzten nach Einbruch der Nacht schöne nackte Mädchen für uns; zuerst nur die, die wir dafür bezahlt hatten, aber dann wurden andere aus dem Publikum vom Rhythmus mitgerissen, zogen sich aus und schlossen sich zu ihrem eigenen Vergnügen den Tänzerinnen an, und jede klatschte den Takt auf den Hüften derjenigen, die vor ihr tanzte. Die Hitze lähmte nicht, sondern beflügelte; die Schreie berauschten stärker als der Champagner, wir waren nur noch Körper, trunken vor Glück.

In der Nacht zeichneten sich gegen die fernen Salinen die Silhouetten speerbewaffneter Nomaden ab.

Der Aufenthalt in Dschibuti dauerte länger als geplant, denn in den Laderäumen der *Angkor* war Feuer ausgebrochen. In Singapur hatten wir gerade so viel Verspätung, dass wir das Schiff verpassten, das uns nach Siam bringen sollte. Da wir nicht genügend Geld besaßen, um das nächste Schiff abzuwarten, setzten wir unsere Reise in Richtung Indochina fort. Was wäre ohne diesen Brand, ohne diese Verspätung geschehen, wenn wir uns zuerst in Siam hätten informieren können, welche Kunstschätze dort zu finden waren?

Und dann Penang, wo ich beinahe in einem stinkenden Arroyo ertrunken wäre. Damals kannte ich das Wort und das, was es bezeichnete, noch nicht, ebenso wenig die Insel, die ich auch heute nur schwerlich auf der Karte finden würde. Ich sah sie nur bei Nacht. Es regnete. Ich wollte ein chinesisches Marionettentheater auf dem Marktplatz besuchen. Es regnete lange, glitzernde Fäden. Ein jung verheiratetes Paar schloss sich uns an, er war Beamter, sie schon im Voraus von dem enttäuscht, was sie erwartete.

In meinen hochhackigen Schuhen war ich etwas unsicher unterwegs. Klein und mager, wie ich war, glich ich mit meinem dunklen, spitz zulaufenden Südwester auf dem Kopf, der in die Garderobe eines Zauberers gepasst hätte, selbst einer Marionette. Beim Überqueren einer ungesicherten Steinplatte, die als Steg über den Arroyo führte, rutschte mir mein Südwester über die Augen, und da ich plötzlich nichts mehr sah, trat ich daneben. Unbarmherzig presste mir das Wasser die Arme an den Körper. Ich rührte mich nicht, ich war nur noch ein hilfloses Etwas, ohne Hoffnung, ohne Zukunft. Das Ende war gekommen und mit ihm, vor ihm, die totale Resignation. Endlich in einer grenzenlosen Passivität geborgen, würde es mir nun erspart bleiben, in einem unbekannten Land gefährliche Unternehmungen zu wagen. Der durch den Regen angeschwollene Abwasserkanal – denn ein Arroyo ist nichts anderes – mündete in einen

Tunnel und trat erst viel später, draußen vor der Insel, wieder an die Oberfläche.

Als ich hinabgezogen wurde, sah ich nicht mein vergangenes Leben vor mir, sondern die wenigen Minuten, die mir bevorstanden. Ich stellte mir vor, wie mein zuerst noch lebender, dann lebloser Körper sich erfolglos gegen eine zu starke Strömung wehrte, in den Tunnel gerissen wurde, den ich dort unter den Häusern vermutete, und schließlich an den Sandstrand geschwemmt wurde, wo er reglos wie ein Baumstamm liegen blieb. Während ich bald untergetaucht, bald an der Oberfläche auf das Meer zutrieb, erwartete ich das Ende einer Geschichte, die mein Verständnis überstieg.

Etwa fünfzig Meter entfernt überdeckte eine zweite Platte den Arroyo. Über mir schrie man um Hilfe, dann hörte ich: »Streck die Arme hoch!« Beinahe automatisch gehorchte ich. Mein Gefährte und die beiden, die uns begleiteten, waren in der Hoffnung hierhergerannt, mich an dieser Stelle herauszufischen, was ihnen auch glückte.

In seinen Kolonien lernte ich England kennen: das englische Frühstück, den Fünfuhrtee, den Rasen vor den Häusern, die langen Kleider, die weißen Smokings. In Singapur wohnten wir im Hotel »Raffles«; man sagte, es sei eines der luxuriösesten des Orients: ein weiträumiges Viereck, begrenzt von den kleinen Gärten der Bungalows, die aus einem Zimmer und einem Waschraum bestanden. Von Luxus und Komfort konnte keine Rede sein: Hinter den Wänden zogen Boys Tag und Nacht an einer Schnur, die an ihren nackten großen Zehen festgebunden war, und bewegten so über den mit Moskitonetzen verhängten Betten riesige fächelnde Pankas. Im Waschraum kein fließendes Wasser: Man schöpfte es aus großen Tonnen, die von unsichtbaren Geistern wieder aufgefüllt wurden, kaum dass man ein paar Tropfen zum Händewaschen daraus entnommen hatte. Diese unsichtbaren Geister waren über die geheimsten Verrichtungen der Gäste informiert, deren Folgen verschwanden, unmittelbar nachdem man den Ort des Geschehens verlassen hatte. Diese Überwachung, die meinem Komfort dienen sollte, war mir zuwider.

Aber all diese Unannehmlichkeiten waren vergessen, als ich in besagtem Badezimmer Insekten mit braunen, leuchtenden Flügeln bemerkte, die sich dem Menschen furchtlos näherten. Ich taufte sie Zikaden und machte André auf sie aufmerksam, der nach eingehender Untersuchung erklärte, diese Tierchen seien seit eh und je unter dem Namen Küchenschaben bekannt.

Dann wieder das Meer, wieder ein Schiff mit Passagieren und Besatzung, Tage und Nächte, die beinahe gleich lang waren, durch ihren Wechsel aus Licht und Dunkelheit, die so plötzlich hereinbrach, dass keine Zeit blieb, sich zu fürchten, so unvermittelt wie der Tod, den man einst zu sterben hofft.

Der Fluss ist breit in Saigon und mit violetten Blumen bedeckt, die wie Zugvögel aus Australien gekommen sind. Die Indochinafranzosen, die sich mit mir über die Reling beugten, lächelten zufrieden bei dem Gedanken, bald wieder als Herrscher des Landes auftreten zu können; sie sprachen über treu ergebene Boys, die in Häusern voller Stickereien, ziseliertem Silber und vermeintlich antikem Jadeschmuck auf sie warteten. Bevor sie an Land gingen, tranken sie echten Pernod, ein Getränk, das man auf den Schiffen und in den Kolonien immer noch häufig findet.

Saigon war eine in Schachbrettquadrate unterteilte reizende Provinzstadt mit einer Hauptstraße und ein paar breiten Alleen, von Tamarindenbäumen gesäumt, an denen riesige bräunliche Schoten hingen. In üppiggrünen Gärten leuchteten orangerote Blüten. Vielleicht lebte man hier glücklich. Aber unser Geld ging zur Neige, wir durften keine Zeit verlieren: Die Französische Schule, mit der wir in Verbindung treten sollten, befand sich in Hanoi.

Jetzt, im Herzen von Tonking, beginnt für mich das eigentliche Abenteuer. Die Bucht von Along, Haiphong, Hanoi. Der chinesische Wasserträger, eine Porzellanfigur, die in meinem Kinderzimmer gestanden hatte, die Fotografien über unseren Betten, die Niederlassungen des Hauses O. Goldschmidt – ich brauchte nur die Hand auszustrecken, um sie zu berühren.

Die Boys tragen schwarze Turbane auf dem Kopf, die Frauen haben gelackte Zähne, auf der Insel mitten im See steht eine Pagode, so wie das Häuschen auf der Insel mitten im See des Bois de Boulogne; ich denke an die Nachtigall des Kaisers von China, »Chin, chin, voilà comme en Chine …«, aber wir sind noch in Indochina; China, das richtige Festland von China mit Kanton, Schanghai und Peking, sollten André und ich erst 1931 betreten.

Wie herrlich, nun wirklich in diesem Land zu sein und nicht einmal mehr Angst zu haben, als hätte das Bad im Arroyo sie weggespült. Ich bin allein in meinem Hotelzimmer; das Bett unter dem Moskitonetz und die Fenster ohne Scheiben: Heutzutage ist das nicht mehr ungewöhnlich; aber ich hatte mit all dem nicht gerechnet, ebenso wenig mit dem Geruch der Straßen, den vielen Kindern und dem Lärm. Schweigsam wie ein Chinese, pflegt man zu sagen; aber hier schreien sie alle: der Suppenverkäufer an der Straßenecke, der neben seinem Bambusgestell kauert und die Glut schürt, über der die Fischsuppe kochen soll; der Rikschakuli, der zwischen den Deichseln seines Wagens keucht; der Chauffeur, der barfuß Auto fährt; der frisch angekommene Europäer, der sich über den Portier, über einen Verkäufer, über seinen Boy oder seine *congaï* aufregt. Diesen Lärm werde ich mein Leben lang nicht vergessen.

Mein Gefährte machte offizielle Besuche. Ich weiß nicht genau, mit wem er sich traf. Alles scheint zu klappen; man wird uns bei unseren Forschungen unterstützen. »In diesem Land ist es ratsam, sich gut mit den Behörden zu stellen.« Wir werden uns danach richten.

Nachmittags Spaziergänge zu Fuß durch die Straßen, in denen sich die anderen Weißen chauffieren lassen, wir kaufen ein – aber nicht das, was die Händler erwarten; so stürzen wir uns zum Beispiel auf die Schalen und Löffel aus weißgrauer Fayence mit herrlichen blauen Tupfen, die von fliegenden Händlern an den Straßenecken feilgeboten werden.

Eines Tages wundern wir uns, weshalb so viele Leute

vor einem sauberen weißen Haus stehen, dessen Fassade mit Schnitzereien verziert ist. Aus der Nähe erkennen wir zwischen den Köpfen und Schultern der Menge hindurch Schaukästen, die seltsame Tiere beherbergen: eine Henne, die auf drei Beinen stelzt, eine Schildkröte ohne Panzer. »Treten Sie ein«, sagt ein Junge, »die Chefin würde sich über Ihren Besuch freuen.« Und die ältere Frau mit dem sorgfältig geschminkten Gesicht scheint sich wirklich zu freuen. »Ich war mit einem französischen Arzt verheiratet«, erklärt sie selbstgefällig. Die Decke ist bemalt: In der einen Ecke sieht man ein Flugzeug, in der anderen ein Luftschiff, dort den Eiffelturm. Wenn man Frankreich liebt ... Überall stehen Aufziehfiguren, wie hoppelnde Hasen und andere Wunderdinge; außerdem ist da noch eine mechanisch bewegte Puppe, von der Größe eines Gartenzwergs und gekleidet wie ein europäischer Junge. »Du musst aber auch alles anfassen«, sagte Mama immer. Mein Finger berührt die Wange der Puppe und spürt eine raue, warme Haut, die reagiert. Die kleine Gestalt wird ärgerlich, die Frau des Arztes lacht auf. Sie sammelt Monstren.

Das ist Asien, wie ich es mir in meiner Kindheit vorgestellt hatte ... Fände ich Vergnügen daran, Texte zu interpretieren, so würde ich an dieser Stelle daran erinnern, dass der Petit Mogol in *Royaume-Farfelu* im Dunkeln »Monstren mit weichem Fell« streichelte und geschwätzige Zwerge sammelte ...

Parmentier, Professor an der École Française, der uns nach Angkor begleitet, trägt einen schönen weißen Kinnbart, der ihm das Aussehen eines lebenslustigen alten Bohemiens verleiht. Bei der Schifffahrt den Mekong hinauf spricht er sehr unterhaltsam über die Uferböschungen des Flusses: »Loti berichtet von Aasgeiern, die auf den Zweigen der Bananenstauden hocken. Er hat bestimmt nie eine Bananenstaude zu Gesicht bekommen, sonst wüsste er, dass ihre Zweige viel zu biegsam sind, um das Gewicht auch nur eines einzigen Geiers zu tragen.« Wahrscheinlich erzählt er diese Geschichte allen Leuten. Wir werfen einen Blick auf einen Schwarm von Aasgeiern und auf die Bananenstauden.

In diesem Jahr, 1923, dauert die Regenzeit länger als gewöhnlich, an den flachen, sumpfigen Ufern des Mekong wachsen Mangroven, deren Wurzeln das lehmige Wasser umspült. Dazwischen stehen die kambodschanischen Pfahlbauten, deren Strohwände und Strohdächer den Bewohnern nur geringen Schutz bieten. Parmentier erklärt uns den komplizierten Lauf des Mekong, der periodisch die Richtung ändert und dann wieder zu seiner Quelle zurückfließt. »An dem Tag, an dem die Strömung umschlägt, versammelt sich eine kleine Flotte auf dem Fluss, und auf einem der Schiffe zerschneidet der König ein von einem Ufer zum anderen gespanntes Band.« Da es bereits zu spät ist, dieses Wunder mitzuerleben, begnügen wir uns damit, den großen Salzsee zu besichtigen, in dem sich das Wasser alljährlich so weit zurückzieht, dass man dort fast trockenen Fußes Fische fangen kann, die man in großen Fässern fermentieren lässt. Auf diese Weise entstehen riesige Mengen der Fischsoße Nuoc Mam, die die Kambodschaner an die

Annamiten verkaufen, was ihnen erlaubt, ein relativ sorgenfreies Leben zu führen.

Um uns herum gelbhäutige und dunkelhäutige Männer, die einen in langen, leuchtenden Baumwollgewändern, die anderen mit nackten Oberkörpern und nur mit einem Lendenschurz bekleidet, der zwischen den Beinen hindurchgeführt und dann wie ein Schal um die Hüften geschlungen wird. Um den Stoff so zu binden, gibt es einen Trick, den mir später meine Pflegerinnen beibringen.

Die Mitglieder der École Française d'Extrême Orient waren verblüfft über die Kenntnisse meines Gefährten, wie mir Parmentier erzählt. »So jung und so reich zu sein«, schwärmt er, »und seine Zeit so sinnvoll zu nutzen! Und dabei diese Selbstlosigkeit!« Vielleicht legt er etwas zu viel Nachdruck auf den letzten Teil seines Satzes. Was würde er wohl denken, wenn er einen Blick in unsere Brieftasche werfen könnte, die nur noch wenige Banknoten enthält, die wir im Übrigen bedenkenlos ausgeben, da es doch in erster Linie darauf ankommt, den Schein zu wahren.

In Phnom Penh tätigen wir die letzten Einkäufe für unsere Expedition. Weil es viel zu heiß ist, um in einem Zelt zu schlafen, besorgen wir uns nur eine Plane, die wir an vier Stangen befestigen und um unsere Mattenbetten spannen wollen. Wir erstehen Tüll für Moskitonetze, Hartgummieimer für die kambodschanische Dusche, faltbare Wasserbehälter, Spirituskocher und Töpfe. Da ich nie Pfadfinderin gewesen bin, bereitet mir der

Kauf unserer Ausrüstung großes Vergnügen. Parmentier gibt uns Ratschläge und lobt meine Uniform.

An welch belanglose Details man sich erinnert! Es war Parmentiers Boy, der uns einen jungen Mann vorstellte, der angeblich kochen, backen, nähen und bügeln könne und keine Angst vor dem Dschungel habe. Als wir das Schiff nach Siam-Reap bestiegen, kam der Polizist des kleinen Dorfes angerannt, um uns mitzuteilen, dass der Bursche eben erst aus dem Gefängnis entlassen worden sei, wo er wegen Falschspielerei gesessen habe. Überhaupt seien wir mit ihm schlecht beraten. Der Boy hörte dieses Gespräch mit an. Nachdem der Polizist gegangen war, trat er verängstigt und demütig auf uns zu, beruhigte sich jedoch rasch, als mein Gefährte zu ihm sagte: »Ich pfeif auf das, was der Polizist mir eben erzählt hat. Führ dich anständig auf bei uns, mehr verlange ich nicht von dir. Und hier hast du einen Vorschuss.« Diese Geste gefiel mir sehr.

Parmentier, der an unserem Tisch seinen Pernod trank, schien sie zu missbilligen. Auch später wurde uns dieses Verhalten übelgenommen. Vor mir liegen Gerichtsprotokolle, in denen unter anderem steht, mein Gefährte habe »diesen Boy wegen seiner Gerissenheit angeheuert, ohne sich um seine fragwürdige Vergangenheit zu kümmern«. Ein komischer Satz, jedoch nicht seltsamer als folgender im selben Dokument: »Er (mein Gefährte) kaufte auf dem Markt und so heimlich wie möglich Spitzhacken, Hammer, Lampen, Matten, Stricke und chinesische Sprengkörper.«

Von Phnom Penh sahen wir damals wenig. Später gingen wir monatelang durch die wenigen Straßen, legten immer wieder den Weg zwischen Hotel und Bibliothek zurück, überquerten den Platz, an dessen Ende der Pavillon mit dem geschwungenen Dach steht, die Tanzschule der königlichen Tänzerinnen. An den Spielzeugpalast des – traditionsgemäß guten – Königs werden wir uns so gewöhnen, dass wir ihn kaum noch beachten, und der Mekong wird uns ebenso vertraut werden wie die Seine. Als wir jedoch die kleine Hauptstadt zum ersten Mal besuchten, verbrachten wir die meiste Zeit damit, uns die Dinge zu besorgen, die uns noch fehlten. Unser Boy Xa half uns dabei. Mit seiner Unterstützung erstanden wir auf dem Markt große chinesische Truhen aus wunderbar duftendem Kampferholz, die eine lustige Spieldosenmelodie erklingen ließen, wenn man den Deckel hob. In diesen Kisten, die aussahen wie Särge – wie Särge, in denen wir vielleicht unsere Hoffnungen zu Grabe tragen würden – wollten wir unsere Funde unterbringen.

Auf dem Schiff, das uns mit Waffen und Gepäck nach Siam-Reap brachte, fühlten wir uns schon wie richtige Forschungsreisende. Tatsächlich besaßen wir einen oder zwei Revolver, und in der Kapsel meines Ringes hatte ich weißes Pulver versteckt, das Zyankali sein sollte, wahrscheinlich aber nur doppeltkohlensaures Natron war. Die Hitze machte uns erst auf die Dauer zu schaffen. Anfangs hatten wir uns darüber gewundert, dass unsere Landsleute sich so sehr über das Klima beklagten, das uns nicht drückender erschien als etwa in Griechenland. Es war zwar feuchter, aber daran gewöhnte sich meine helle

Haut leichter als an trockene Hitze. Umso mehr war mir die geradezu wächserne Blässe der Europäerinnen aufgefallen.

In Gedanken ständig mit unseren zukünftigen Entdeckungen beschäftigt, lächelte mein Mann nur, wenn dieser oder jener ihm erklärte, die Khmerkunst habe sich im Laufe von vier Jahrhunderten nicht weiterentwickelt. »Wir haben es mit einem einzigartigen Fall zu tun«, pflegte er zu sagen, wenn wir uns wieder unter vier Augen unterhielten. Damals kannten wir die Bedeutung der Drehscheibe Gandhara noch nicht, doch ahnte André etwas: Er spürte, dass es eine Verbindung geben musste, die Europa mit Asien und insbesondere mit Siam, Java, Indien und China verband. Deutschland hatte eben die Entdeckungen gefeiert, die Le Coq in Zentralasien gemacht hatte. Nach all unseren Disputen mit den Museumsbeamten beeindruckten mich die prophetischen Gedankenflüge meines Gefährten sehr, denn sie schienen der Wahrheit eher zu entsprechen als die beschränkten Ansichten dieser Leute; und wirklich stellte sich später heraus, dass er sich nicht getäuscht hatte.

Mehr denn je war ich davon überzeugt, dass wir das Recht hatten, vom Dschungel bedrohte Kunstwerke wieder unter die Menschen zu bringen, Kunstwerke, um die sich ohne uns jahrelang niemand gekümmert hätte, weil es einfach zu viele Bereiche gab, deren sich die École Française annehmen musste.

Der Besuch des Museums von Phnom Penh hatte uns beflügelt und unser gutes Gewissen noch mehr gestärkt. Kalt und gleichgültig hatte unser Führer alle diese Kunstwerke betrachtet, deren ausgeglichene Proportionen vielleicht die treffendste Antwort des Menschen auf seine eigenen Fragen darstellten. Vor dem Kopf einer alten Frau, einer für die Khmerkunst außergewöhnlich naturalistischen Darstellung, war er stehen geblieben und hatte mit Kennermiene gesagt: »Hier sehen Sie die *Belle Heaulmière*.« Warum nicht? André und ich hatten einmal einen ganzen Nachmittag lang im Louvre anhand der römischen Kaiser das »Psychologiespiel« gespielt. Auf meine Frage an den »Experten«, der uns führte, welche Statue ihm am besten gefiele – am liebsten hätte ich gefragt: »Welche würden Sie stehlen?« –, hatte er geantwortet: »Ach, wissen Sie, ihre Schönheit interessiert mich herzlich wenig. Ich bin Architekt.«

Ein Mann aber ist mir und meinem Gefährten besonders in Erinnerung geblieben: Golubew. Er tauchte auch in unseren Büchern wieder auf: André und ich haben lange Zeit aus demselben Brunnen geschöpft. Golubew beeindruckte uns, und zwar als Einziger von der École Française. André nahm ihn zum Vorbild für seine Romanfigur Rimsky, und ich dachte an ihn, als ich *Par de plus longs chemins* schrieb, wo er unter dem Namen Fjodor auftritt.

In Siam-Reap verließen wir das Schiff. Ein Auto erwartete uns und brachte uns zunächst zur Residenz des Konservators des Museums von Angkor. Der Empfang war liebenswürdig; beim Aperitif waren die praktischen

Fragen rasch besprochen: Man sicherte uns Ochsen-
karren, Fuhrmann und einen Führer zu.

Ich möchte diesen Cinzano lieber nicht trinken, aber
ich komme anscheinend nicht darum herum. Wird die
Bedeutung europäischer Riten in Asien noch größer? Da
es also sein muss, schlucke ich den Inhalt des Glases samt
kleinen Eisstückchen auf einen Satz. Plötzlich sieht die
Welt viel freundlicher aus: Der Konservator ist ein einfacher, aber offenherziger Mensch und Parmentier ein
alter Freund ohne Hintergedanken. Und die Hitze, wie
kann man bloß darunter leiden?

Wieder steigen wir in einen Wagen. Die Reisfelder,
flach wie die Felder in Holland, schimmern; auf den
Erddämmen schreiten Menschen und Tiere langsam darüber hinweg. Dann schlängelt sich die Straße zwischen
Bäumen entlang, die ich noch nie gesehen habe.

Endlich erhebt sich in der riesigen Lichtung zu meiner
Rechten, vertraut und überwältigend, der kolossale Bau
des Tempels Angkor Wat, Stein gewordener menschlicher Wille. Nach jahrhundertelangem Schlaf hat er
seine Bedeutung wiedererlangt, weil von Neuem ein
menschliches Auge ihn erblickt. Ich betrachte das Bauwerk, verzückt, weil das dargebotene Schauspiel die Ver-
heißungen meines Vaters noch übertrifft: Neben jedem
Turm erscheint ein zweiter, zweifellos eine Folge des
Cinzano, und das derart verdoppelte Angkor wirkt noch
viel barocker, als ein baufreudiger König es sich je hätte
träumen lassen. Nachdem ich den Wagen verlassen habe,
taumle ich durch die von Nagas gesäumte Allee – am
nächsten Tag werde ich mich ein wenig daran stören,

dass dieses geharkte Rechteck an Versailles erinnert –, und etwas später finde ich mich klein und verloren vor einem Bayon wieder, der mir mit seinen vielen huldvoll lächelnden Mündern und Lippen Worte zuflüstert, die ich nicht verstehe.

»Auf der Wiese gab es Dina, gab es China, es gab Claudia und Martina...« In dem Bungalow von Siam-Reap gab es vier junge Menschen: ihn, mich, Xa und den Farblosen. André, Xa und ich, welch herrlicher Reigen der Jugend, des Leichtsinns, der Freude am Spiel, aber auch der Empörung über das, was eine Gesellschaft von uns erwartete, die so jämmerliche Figuren zu Vertretern von Werten bestellt hat, die wir besser verkörpern als sie.

Eines Tages brachen wir dann wirklich auf, den Helm auf dem Kopf, in Leinen gekleidet, mit Flaschen, Fotoapparaten und Kompassen behängt, die Taschen mit Zucker vollgestopft; ich für für meinen Teil hatte etwas Angst. Da unsere »phynances« zur Neige gingen – dass wir vorgetäuscht hatten, über große Mittel zu verfügen, war uns teuer zu stehen gekommen –, durften wir nichts dem Zufall überlassen. Wir konnten es uns nicht mehr leisten, einfach drauflos zu marschieren, um im Vertrauen auf unseren Spürsinn den Tempel zu entdecken, den es zweifellos gab und dessen Bedeutung unsere Vorgänger keine Beachtung geschenkt hatten. Wir waren an einem Punkt angelangt, an dem uns nur eine Möglichkeit blieb: direkt aufs Ziel loszusteuern. Nach einem kurzen Kriegsrat beschlossen wir, den Weg nach Banteaï-Srey einzuschlagen, das damals mitten im Dschungel lag. Diesen Tempel hatte der Marineoffizier Desmazure im Jahr 1914 zufällig entdeckt, und Parmentier hatte ihn 1916 genauer untersucht. Seither hatte sich niemand mehr dorthin begeben, um nachzuforschen, was aus ihm geworden war. Vielleicht war er unter den Lianen zusammengebrochen? Vielleicht hatte man aus seinen Steinen Häuser gebaut? Denn in Kambodscha war es üblich, sich bei Baudenkmälern zu solchen Zwecken zu bedienen. Und wer wollte es den Leuten angesichts des Mangels an Steinen auch verdenken? Und wirklich – wie hätten wir es als schlimmes Vergehen betrachten sollen, einige Statuen vor dem Untergang zu bewahren, die ohne uns bald kaum mehr als ein Steinhaufen gewesen wären?

Wir ritten auf kleinen Pferden, die bei Weitem nicht so temperamentvoll waren wie Araber und auch weniger muskulös. Alles in allem aber waren es vertrauenerweckende Tiere, bei denen man das Gefühl hatte, sie seien zäh und ausdauernd.

Weder mein Gefährte noch der Farblose hatten sich je auf andere als hölzerne Karussellpferde geschwungen; ich dagegen traf auf alte Freunde, wenn sie auch etwas schwerfälliger aussahen als die, die ich gewohnt war. Es überraschte mich allerdings, dass sie nur im Passgang gehen konnten, aber damit hatte ich mich bald abgefunden und ließ mich fortan willenlos wie ein leerer Sack hin und her schütteln. Weniger angenehm war, dass man nicht von Zeit zu Zeit einen kleinen Galopp einlegen konnte, um den Rhythmus zu wechseln. Die anderen warnten mich jedoch zu Recht vor den Lianen, die bisweilen in Brusthöhe den Weg versperrten. Der feuchte Boden war von Wagenspuren zerfurcht, in denen das Wasser stand, und hin und wieder mussten wir umgestürzte Bäume beseitigen, um passieren zu können. Die Füße meines Gefährten hingen fast bis zum Boden herunter, was besonders lästig war, wenn wir eine Furt überqueren mussten, aber die Hitze trocknete Schuhe, Gamaschen und Hosen sehr schnell. Die Pferde hatten die sonderbare Angewohnheit, sich auf eine Weise zu entleeren, dass unsere Sättel jedes Mal verrutschten. Vor uns schritt die schönste männliche Gestalt der Welt – eine Khmerstatue, die sich in jenem Rhythmus vorwärtsbewegte, den ich mir immer vorgestellt hatte: nackter brauner Oberkörper, schweißglänzende geschmeidige Schultern, wie sie nur diesem Volk eigen sind. Hinter uns schwankten vier Planwagen mit gehörnten Deichseln, gezogen von grauen Büffeln, die ihre Antilopenköpfe schüttelten; auf jedem Wagen zwei nur mit einem Lendenschurz bekleidete Fuhrleute.

So folgten wir im Gänsemarsch wie die Märchenfiguren aus unserer Kinderzeit einem schmalen, sich im tiefsten Dschungel verlierenden Pfad. André hat von der Urwaldangst gesprochen. Ich habe nichts davon gemerkt, vielleicht weil ich an die Wälder Mitteleuropas gewöhnt war. »Ich bin der Wald, der niemals vergibt«, heißt es in einem Gedicht von Becher, einem der ersten, die in meiner Übersetzung in Frankreich erschienen. Das schien mir schon damals übertrieben.

Dieser Wald, der anfangs sehr licht war, glich den Wäldern, die ich kannte, mehr, als dass er sich von ihnen unterschied. Man gewöhnt sich sehr rasch an die Bäume unbekannter Größe und unbekannten Umfangs. Tagelange Wüstenfahrten haben mich mehr bedrückt als der Urwald mit seiner dumpfen Feuchtigkeit und dem grünlichen Gewirr von Ästen, Wurzeln und schwammigen Stämmen. Was wilde Tiere betraf, wie Tiger, Panther, Elefanten und asiatische Büffel – vor allem von Letzteren hatte man mir so viel erzählt, eine Art Auerochsen mit Höckern wie die von Kamelen und riesigen Hörnern, die sie mit Vorliebe gegen Weiße richten sollten, die einen für sie unangenehmen Geruch ausströmen –, so bestätigte die Erfahrung nur, was ich bereits wusste: Sie haben mehr Angst vor uns als wir vor ihnen. Damals war es jedoch eher der Gedanke an unser Vorhaben, oder vielmehr an seine Folgen, der mich schreckte, als die Natur; sie lenkte mich eher von dieser Angst ab.

Gegen Mittag rasteten wir in der Nähe einiger hochgebauter *cañhas*, unter denen krummbeinige schwarze Schweine grunzten. Hier überraschte uns Xa zum ersten Mal mit seinen Kochkünsten; im Handumdrehen bereitete er eine Mahlzeit, zu der es Brot gab, das er in einem großen Termitenbau backte, den er vorher ausgeräuchert hatte. Das Brot war genau, wie es sein sollte, locker und knusprig. Dann setzten wir unseren Weg fort. Vor Sonnenuntergang erreichten wir ein Dorf. Etwas abseits stand eine *sala*, ein Gästehaus, das genau wie die übrigen Strohhütten gebaut, nur etwas größer war. Im Innern längs der dünnen Wände stand eine Bank. Da die Sala bereits belegt war, mussten wir unsere Plane aufspannen, um eine Ecke für uns abzuteilen.

Auf diese erste Nacht, die wir als die einzigen Weißen weit und breit verbrachten, folgte der erste Tag, an dem ich mich für die Erholung und den Schlaf der anderen verantwortlich fühlte. Diese Sala, diese Zeltplanen und dieser Termitenbau-Backofen waren die Bestandteile des ersten Haushalts, den ich führte.

Unser Nachbar war, wie ich von Xa erfuhr, ein chinesischer Geschirrhändler. Er blieb die ganze Nacht wach; durch das weiße Tuch sah ich die Flamme seiner kleinen Lampe flackern, während zum ersten Mal der angenehmste Duft der Welt zu mir drang – der Duft vom Saft des Schlafmohns, der durch geschicktes Anritzen der Kapseln mit zwei spitzen Nadeln gewonnen wird.

Ein Lager abbauen, es wieder aufschlagen, marschieren: welch wunderbare Monotonie. In Kambodscha führten wir nur wenige Tage lang ein solches Leben, dafür später in Persien und Afghanistan umso länger. Man steht im Morgengrauen auf, trinkt frisch gebrühten oder in Thermosflaschen warm gehaltenen Tee und begrüßt den Morgen. An jenem Morgen im Dschungel von Kambodscha hörte ich zum ersten Mal das klagende Geheul der Affen, das ein wenig an das Gekreisch von Arabern erinnert und immer wieder mit dem gleichen ziemlich tiefen Ton anhebt, um in einem Schrei der Revolte zu enden. Vor unserem Aufbruch hatten mir Leute – die sehr wenig über Buddha wussten und sich ihn wie den lieben Gott in unseren Dorfkirchen vorstellten – erzählt, Buddha hätte einst den Affen versprochen, sie in Menschen zu verwandeln. Die Affen hatten ihm geglaubt und wimmerten und heulten deshalb jeden Morgen, an dem sie unverändert aufwachten, dass der Wald von ihrer Entrüstung widerhallt.

Das Dorf, in dessen Nähe unsere Sala stand, sah so aus, wie wir uns ein Dorf auf Tahiti vorstellten: ein großer Teich, beinahe ein See, der von Kokospalmen und Bambus doppelt eingefasst war – doppelt, weil sich die Pflanzen am Ufer im Wasser spiegelten. Unsere eingeborenen Begleiter stürzten sich ins Wasser und mischten sich unter die Männer, Frauen und Kinder, die sich dort tummelten.

Ich werde am Morgen immer ein Gefühl des Glücks empfinden. Allerdings gibt es auch Abende, an denen mich dieses Glück überkommt, dann nämlich, wenn an einem Ende des Dorfes ein von der einsaitigen Violine begleitetes Lied angestimmt wird, sich über die Strohdächer schwingt und bis zur letzten Hütte dringt. Später erlebte ich, wie sich ein anderes Lied von einem Haus zum anderen fortsetzt: Während der Besatzungszeit hörten alle Bewohner unserer Straße Radio London.

Wird der Wald dichter, wird er wirklich zu dieser grünlichen Glocke, durch die kein Sonnenstrahl dringt? Den Geruch kannte ich nicht, irgendetwas verfault in unserer Nähe; zu den Schlingpflanzen kommt als zusätzliche Gefahr diese schwere rötliche Erde, die den Pferden zu schaffen macht. Dann sind da noch die Mücken, ein Schwarm stechwütiger Insekten, der uns begleitet, den wir zerteilen, der sich neu bildet, um uns, vor uns, hinter uns. Am Körper des Mannes, der uns führt, rinnt der Schweiß herunter; der Gesang der eingeborenen Begleiter ist wie eine Quelle, die fließt, versiegt und wieder von Neuem fließt.

Ich bin nicht mehr sicher, ob mein Anzug für dieses Land geeignet ist: Er beengt mich. Die Zügel kleben in meinen Händen. Wir reiten immer hintereinander her, der Pfad verschwindet zuweilen ganz. Mein Gefährte hält sich gut auf seinem Pferd. Da er an nichts anderes als den erfolgreichen Abschluss unseres Unternehmens denkt, leidet er weniger als ich unter der Anstrengung in dieser Luft, die so dick ist, dass man deutlich spürt, wie sie erst den Mund und dann die Atemwege füllt. Dennoch will ich zuversichtlich sein. Mein stummes Lied gleicht sich dem unregelmäßigen Schritt des Pferdes an, ich werde wieder zu dem kleinen Mädchen, das mit seinen Brüdern sang: *»O Rinaldo Rinaldini, teurer Räuber, wache auf!«* Wie sagte einst die sprechende Puppe, die Darstellerin des Theaterstücks, das ich nie vollendet habe? *»Ich liebe die Anführer, die Männer, die an der Spitze gehen.«* Nun sieht man, wohin das führt. O Rinaldo Rinaldini, die Männer, die an der Spitze gehen ... Ich darf nicht träumen. Das Pferd stolpert, der Boden ist voller Schlingpflanzen.

In Rohal, dem letzten Dorf vor Banteaï-Srey, erklärt man uns, dass man nichts von einem Tempel wüsste; jedenfalls lautete so das einstimmige Ergebnis einer allgemeinen Befragung. Nach einem klassischen Palaver hatte Xa dann doch noch Erfolg: Ein alter Mann erinnerte sich schwach an irgendwelche Ruinen, die jedoch ebenso gut nur Überreste eines ehemaligen Lagers sein konnten. Aber schließlich brachten wir ihn gegen eine angemessene Belohnung und das Versprechen der Diskretion dazu, uns am nächsten Tag an den Ort zu führen, der für uns von Interesse sein konnte.

Es ging um alles oder nichts. Während wir zu unseren europäischen Gerichten dieses absurde Weißbrot aßen – erst sehr viel später lernten wir, uns so zu ernähren wie die Menschen um uns –, überlegten wir mit gemischten Gefühlen, was der kommende Tag wohl bringen würde.

In den ersten Morgenstunden, wie es in den Abenteuerromanen immer heißt, brachen wir auf, geführt von dem alten Mann, dessen graufarbene Haut schlaff über den Knochen hing. Schon bald stiegen wir von unseren Pferden und zogen sie wie große Hunde an den Zügeln hinter uns her. Der Pfad, falls es ihn je gegeben haben sollte, war nur noch eine Erinnerung im Gedächtnis unseres Führers. Die Buschmesser mussten einen neuen Pfad bahnen: Kleine falsche Bewegungen erzeugten in einem für uns unsichtbaren Universum einen Aufruhr, der uns noch mehr beunruhigte als die fremdartige Vegetation.

Von einer seltsamen Panik ergriffen, drängen sich die Bäume aneinander, jede Art findet nur noch bei ihren Artgenossen Zuflucht. Ich betrachte meine Begleiter in dieser unbekannten Welt: Von den beiden Europäern ist der eine für mich ein Nichts, der andere nach zwei Jahren des Zusammenlebens noch immer der große Unbekannte. Viele Menschen sind sich der Liebe dessen, den sie lieben, nicht gewiss; bei mir ist das nicht so. Trotz einiger Zweifel, die er manchmal selbst auslöst – »Ich hätte mich nicht für dich interessiert, wenn du nicht reich gewesen wärst«, was ich jedoch in jener Situation so auslegte: »Von Anfang an war ich davon überrascht und beeindruckt, dass du arbeitest, obwohl du es nicht nötig hattest« –, glaube ich an seine Liebe. Ich will daran glauben, bei all meiner Unsicherheit gegenüber der irrealen Welt, die er sich schafft, bei dieser verwirrenden Vergangenheit, die er sich erfindet, in seinem Universum voller Schlingpflanzen, in dem ich mich schlechter zurechtfinde als im tropischen Urwald. Von diesem Mann, den ich auf seiner kindlichen Schatzsuche begleite, kenne in nur die zärtlichen Gesten und seinen aufrichtigen, brüderlichen Geist. Die Angst packt mich, während ich mein Pferd hinter mir her ziehe und mit auf den Boden gerichteten Augen versuche, die kleine Fläche ausfindig zu machen, auf der weder Tiere kriechen noch Pflanzen wuchern, die weder von glitschigem Moos noch von trügerischem Wasser oder spitzen Steinen bedeckt ist.

»Babes in the wood«: eine Erinnerung, die ich seit meiner Kindheit in mir trage und derentwegen ich vielleicht hier bin. Aber ist der Mann, der mit mir in dieser grünlichen Glocke gefangen ist, der kleine Bruder, der meine Niederlage teilen wollte? Wir waren Gefährten im Sieg …

Und wir werden es von Neuem sein.

Der alte Mann war mit erhobenem Buschmesser stehen geblieben. Durch eine Öffnung im Dickicht blickten wir auf einen viereckigen Hof, dessen Steinplatten herausgerissen waren. Im Hintergrund stand ein teilweise eingestürzter, aber von zwei noch deutlich erkennbaren Mauern eingefasster rosenfarbener Tempel mit vielen Verzierungen, auf dem die Moosbüschel wie Schmuck wirkten, ein Wunderwerk, das wir zwar nicht als Erste zu Gesicht bekamen, aber wohl als Erste so überwältigt von seiner anmutigen Würde betrachteten. Er war schöner als alle Tempel, die wir bisher gesehen hatten, in seinem verwahrlosten Zustand viel ergreifender als jedes noch so polierte und geschliffene Angkor.

Ich sah nur noch diese rosa Wand, ging einen Schritt weiter und stand unvermittelt vor einer smaragdfarbenen zusammengerollten Schlange. Sie lag da wie ein schimmernder Kreis von der Größe eines Wagenrads. Von uns aufgeschreckt, hob sie den Kopf, ebenso elegant wie der Tempel, und glitt dann unter den Stein, der vielleicht ein Relief verbarg. Jetzt befand ich mich also in Banteaï-Srey, dem Tempel, dessen Name die gleiche Bedeutung hatte wie der Name der Stadt, in der ich meine glücklichen Ferien verbracht hatte: Magdeburg und Banteaï-Srey, beides bedeutete »Burg der Jungfrau«.

Stumm wie Kinder, denen man ein Geschenk gemacht hat, das die Erfüllung aller Wünsche bedeutet, traten wir hinein. Die Devatas betrachteten uns mit leicht geneigtem Kopf.

Dass sie entfernte Töchter Europas sind, wurde uns mit jedem Schritt klarer. Das hatten wir erwartet und auch, dass wir uns nur schwer von diesen Schätzen trennen und deshalb einige für uns behalten würden. Da der größte unserer Träume Wirklichkeit geworden war, erlaubten wir uns alle anderen.

Dann berührten wir das, was uns gehörte; meine Hände betasteten den Stein, wie sie früher im Park von Auteuil die Blumen betastet hatten. »Immer musst du alles anfassen«, sagte meine Mutter. »Deine zerstörerischen kleinen Hände«, sagte Jeanne …

Ich hatte vorausgesehen, dass bei Sandstein mit Fuchsschwänzen nichts auszurichten sein würde: Kaum hatten wir sie angesetzt, zerbrach ein Sägeblatt nach dem anderen, was einen wesentlichen Aspekt unseres Planes zunichte machte; wir hatten vorgehabt, den mit Skulpturen verzierten Teil vom übrigen Stein abzutrennen, wie man von einem Laib Brot eine Scheibe abschneidet. Unmöglich. Bis zu diesem Punkt war zwar alles nach Wunsch verlaufen. Kein Dorfbewohner und kein Wagenlenker hatte darauf bestanden, uns zu begleiten, als wir uns zum zweiten Mal zum Tempel begaben; Xa und den Führer schickten wir für einige Stunden fort. Während des Prozesses erfuhren wir, dass sie recht froh gewesen waren, nicht in das Innere der Ruinen eindringen zu müssen, wo nach ihrer Ansicht böse Geister hausten.

Nachdem die erste Angst verflogen war – immerhin hatten wir ja Karabiner und Revolver bei uns –, blieb noch das ungewohnte Gefühl der Einsamkeit innerhalb des behauenen und eingestürzten Walls, weit und breit das einzige Zeugnis von der Existenz menschlicher Wesen, deren Denken und Handeln nicht ausschließlich auf das Irdische gerichtet war. Hier hatten Menschen

Steine aufeinandergesetzt, um eine Beziehung zum Unbekannten herzustellen. Dann waren sie verschwunden, vielleicht durch ihre Mühen und Opfer beruhigt oder gesühnt, während um sie, um uns herum Pflanzen und Tiere weiterlebten, die sich darauf beschränkten, sich fortzupflanzen. Der Urwald hallt mit einem Geräusch wider, das dem Grollen eines nicht ganz erloschenen Vulkans gleicht. Wenn sich hinter diesen hellen Büschen, deren Namen ich nicht kenne, ein wütend aufgeschrecktes Tier verbergen würde, wären wir die Einzigen, die unsere Hilferufe hörten. Würden wir den Rückweg finden, wenn niemand käme, um uns abzuholen? Aber noch bedrohlicher war die unbekannte Gefahr in dieser Welt, die nicht die unsere war, die uns nur vorübergehend aufnahm, die uns früher oder später irgendwie in ihre Gewalt bekommen würde und uns an diesem Flecken Erde, von dem aus kein Horizont zu sehen war, in feuchte Äste verwandeln würde.

Mein Gefährte bewahrte uns davor, dass wir uns in der grünen Schwüle auflösten, indem er uns aufforderte, die Werkzeuge auszupacken. Dann verteilte er die Aufgaben; ich sollte die Wache übernehmen. Rinaldo Rinaldini, du bist aufgewacht, ich bin allein mit dir im großen Wald. Ich muss kühn sein wie du, ich bin deine Räuberbraut. Während ein Fuchsschwanz nach dem andern zerbrach, passte ich also auf, ohne allerdings genau zu wissen, worauf, denn in dieser neuen Welt war es mir nicht möglich, ein Geräusch vom anderen zu unterscheiden ... Den Horizont überwachte ich nicht, denn es gab ihn nicht. Die Mauer war an manchen Stellen so hoch, dass ich wegen meiner bescheidenen Größe nicht darüberschauen konnte. Dafür lauschte ich umso eifriger, und wirklich, schon bald vernahm ich verdächtige Geräusche.

In nächster Nähe hörte ich Schritte von Menschen, die uns offenbar heimlich beobachteten. Auf mein Zeichen hin hörten meine Begleiter auf zu sägen, lauschten und hörten ebenfalls das Geräusch naher Schritte. Dann nichts mehr. Die plötzliche Stille hatte offenbar die Späher beunruhigt. Wir mussten weiterarbeiten, um sie zu täuschen. Also fuhren meine Begleiter fort, ihre Sägen zu zerbrechen, und der Schweiß floss aufs Neue; ich hielt wieder Wache, und der Feind begann wieder, draußen umherzuschleichen.

»Wir müssen herauskriegen, was das ist«, sagten wir uns. Außerdem machte es Spaß, ein bisschen Räuber und Gendarm zu spielen. Wir stellten uns auf die Zehenspitzen, um auf der anderen Seite der Steinhaufen die Bäume zu beobachten, die mit ihren Lianen wie Trauerweiden aussahen. Der ganze Wald schien mit uns den Atem anzuhalten und verharrte einige Augenblicke in merkwürdiger Stille – die dann plötzlich die Affen, der Ruhe überdrüssig, mit ihrer üblichen Beschäftigung, nämlich von einem Ast zum anderen zu springen, durchbrachen. Und wieder raschelte das Laub.

Da ich wegen meiner allzu lebhaften Phantasie offensichtlich nicht zum Wachtposten berufen war, sah ich den beiden bei ihrer anstrengenden Arbeit zu. Da die Sägen kaum von Nutzen waren, musste man zu anderen Methoden übergehen. Die Khmer hatten keinen Zement verwendet, und das brachte meine beiden Männer, die den im schräg einfallenden Sonnenlicht violett schimmernden Sandstein mit Hämmern bearbeiteten, plötzlich auf den Gedanken, die Steinscheren als Hebel anzusetzen. Bei dieser Männerarbeit fühlte ich mich überflüssig. Doch etwas später zogen wir alle drei an dem Seil, das um einen sehr schönen Torso geschlungen war. Wie viel Zeit verstrich zwischen dem Augenblick, da der Block sich kaum von der Stelle rührte, und dem, da er schwankte, sich neigte, zögernd in der Luft hing, stürzte? Jahre womöglich. Wir betrachteten unsere gealterten Gesichter, unsere geschwollenen, von Striemen überzogenen Hände. Die Vögel verstummten erschreckt und flogen mit schwerem Flügelschlag davon. Dann kamen sie schreiend zurück, als wollten sie wetteifern mit den zeternden Insekten. Wir waren erschöpft. »Morgen machen wir weiter«, sagte mein Gefährte. Außerhalb des Walls erwarteten uns Xa und der Führer.

Wenn es einige Wochen so weiterginge, würde man sich daran gewohnen – oder vor Erschöpfung sterben. Stündlich wird die Arbeit anstrengender, die Hitze drückender. Aber zu unseren Füßen liegen bereits zwei Steine wie auf den persischen Basreliefs die Sklaven zu Füßen des Königs der Könige. Am dritten Abend zeugen sieben Steine von unseren Mühen: Unsere Aufgabe ist erfüllt.

Über den freigelegten Pfad erreichen die Karren den Torbogen. Das leichte Pritschenholz drückt auf die Scheibenräder, wenn Braun-, Gelb- und Weißhäutige gemeinsam die schweren Kisten aus Kampferholz, in denen unsere geraubten Prinzessinnen ruhen, hochstemmen und auf dem Wagen festzurren. Der Braunhäutige, der uns führt, ist schön wie immer. (Während des späteren Ermittlungsverfahrens gegen André verriet mir der Richter, dass dieser Führer ein Spion war, der gemeldet hatte, er habe ihn »argwöhnisch beobachtet«.) Das Marschtempo ist langsamer als bei der Hinfahrt. Wir treiben unsere Pferde an und lassen die Wagen hinter uns zurück. Wir sind erschöpft, und jeder denkt für sich über unsere Pläne nach. Sollen wir über Amerika zurückkreisen? Vielleicht sollten wir es, um dort unsere Schätze zu verkaufen. Sehr bald höre ich auf, überhaupt an etwas zu denken, und mein Körper übernimmt die Kontrolle: Meine Beine umklammern das Pferd fester, meine Hände verjagen die Insekten, mein Kopf duckt sich unter einem Gewölbe, niedriger als der Eingang einer Hütte. Der Dschungel, das weiß ich jetzt, ist nichts als ein riesiges Chaos.

Seit neun Stunden reiten wir schon. Der Schweiß dringt durch meine Gamaschen, die am Fell des Pferdes und an meinen Beinen kleben. Meine Kehle ist trocken, aber ich habe kein Verlangen nach dem lauwarmen Wasser meiner Feldflasche. Vor uns liegen einige stelzfüßige Cañhas, wir rasten. Ein Jüngling klettert mit zusammengebundenen Füßen an einem schuppigen Stamm hoch, an dessen Spitze eine Traube grüner Kugeln hängt. Hat Gott nur in Europa die Kürbisse vorsichtshalber nicht in die Wipfel der Bäume gehängt? Das Buschmesser spaltet die Frucht und verwandelt sie in eine Schüssel.

Noch Jahre später werde ich von diesem prickelnden Fruchtsaft träumen. Dann werde ich eines Tages in Java die Hände nach der holzigen, haarigen Kokosnuss ausstrecken, deren Milch jedoch fade schmeckt. Wahrscheinlich bin ich einfach nicht durstig genug.

»Alles wird wieder möglich sein«, dieser Satz macht alles Grübeln überflüssig. Ich lasse mich von meinem Pferd hin und her schütteln, vorwärts, rückwärts, nach rechts und nach links. Während der Gymnastikstunde kommandierte der Turnlehrer: »Vorwärts, rechtsrum, linksrum!« Dieses Pferd ist wie ein Maulesel. »Alles wird wieder möglich sein.« Wenn ich nur wüsste, was! Ein Leben wie früher, mit seinen Freuden und seinem Kummer? Oder Tage, die ich mir nicht einmal ausdenken kann, voll wunderbarer Überraschungen? Aber eines steht fest – wir werden sicheren Schrittes zu unserer Oase, dem Glück unserer zwanzig Jahre, zurückkehren. Gut, aber noch haben wir dieses Land nicht verlassen, in dem mediokre Weiße nichts dabei finden, ihre Diener zu schlagen. »Ohne die Peitsche gehorchen sie nicht, gnädige Frau. Wir behalten auch einen Teil ihres Lohnes ein, es ist die einzige Möglichkeit, damit sie nicht weglaufen.« Xa hatte sich als ehrlich erwiesen, mit fast einem Monatslohn Vorschuss in der Tasche.

»Alles wird wieder möglich sein.« Was tut man, wenn alles möglich ist? Vielleicht geht man spazieren, ohne diese Menschen sehen zu müssen, die glauben, Kambodscha sei ein öffentlicher Park und sie die Parkwächter. Sind sie die Wächter, so sind wir die Diebe. Gut. Wir jedenfalls werden die Ersten unserer Generation gewesen sein, die aus ihrer geistigen Revolte heraustraten und sie in folgenschwere Taten umsetzten. Das tilgt meine vergangenen Feigheiten, die kleinen und auch die größeren.

»Alles wird wieder möglich sein.« Lesen, schauen, fühlen, lieben. Wir werden zu dem werden, was uns bestimmt ist. Die Spinnen schaukeln in ihren Netzen. Er ekelt sich vor Spinnen; ich ebenfalls, wenn auch nicht so sehr wie er. Ihn verfolgen sie sogar bis in seine Träume; dann schreit er auf, und ich erwache, und die nicht vorhandenen Spinnen verschwinden. Diese hier sind echt und behaart wie Staubwedel.

»Alles wird wieder möglich sein.« Dass er das Buch schreibt, auf das ich warte …

Wie auf Provinzbühnen, wo man bei Szenenwechsel Musselinvorhänge beiseite zieht, um die Dekoration zu verändern, teilt sich auch vor uns eine Baumkulisse nach der anderen, und der Wald wird zusehends lichter. Auf dem Weg erkennen wir die alte Spur unserer Wagen: Wir atmen auf. Endlich erblicken wir durch eine Schneise ein paar hundert Meter vor uns am Rand des Blätterdachs, das uns mit seinen tausend Grünschattierungen erdrückt hatte, die Türme von Angkor.

Wir hielten unsere Pferde an. Vielleicht waren wir tatsächlich die Bezwinger der Menschen, der Natur und der Steine. Mein Vater hatte Wort gehalten. Aus der Tasche meiner kurzen Jägerjacke kramte ich den mit Zucker verklebten Spiegel, dann den aufgeweichten Lippenstift: Sieger müssen fesch aussehen. Danach betrachtete ich noch einmal Angkor, diese riesige Ansammlung von

Steinen ... Gibt es wirklich keine Möglichkeit, mit jenen Verbindung aufzunehmen, nach deren Willen sich diese Steine höher als Bäume türmen sollten? Nun, da wir unser Ziel erreicht hatten, glitt ich kraftlos vom still stehenden Pferd zu Boden.

Vorausplanen war wahrhaftig nicht unsere Stärke. So hatten wir zum Beispiel nicht darüber nachgedacht, unter welchem Vorwand wir den vorzeitigen Abbruch unserer Expedition rechtfertigen könnten. Es blieb uns nicht viel Zeit, darüber nachzudenken: In Angkor, wo wir wieder unseren Bungalow beziehen wollten, würden wir bestimmt diesen oder jenen treffen, der über unsere frühzeitige Rückkehr erstaunt wäre. Ich sah zu jener Zeit ziemlich mitgenommen aus, sodass unser erster Gedanke war, meinen schlechten Gesundheitszustand als Grund anzuführen. Wie wäre es, wenn ich an der Ruhr erkrankte? Simulieren wir also die Ruhr!

Im Grunde kam es mir ganz gelegen, eine Ausrede dafür zu haben, mich gleich nach unserer Ankunft im Bungalow aufs Bett fallen zu lassen. Seit meinem Sturz vom Pferd – wenn man dieses sanfte Herunterrutschen als Sturz bezeichnen kann – war mir, als spürte ich, wie sich die Erde dreht, vielleicht aber hatte ich auch nur Hunger. Meine Beine wurden schwer wie zwei lästige kleine Sandsäcke, und eine Mischung aus Angst und Hoffnung lag mir auf dem Magen.

Das Beste wäre jetzt gewesen zu schlafen, doch daran war nicht zu denken. Da ich krank sei, müsse man für mich sorgen, beschlossen die Bewohner des Bungalows.

Dieser kleine zwanzigjährige Ehemann versteht nichts von zarten Frauen. Nur gut, dass wir hier sind. Und so schickte man nach einem jungen annamitischen Arzt, der sofort herbeigeeilt kam, bewaffnet mit einer Spritze, die mir noch heute wie ein Folterinstrument ungeheuren Ausmaßes erscheint, so furchteinflößend wie etwa die Scheren, die früher vor Messerschmieden als Aushängeschilder hingen und die man als phallisches Symbol interpretieren könnte, was mir allerdings etwas weit hergeholt erscheint. Ich wehrte mich nicht ohne Grund: Mein Bauch war völlig in Ordnung, und wer wusste, welche absonderlichen und unerquicklichen Resultate die Injektion einer adstringierenden Flüssigkeit hervorrufen würde? Damals verwendete man Spritzen noch nicht sehr häufig, und ich vermutete, sie wirkten durch magische Kräfte. Der junge Arzt gab nicht nach: »Sie müssen vernünftig sein, gnädige Frau.« Mein Gefährte machte ein betretenes Gesicht. Das große Abenteuer endete in einer Komödie: eine angeblich Kranke und ein ahnungsloser Arzt. Wütend gab ich schließlich nach, denn er hatte ja recht, und ich sagte mir selbst: »Wer einen bestimmten Zweck erreichen will, darf vor den Mitteln nicht zurückschrecken.« Erfreulicherweise hatte die Behandlung keine weiteren Folgen, als dass ich den Glauben an die Zauberkraft von Spritzen verlor.

Als nach ein paar Tagen unsere Kisten ankamen, setzten wir unsere Reise fort, zuerst mit Auto und Lastwagen, dann per Schiff den See und anschließend den Fluss hinauf, an seinen sumpfigen Ufern entlang. In der Nacht vom 23. auf den 24. Dezember 1923 ging unser

Schiff vor der chinesischen Silhouette von Phnom Penh vor Anker.

Wir schliefen… schliefen unbesorgt. Träumten wir von einer Rückkehr unter symbolischen Triumphbögen oder, bescheidener, von den Geschenken, die wir dem einen oder anderen schon bald würden machen können? Um den Höhepunkt dieser Räubergeschichte noch ein wenig hinauszuzögern, möchte ich noch von den Stechmücken erzählen, die uns sehr plagten. Oder vom Ventilator, dessen Brummen uns besonders störte, als der Schiffsmotor nicht mehr lief. Oder davon, dass wir unsere Bettlaken abwechselnd über uns zogen oder beiseiteschoben, weil trotz allem ein leichter, wenn auch stickiger Luftzug durch den Ventilator drang. Doch nun hebt sich der Vorhang, dreimal wird an die Tür geklopft, und das Spiel beginnt:

Wir antworteten den Stimmen draußen, sie möchten sich einen Augenblick gedulden, bis wir uns angezogen hätten. Vor uns stehen drei Männer in Zivil, was uns überrascht angesichts dessen, worum es geht, sie jedoch nicht daran hindert, sich aufzuführen, als wären sie in Uniform erschienen.

»Folgen Sie uns.«

»Wohin?«

»In den Laderaum. Wir möchten Ihr Gepäck kontrollieren.«

Wir folgen ihnen. Vor unseren Kisten aus Kampferholz sehen sie aus wie Zollbeamte.

»Öffnen Sie!«

Die ganze Zeit wollten sie, dass man etwas öffnete. Der Farblose, den sie ebenfalls aus seiner Kabine geholt hatten, trug eine liebenswürdig-geistesabwesende Miene zur Schau, um die ich ihn beneidete.

»Diese Kisten gehören doch Ihnen?«

»Die Kisten, ja. Sie sind ja auch auf unseren Namen eingetragen. Aber bei unserer Abfahrt in Siam-Reap waren sie leer.«

»Gut. Dann öffnen Sie sie bitte.«

Wir reichen ihnen den Schlüssel. Sollen sie doch selbst damit fertig werden. Dann drehen sie beim Licht der Taschenlampen, das den größten Teil des Laderaums im Dunkeln lässt, die Schlüssel im Schloss, worauf eine lustige chinesische Melodie ertönt, die eigentlich alles hätte einrenken müssen, es jedoch nicht tut. Einen Augenblick später geben die hochgeklappten Deckel den Blick auf unsere Schätze frei – gleichzeitig riecht es intensiv nach Kampfer. Da es nicht die Aufgabe dieser Herren ist, weiter zu ermitteln, stellen sie lediglich fest, dass sich in unseren Kisten Fragmente befinden, die von einem Bauwerk entfernt worden sind. Die Musik und den Kampfergeruch dagegen erwähnen sie mit keinem Wort, weder mündlich noch schriftlich. Dann erklären sie uns, dass wir unter Arrest stünden, was bedeutet, dass wir unsere Reise nicht fortsetzen dürfen. Unsere Kisten nebst Inhalt würden am frühen Morgen nach Phnom Penh transportiert werden.

Uns blieb nichts anderes übrig, als wieder in unsere Kabinen zurückzukehren, was wir auch taten, nachdem wir sehr geschickt – wie wir glaubten – ein geheimes

Treffen zwischen meinem Gefährten und dem Farblosen für den nächsten Tag vereinbart hatten; denn wir mussten, wenn möglich, den Eindruck vermeiden, alle drei unter einer Decke zu stecken.

Solange diese Komödie gespielt wurde, schwankte ich zwischen Verzweiflung und Belustigung, um gleich darauf in jenen eigentümlichen Gemütszustand zu verfallen, in dem man sich darüber freut, dass das Schlimmste eingetreten ist, weil man es vorausgesehen hat. Kassandra muss glückliche Augenblicke gekannt haben.

In unserer Kabine redete mein Gefährte beschwichtigend, jedoch keineswegs überzeugend auf mich ein, aber vielleicht auch nur, um sich selbst zu beruhigen. Seine Stimme, kaum nervöser als gewöhnlich, verriet, welch geringe Bedeutung er einem Ereignis beimaß, dessen einzige Folge sein würde, dass sich unsere Reise um einige Tage verzögerte. Und da wir nunmehr den Dschungel kannten und wüssten, wie wir uns zu verhalten hätten, würde eine zweite Expedition, die man jetzt vielleicht ins Auge fassen müsste, sicher erfolgreicher sein. Außerdem könnten wir allen, die sich in irgendeiner Form für die Kunst der Khmer interessierten, jetzt viel genauere Angaben machen, und das würde uns künftig ohne Weiteres deren finanzielle Unterstützung sichern.

An dieser Stelle möchte ich festhalten, dass mein Gefährte niemals einen Plan aufgab, weil er scheiterte. Es bedurfte anderer Motive, etwa einer neuen Versuchung, um ihn von einem Unternehmen abzubringen.

Vorerst mussten wir schlafen, wenn möglich bis zum Morgen. Mein Gefährte stellte fest, dass wir nur über *ein*

Mittel verfügten, um einschlafen zu können; wir machten davon Gebrauch.

Am nächsten Morgen war ich einfach nur müde. Nicht ohne Grund, denn einige Tage zuvor war ich neun Stunden durch den Dschungel geritten, außerdem stand mein Körper noch unter der Wirkung der Injektion. Die Ereignisse der vergangenen Nacht hingegen erschienen mir plötzlich belanglos. Ich würde mich doch nicht aufregen, weil in unseren Kisten Fragmente eines verfallenen Tempels entdeckt worden waren, den man seit Jahren so wenig beachtet hatte, dass die Wurzeln eines Banyan oder die Werkzeuge der Bauern ihn völlig hätten zerstören können, ohne dass man es überhaupt gemerkt hätte! Die Geschichte von der Pilgerstraße, die derjenigen ähnelte, die die abendländischen Pilger etwa zur gleichen Zeit entlanggezogen waren, schien tatsächlich wahr zu sein: Eine ganze Kette von Heiligtümern lag noch im Urwald verborgen, und wir würden jederzeit zu beiden Seiten von Banteaï-Srey auf weitere Tempel stoßen. Man würde uns unsere Steine wiedergeben, auf die wir allein schon deshalb ein Anrecht hatten, weil wir so viele Mühen auf uns genommen hatten, um sie uns zu beschaffen. Das Einzige, was dieser nächtliche Alarm nach sich ziehen würde, war möglicherweise eine Entschuldigung vonseiten der Behörden. Das Schiff neigte sich etwas nach rechts: Wahrscheinlich kamen Passagiere an Bord. Morgen würde in Saigon wie in Paris Weihnachten sein. Wir durften nicht vergessen, Mama ein Telegramm zu schicken.

Selbst nachdem man uns daran erinnert hatte, dass wir künftig unter polizeilicher Überwachung stünden, was uns die Begleitung eines einheimischen Gendarmen eintrug, der im selben Boot wie wir an Land fuhr, konnte ich unser Abenteuer nicht ernst nehmen. Das Hotel »Manolis«, das wir beide bezogen, wurde von einem Griechen geführt, der uns wie normale Gäste empfing – aber kannte er überhaupt normale Gäste? In einem großen Saal, links vom Eingang, summte über jedem Tisch ein Ventilator, ein wohltuender Luxus, wie wir ihn in unserem Bungalow in Angkor nicht gehabt hatten. Unser weiß getünchtes Zimmer war groß und mit einem von einem Moskitonetz verhängten breiten Bett sowie einem schmutzigen runden Holztisch möbliert. Es war ein gutes Zimmer im besten Hotel von Phnom Penh; wir verbrachten vier Monate darin. Zunächst einmal die Silvesternacht 1923. In meinem graugoldenen Modellkleid von Poiret, das noch von unserer Hochzeit stammte, hielt ich, mir des Ernstes der Lage nicht bewusst, rauschenden Einzug an der Seite eines jungen Mannes, der in seinem weißen Smoking sehr vorteilhaft aussah.

Einige Tage später erfuhr ich, dass wir sehr wohl unter Anklage standen.

Die drückende Hitze in Kambodscha setzte uns zu. Um uns herum schien alles wie von selbst zu laufen. Das Volk, weder arm noch reich, nahm das Leben offenbar leicht; die geschmeidigen braunen, etwas gedrungenen Körper entzückten uns ebenso wie die abendlichen Fahrten in einer Kalesche, die uns aus der Stadt zu den

Reisfeldern brachte. Xa war in unseren Diensten geblieben und unser Dolmetscher geworden. Doch vermittelte er uns mehr vom Land als von der Sprache und erklärte uns: »Die Annamiten handeln so, die Kambodschaner so.« Er selbst kam in Begleitung seiner neuen Mätresse, einer Kambodschanerin, und erklärte uns, dass sie immer einen Meter hinter ihm gehen und im Bett tiefer liegen müsse als er. Diese letzte Forderung überraschte mich etwas. An den Straßenecken kauften wir Zuckerrohr, das ich kaute, wie früher in der Schule Lakritze. Die glimmende Holzkohle der Straßenküchen verbreitete angenehmen Duft. Aus einem Korb, der vor einer auf dem Boden hockenden Verkäuferin stand, deren Turban, wenn ich mich bückte, auf gleicher Höhe mit meinen Augen war, suchte ich eine Art runde Aubergine heraus; das sei ein Mangostanapfel, belehrte mich Xa, der die rotviolette Schale aufbrach und mir die darin enthaltenen hellen, durchsichtigen Scheiben zeigte. Ich entdeckte eine herrliche Frucht. Auch auf die Krapfen hatte ich Lust, und meine fettigen Hände hinterließen Flecken auf meinem Rock. Der Königspalast reckte seine fröhlich geschwungenen Dächer gegen die Bäume; der kleine Pavillon auf seinen Mauern diente als Schule, in der die Tänzerinnen abends übten. In einem Käfig auf dem Platz wanderte ein Tiger, mächtiger als ein Stier, verzweifelt hin und her, ohne auch nur eine Sekunde lang zu vergessen, dass er sterblich und gefangen war.

Nach einer Woche teilte man uns mit, dass uns als Angeklagten verboten sei, die Stadt zu verlassen, und sei es auch nur für einen Spaziergang in der lauen Luft nach der Hitze des Tages. Da ging mir auf, dass wir keine Reisenden mehr waren. »Es war so weit.«

Doch in Wirklichkeit war es so weit seit Beginn unserer Expedition, ja sogar schon, bevor wir sie angetreten hatten. Eines war vollkommen klar: Man hatte uns, die wir in keine ihrer Kategorien passten, nicht einen Augenblick lang vertraut. Ich musste meine Traumwelt verlassen und mich der Wirklichkeit stellen, die eine Wiederholung des kleinen Schlafwagenabenteuers war, nur dass diesmal mehr auf dem Spiel stand. Ich hatte mich benommen wie der Tor im Märchen: Um dem Regen zu entgehen, hatte ich mich in den Fluss gestürzt. Jemand – ich glaube sogar, er selbst – hatte mir erzählt, dass die Geschichte stets das gleiche Motiv zuerst als Drama, dann als Komödie bringt. Bei mir war es umgekehrt. Mein erster Auftritt war ziemlich verwegen gewesen, und nun folgten Melodrama, Schande, Gefängnis, Elend, Fremde.

Diesmal beruhigten mich Andrés Worte nicht. Seine Intelligenz grenzte an Genialität, aber ein bisschen gesunder Menschenverstand ... Alle meine Vorfahren drehten sich weinend im Grabe um. Wenn ich um geringfügige Schwierigkeiten viel Aufhebens machte, sagte André meist zu mir: »Jetzt holst du wieder deine tragbare kleine Klagemauer hervor.« Diesmal verzichtete er angesichts unserer ernsten Lage auf diese Floskel, also holte ich guten Gewissens meine kleine Mauer hervor und klagte nach Herzenslust: Man wird uns zu ich weiß nicht wie vielen Jahren Gefängnis verurteilen, ich werde den Rest meiner Tage zwischen Krankenhaus und Gefängnis verbringen, und er übrigens auch ... Unsere Familien können nichts für uns tun, man könne aus Tausenden von Kilometern Entfernung nichts bewirken. Ich werde hier altern, wir werden hier altern, in der Hitze, schmählich gescheitert. In Paris wartet Mama auf uns. Sie hat Angst, aber sie weiß noch nichts ... Was ist ein Rechtshilfeersuchen? Wovon sollen wir am Ende des Monats die Hotelrechnung bezahlen? Man hat uns die Ausfahrten in der Kalesche verboten, aber die hätten wir uns sowieso bald nicht mehr leisten können. Alles wird immer langsamer, darüber bin ich mir im Klaren: Wir dürfen die Stadt nicht mehr verlassen, nicht mehr rauchen, nichts trinken – aber aus Alkohol machte ich mir ohnehin nichts –, ich bekomme keinen Kuchen mehr, und die Zeitungen müssen wir im Hotel lesen. Rechtsanwalt Machin hätte Spaß daran gehabt, uns zu verteidigen, aber ihn hatte die Gegenpartei bestellt; dabei hatten wir ihm bereits einiges erzählt, allerdings nicht die ganze Wahrheit. Unser Anwalt? Früher oder später müssen wir ihm sein Honorar überweisen. Vielleicht, dass Mama ... alle diese Begriffe: Rechtshilfeersuchen, Nebenpartei, Honorar ... »Sie werden in Ihrem Leben zahlreiche Prozesse haben«, hatte mir einst die Wahrsagerin prophezeit. Dies ist nun schon der zweite. Das hätte ich nie für möglich gehalten. Damals fragte ich mich: wozu das alles? Nun, heute weiß ich es: nur, um mir Schwierigkeiten zu bereiten. Die Hitze hebt meine Stimmung auch nicht gerade; die meiste Zeit liege ich auf dem Bett, schweißgebadet, und der Ventilator jagt kalte Schauer über meinen Leib. Dieses schreckliche Surren! Warum bin ich eigentlich hier? Ich habe zu viel gewollt, alles! – auch das hat die Wahrsagerin gemeint. Zu viel, alles? Mich nicht langweilen. Oh, langweilen tue ich mich nur sehr selten. Mehr noch, wir begehrten den Sieg, das Leben, er und ich. Was genau das ist, weiß ich nicht, und weiß es doch. Unsere kleine Reise in alle Richtungen geht womöglich hier zu Ende. Was ich erreichen wollte … Kommt es die anderen ebenso teuer zu stehen? Französin zu sein ist mich teurer zu stehen gekommen als die anderen; es wird mich teurer zu stehen kommen, mit ihm zu leben; eines Tages werde ich nichts mehr bezahlen können, werde alt, arm und hässlich sein, und niemand wird sich mehr mit mir zeigen; schon jetzt sind wir allein. Wenn wir, er und ich, miteinander tanzen, geht man uns aus dem Weg wie Aussätzigen.

Eines Tages wird es, jedenfalls für mich, noch schlimmer werden. Noch weiß ich es nicht, aber eines Tages werde ich Jüdin sein, eines Tages werde ich die ehemalige Frau eines einflussreichen Mannes sein, und das wird dann eine andere Variante sein, in ernsthafte Schwierigkeiten zu geraten.

Alles, was uns bleibt, sind die abendlichen Spaziergänge durch die Provinzstadt, während die Hitze langsam nachlässt. Zwölf Stunden lang muss man sich mit geschlossenen Fensterläden gegen das blendende Licht schützen, während die Sonne symbolische Gitterstäbe auf den Boden des Hotelzimmers zeichnet. Wir liegen nackt auf dem Bett und lesen. Denn wir haben eine Entdeckung gemacht, die im Augenblick ebenso viel wert ist wie jene, die wir im Dschungel hätten machen können: Phnom Penh besitzt eine sehr gut bestückte Bibliothek. So lesen wir, wir lesen alles, was man normalerweise nicht liest; listige kleine Götter verschaffen uns die Muße, die uns eine Rückkehr zu den Klassikern ermöglicht, eine eingehende Lektüre der Geschichtsschreiber und Philosophen, die Entdeckung verkannter Autoren, holpriger, aber aufschlussreicher Reiseberichte, unbekannter Korrespondenzen und gewissenhafter Berichte von Provinzgouverneuren. Danach diskutieren wir mit der Leidenschaft mittelalterlicher Theologen über das, was wir gelesen haben.

Darüber hinaus haben wir noch einen anderen wunderbaren Zeitvertreib entdeckt. Die Stadtbibliothek ist ausgezeichnet; was ihr aber völlig fehlt, sind Werke von Dichtern, zumindest von denen, die wir lieben. André besitzt ein unfehlbares Textgedächtnis, was allerdings Ereignisse betrifft, ist sein Gedächtnis deutlich schwächer, ja, bisweilen hat man den Eindruck, als vergesse er sie absichtlich, was vielleicht daran liegt, wie er sagt, dass er sich »nur an Demütigungen erinnern« kann. Mein Gedächtnis dagegen ist in allen Bereichen exzellent. Wie auch er weiß ich Hunderte von Versen auswendig – alle mehr oder weniger falsch, meint er nicht ganz zu Unrecht. So stellen wir an unseren unausgefüllten Abenden mehr schlecht als recht eine Anthologie zusammen; sie reicht von Rutebeufs:

Ce sont amis que vent emporte
Et il ventait devant ma porte
Les emporta …
(Es sind Freunde, die der Wind verweht,
Und er wehte vor meiner Tür,
Trug sie fort …)

bis zum *Émigrant de Landor Road* von Apollinaire:

Mon bateau partira demain pour l'Amérique
Et je ne reviendrai jamais
Avec l'argent gagné dans les prairies lyriques
Guider mon ombre aveugle en ces rues que j'aimais
(Mein Schiff geht morgen nach Amerika,
Und ich kehre nie mehr zurück
Mit dem Geld, erworben in den lyrischen Prärien,
Lenke nie mehr meinen blinden Schatten in diese
Straßen, die ich liebte)

In einem Land, in dem die Bäume ihre Blätter nicht zur
gleichen Zeit verlieren, scheint die Zeit stehen zu bleiben.
Sind wir seit vierzehn Tagen oder seit einem Jahr hier
eingesperrt? Monsieur Manolis klärt uns auf: Er präsentiert uns eine Rechnung, die eindeutig beweist, dass wir
zwar dank einer Überweisung meines Schwiegervaters
die Hotelkosten für die ersten drei Wochen bezahlt, aber
nun seit mehr als drei Wochen versäumt haben, diese
Formalität zu erledigen. Auf einen fragwürdigen Diebstahl folgt nun das klassische Delikt der Zechprellerei.
Aber was bleibt uns anderes übrig? Sollten wir uns mit

geschnürtem Bündel an der Gefängnispforte melden und um Aufnahme bitten? Das wäre doch etwas zu viel verlangt. Für das Gefängnis bleibt noch Zeit genug. Da habe ich eine geniale Idee.

Es war auch höchste Zeit. Wir besaßen keinen Sou mehr, und die Rechtshilfeersuchen hatten zu erbärmlichen Resultaten geführt. Die einen behaupteten, nicht zu wissen, dass mein Gefährte Schriftsteller sei, die anderen sagten, er sei ein notorischer Faulenzer und ließe sich von meiner Familie aushalten; wieder andere förderten verzerrte Erinnerungen zutage an Begebenheiten aus unserem Alltagsleben, zum Beispiel daran, dass er einmal den Nachtwächter unseres Hauseingangs etwas brutal vor die Tür gesetzt hatte, weil dieser im Vollrausch meine Mutter mit irgendwelchen albernen Forderungen belästigen wollte.

Diese letzte Aussage bewies, dass Nachforschungen angestellt worden waren, dass also meine Familie informiert war über etwas, von dem ich wünschte, sie würden es nicht erfahren: unsere Verhaftung. Dann fand man heraus, dass wir das Fell des Bären hatten verkaufen wollen, noch bevor das arme Tier erlegt war, also dass wir versucht hatten, mit Händlern in Verbindung zu treten, die an unseren eventuellen Schätzen interessiert sein konnten. Kurzum, wie wir von unserem Anwalt erfuhren, waren die Aussagen insgesamt äußerst belastend und widersprachen unseren eigenen Erklärungen. Denn am Tag nach der Entdeckung unserer Devatas in ihren Kisten aus wohlriechendem Holz hatten wir beschlossen – oder vielmehr beschlossen mein Gefährte und der Farblose in gemeinsamem Einverständnis –, dass Letzterer die Verantwortung für unsere sogenannte Plünderung allein auf sich nehmen sollte. Von uns Dreien sollten möglichst zwei auf freiem Fuß bleiben, um notfalls irgendeine einflussreiche Persönlichkeit zu veranlassen, sich für uns einzusetzen; oder wenn sich das Blatt zu sehr zum Schlechten wendete, was uns damals unwahrscheinlich schien, sollte wenigstens einer übrig bleiben, um für den oder diejenigen zu sorgen, die eine bestimmte Zeit zur Passivität verurteilt waren. Als der bei weitem Umsichtigste von uns Dreien sollte mein Gefährte diese Chance bekommen.

Mein »genialer« Einfall war also aus der Not geboren. Am selben Tag, als ich ihn hatte – aber eigentlich war der Auslöser das, was ich nun erzählen möchte –, erhielt ich einen kurzen, offensichtlich diktierten Brief von meiner Mutter, in dem sie meine Scheidung verlangte. Der unpersönliche Ton verriet, wie verstört Mama sein musste. Wahrscheinlich warf man ihr vor, sie sei mir gegenüber immer zu nachgiebig gewesen und habe mich überhaupt den anderen vorgezogen – was vielleicht stimmte und worunter mein älterer Bruder, wie mir plötzlich klar wurde, bewusst oder unbewusst gelitten hatte.

Den Brief noch in der Hand, heulte ich wie früher als kleines Mädchen.

Einer von uns musste unbedingt nach Frankreich zurückkehren, um unsere Gönner – denn die gab es – zu alarmieren; außerdem musste derjenige zu Geld kommen, damit wir wenigstens die Anwälte bezahlen konnten, was unerlässlich wurde. Aber wie sollte man das in Phnom Penh unter den gegebenen Umständen erreichen?

Bis dahin hatte ich in unserer Ehe selten die Initiative ergriffen, aber von dem Augenblick an, da ich meinen »Einfall« in die Tat umsetzte, bis zu dem Moment, da ich meinen Gefährten in Marseille abholte, hielt ich die Fäden in der Hand; trotz meiner wohlbekannten Bescheidenheit muss das einmal gesagt werden. Genau wie damals, als man meiner Familie die Staatsbürgerschaft aberkennen wollte und ich mich nach Kräften dafür einsetzte, ihr aus der Notlage zu helfen, setzte ich mich für unsere Sache ein und bediente mich, den Umständen und Erfordernissen entsprechend, wiederum der Mittel, die mir gerade zur Verfügung standen.

Auch mein Einfall war ein solcher Notbehelf. Ich muss zugeben, dass er mich, die ich nach unbedingter Aufrichtigkeit strebte, seltsamerweise zur Lügnerin machte. Ich hatte immer unter den »Beschönigungen« meines Gefährten gelitten, und nun begann ich selbst – zu unserem Besten –, unsere Umgebung ständig zu belügen; dass mir dies so gut gelang, überraschte mich nicht sonderlich, denn ich hatte mich zuvor nur so krampfhaft an die Wahrheit gehalten, weil ich eines Tages bemerkt hatte, dass mir die Heuchelei allzu leicht fiel. Nachdem ich, der Not gehorchend, diese Richtung eingeschlagen hatte, war es für mich nicht schwer, sie beizubehalten. Manchmal sah ich darin sogar eine angenehme Entspannung. Wie konnte ich unter diesen Umständen meinem Gefährten vorwerfen, dass er sich im Netz seiner schönen Worte verstrickte? Vielleicht gerade deshalb …

Oder weil seine fiktive Welt, seine euphemistische Darstellung der Realität fast immer für ihn sehr vorteilhaft war und ihm die gleiche herrliche Rolle bescherte, die sich auch Kinder in ihren Geschichten zuteilen. Vielleicht litt ich unter diesem Spiel mit der Fiktion nur, weil sich damit ein gewisses Misstrauen mir gegenüber verband, weil sich sein Urheber damit einen unfairen Vorteil verschaffte, weil es nicht unbedingt von Kameradschaft zeugte …

Mein Einfall? Hier ist er: Ich wollte einen Selbstmordversuch vortäuschen. Natürlich sollte er ungefährlich sein. Bewusst wollte ich es jedenfalls so. Was aber wollte mein Unterbewusstsein? Was wäre geschehen, wenn das vorgetäuschte Unglück geglückt wäre? Denken wir nicht daran, und wenden wir uns den Tatsachen zu. Das Ganze war ziemlich einfach. Wie überall konnte man damals auch in Kambodscha Gardenal ohne Rezept kaufen. Ich ließ Xa – er arbeitete weiterhin für uns und bestand auch nicht darauf, entlohnt zu werden – beim nächsten Apotheker zwei Röhrchen Schlaftabletten holen; vor dem Abendessen schützte ich dann mit Wissen meines Gefährten Migräne vor, um nicht in den Speisesaal hinuntergehen zu müssen.

Ein seltsames Gefühl, diese weißen Tabletten in den Händen zu halten. Sie bedeuteten Freiheit. Welche Freiheit? Die, nach Europa zurückzukehren, zu handeln. Oder die andere, endgültige, die man sich vorstellen kann, wie man will, weil man nichts darüber weiß. Ein Röhrchen? Anderthalb Röhrchen? Das Wasser ist milchig weiß, trüb, klumpig und schmeckt bitter. Das

Glas in meiner Hand zittert. Wir haben uns auf eine bestimmte Menge geeinigt, aber jeder Organismus reagiert anders. In etwa zehn Minuten muss André zurückkommen. Aber wenn er von irgendjemandem, durch irgendetwas aufgehalten wird? Fast willenlos lege ich mich aufs Bett. Die leeren Röhrchen sind im Waschbecken; wir müssen sagen können, dass sie den Verdacht meines Gefährten geweckt haben. Und ich warte mit starkem Herzklopfen, dabei weiß ich mit Sicherheit, dass mein Trank seine Wirkung noch nicht getan haben kann.

Zehn Minuten lang komme ich mir mal bemitleidenswert und dann wieder komisch vor. Wenn das Mitleid zu lange anhält, gebe ich mir einen Ruck. Ich bin gerade wieder an diesem Punkt angelangt, als sich die Tür öffnet. Die besten Komödien sind jene, von denen sich die Schauspieler mitreißen lassen. Ich muss unter meinem nicht zugezogenen baldachinartigen Moskitonetz ziemlich grün aussehen. Die Tabletten, die in den Röhrchen zurückgeblieben waren, hatten sich im Wasser aufgelöst. Als mein Gefährte die leeren Röhrchen sieht, gerät er in helle Aufregung: »Du hast zu viel genommen!« Halb entkleidet, schreit er im Flur um Hilfe, ruft nach einem Arzt. Nachdem ich meine Rolle gespielt habe, interessiert mich das alles nicht mehr.

Ein langsamer, trauriger Zug bewegt sich auf das Krankenhaus zu. Auf der Bahre, getragen von zwei leichtfüßig einherschreitenden Männern, genieße ich lässig wie ein König den wiegenden Rhythmus. Aus dieser Perspektive sieht die Stadt ganz anders aus, die Bäume sind höher geworden. So viele Männer für mich allein, ein Arzt, Sanitäter, mein Gefährte und, direkt hinter meinem Kopf, Xa, der weinend – er weint tatsächlich – immer wiederholt: »Du bist böse, du bist böse, warum hast du mich dieses schlechte Medikament kaufen lassen?«

Ich kann es ihm leider nicht erklären …

Das Auspumpen des Magens blieb mir erspart, wahrscheinlich weil das Krankenhaus von Phnom Penh nicht über die notwendigen Geräte verfügte. Aber auch ein Brechmittel reichte aus, um mich erschöpft auf mein Bett sinken zu lassen, so erschöpft, dass mich keine Sorge mehr auch nur ansatzweise abzulenken vermochte. Dann entdeckte ich, dass mein vorgetäuschter Versuch mir nicht die erhoffte Befreiung bringen würde: Auch hier bewachte man mich, und die einzige Besserung unseres gemeinsamen Schicksals bestand darin, dass wir von nun an beide im Krankenhaus untergebracht waren, wo man, so nahmen wir jedenfalls an, nicht gleich mit Rechnungen auf uns zukommen würde. Unser Zimmer? Ein riesiger Raum, dessen Fenster sich auf einen Balkon öffneten, der um einen kleinen Hof herumlief.

Wir haben nur das Gefängnis gewechselt. Dieses hier ist für mich noch schlimmer, da ich, im Gegensatz zu meinem Gefährten, das Haus den ganzen Tag nicht verlassen darf. Er muss sogar seine Mahlzeiten wohl oder übel außerhalb zu sich nehmen: Manolis präsentiert seine Rechnungen, gibt uns jedoch weiterhin Kredit. Da fasse ich im Laufe einer Nacht den Entschluss, mich weiter zu verstellen, um mein Ziel – die Freiheit – zu erlangen; Anklage und missglückter Selbstmordversuch reichen aus als Gründe für eine gewisse Geistesverwirrung.

Ich werde also leichten Gedächtnisschwund simulieren. Eine Anekdote aus unserer Familiengeschichte kommt mir dabei zu Hilfe. Mein Onkel M., der überzeugter Antimilitarist war, meldete sich während des Krieges bei seinem – zudem noch preußischen – Stabsarzt und erklärte in aller Unschuld, er sei schwanger. Mit diesem einfachen Trick hatte er Erfolg: Die Armee lehnte einen Mann mit einer so befremdlichen Krankheit ab. Ich werde mich also ziemlich normal benehmen, aber so tun, als glaubte ich, in Europa zu sein.

Es folgen nun unendlich lange Tage, an denen ich fast kein Wort spreche, außer wenn mein Gefährte und ich allein die Mittagszeit miteinander verbringen. Während der übrigen Stunden, wenn die Sonne durch die geschlossenen Läden ins Zimmer fällt, lese oder übersetze ich das Tagebuch eines halbwüchsigen Mädchens, das ich auf unserer gemeinsamen Deutschlandreise gekauft hatte. Ich brauche das Gefühl, etwas anderes leisten zu können, als nur Komödie zu spielen, sonst werde ich am Ende tatsächlich verrückt. Ich übertrage also diese Memoiren von einer Sprache in die andere. Heimlicher noch, da André nichts davon weiß, kritzle ich hin und wieder ein paar Sätze meines späteren Rechenschaftsberichts. Um durchzuhalten, brauche ich die Hoffnung, eines Tages wieder mit anderen verkehren zu können.

Mein Gefährte versorgt mich mit Büchern aus der Bibliothek. Der ganze Nietzsche defiliert über meine Bettdecke beziehungsweise verschwindet darunter, sobald ich Schritte höre. Wenn wir allein sind, diskutieren wir eifrig. Durkheim und Lévy-Bruhl begeistern uns. Tagelang erwähnen wir mit keinem Wort die Vorfälle vor unserem Aufenthalt hier, den Prozess oder die Taktik, mittels derer wir uns aus der Affäre ziehen könnten. Parallel zu diesem Abenteuer läuft ein zweites: die faszinierende Auseinandersetzung zwischen uns beiden und unsere Begegnung mit der geschriebenen Vergangenheit, dem Einzigen fast, das uns geblieben ist.

Seltsamerweise dringt die Außenwelt bis zu uns. Es macht einen Unterschied, ob man Fragmente von Tscheu-Ta-Kuan oder von Hiuang-Tsang in Kambodscha liest oder in Paris. Durch die Straßen gehen, andere Gesichter enträtseln als die, die uns in unserer Jugend umgaben; inmitten neuer Geräusche leben, Gesprächsfetzen aufschnappen, Gebärden und Blicke wahrnehmen: Wie viel mehr wissen wir über die Welt der Kolonien als bei unserer Abreise aus Europa! Fast ohne es zu wollen, haben wir das gedemütigte Asien kennengelernt.

Zwei Welten, die der Sieger und die der Besiegten, treffen aufeinander, ohne zu verschmelzen. Und Letztere reagieren nicht, wie wir es an ihrer Stelle getan hätten. Lärmend schreien sie sich auf den Märkten heiser, ihre Frauen öffnen die dunklen Münder, um lauthals zu lachen, den Kopf mit den aufgetürmten Haaren weit in den Nacken geworfen. Im Umgang mit den Weißen aber werden sie still und schleichen sich in die Häuser, mit wachsamen Augen und geheuchelter Gleichgültigkeit.

Wir hören sehr grausame Geschichten, niemand weiß, wie und wo sie entstehen – aber vielleicht erfahren wir nur davon, weil wir auf der Seite der Besiegten stehen. Man erzählt uns von einem gewissen D., der für die Folterungen in Poulo-Condor verantwortlich war, aber dessen ungeachtet mit dem Gouverneur befreundet ist und sich nicht scheut, sich bei Spazierfahrten öffentlich in seinem Wagen zu zeigen. Es zirkulieren grausame Geschichten über ihn. Nach dem Aufstand der Sträflinge – die Rebellen, wenn nicht sogar Revolutionäre waren – wurden einige von ihnen auf seinen Befehl bei lebendigem Leibe bis zum Hals eingegraben. Auf ihre Köpfe, die aus dem Boden ragten, wurde ein Schwarm gefräßiger roter Ameisen losgelassen. Wie kommt es, dass ich plötzlich die Hymne all jener kenne, die ihre Freiheit im eigenen Land wiedererkämpfen wollten? Ohne danach zu fragen, erfahre ich in meiner Isolierung jeden Tag von rechtswidrigen Maßnahmen gegen Einzelne oder ganze Gemeinschaften. Eines Tages erzählt man mir, dass der Mann, der letztes Jahr in Schanghai auf den Gouverneur von Cochinchina schoss – es geschah während eines Banketts, und dem Vertreter Frankreichs fiel nichts Besseres ein, als sich unter der Festtafel zu verkriechen –, ein annamitischer Bauer war, der infolge einer Reihe völlig unhaltbarer Gesetze sein Land verloren hatte. Ich war genug durch die Straßen gelaufen, um die Arroganz der Kolonialherren zu spüren, die meine Landsleute an den Tag legen; ich habe ihre Klagen darüber gehört, dass sie nicht verstanden würden von Menschen, die sie selbst nie zu verstehen versucht hatten. Und nach alldem wollten sie mir weismachen, dass man nur mit der Knute gegen die Faulheit der »Eingeborenen« ankommen könne. Ich habe gehört, dass der Verwalter eines Bungalows in Siam-Reap sich strafbar macht, wenn er es wagt, einen Annamiten aufzunehmen, weil das als Beleidigung des weißen Mannes galt. In den Zeitungen las ich zwischen den Zeilen von skandalösem Menschenhandel; meine Ahnung wurde bestätigt, als ich mit eigenen Augen sah, wie diese bedauernswerten Menschen ein Schiff bestiegen, weil sie einen Arbeitsvertrag unterschrieben hatten, dessen Inhalt sie nicht kannten. Aber Andrée Viollis hat besser über den Sklavenhandel mit »Gelbhäutigen« berichtet, als ich es tun könnte. Außerdem gibt es Gelbhäutige, die sich noch gut daran erinnern, dass sie während des Krieges für Frankreich gekämpft haben – sie waren zwar keine Franzosen, aber dennoch gut genug, Frankreich zu verteidigen. Einige Dörfer waren von Amts wegen dazu bestimmt, soundso viel Kanonenfutter zu liefern; die Flüchtigen wurden verfolgt, gestellt und auf Schiffe verladen. Und dann gibt es noch den Friedhof in der Nähe von Fréjus, wo in fremder Erde Tausende von Menschen begraben sind, die nicht einmal mehr dazu kamen, Soldaten zu werden, weil die kalten Herbstnächte, die sie am Meeresstrand in Zelten verbringen mussten, sie bereits vorher dahinrafften. Hätten sie überlebt, so wären sie deswegen noch lange nicht als Franzosen angesehen worden. Aus Büchern und Gesprächen weiß ich, dass Annamiten normalerweise nicht studieren dürfen, und falls doch, bekommen sie eine Ausreisegenehmigung zu diesem Zweck nur, wenn sie sich als loyal erwiesen haben. Wir bilden wenige Führungskräfte aus, und diese wenigen werden ausgewählt aus den Reihen der falschen Aristokratie unserer Kollaborateure.

Die Unterhaltungen mit meinem Gefährten hatten sich bisher hauptsächlich um Kunst und Geschichte gedreht, manchmal auch um Philosophie. Die Menschen, die sogenannten Normalsterblichen, die mit aller Kraft um ihr Leben kämpfen, interessierten ihn kaum. Beachtung verdiente aber, dass diese Menschen über ihr Dahinvegetieren hinaus und fast gegen ihren Willen Mythen entstehen ließen, umso mehr noch, als diese Mythen einigen Auserwählten zu ihrer stolzen Gesinnung verhelfen konnten. Zu jener Zeit glaubte mein Gefährte an eine Rangordnung, allerdings nicht an eine soziale, sondern an eine Hierarchie, die sich in erster Linie an dem Wertesystem Nietzsches orientierte. Bevor er sich gegen die »condition humaine«, gegen die Lebensbedingungen des Menschen, auflehnte, bevor er daran dachte, sie zu verbessern, akzeptierte er eine Ordnung, die den Sieg des Stärkeren ermöglichte und garantierte. Die Würde einiger war ihm wichtiger als das Glück vieler. Der gewöhnliche Sterbliche war für ihn mehr oder weniger eine Marionette, die sich ohne Rechtfertigung und ohne Individualität bewegt. Er erwartet auch keinerlei Sympathie von ihm. Wie könnte ich vergessen, wie er mir eines Tages belustigt erklärte: »Ich bin sehr gern unbeliebt.« Wenn ich ehrlich bin, muss ich zugeben, dass es mir ein gewisses Vergnügen bereitete, in diesem Punkt vom Rest der Menschheit ausgenommen zu sein. Was mich anbetraf, hatte seine Wahl etwas Absolutes. Bis zu unserer Begegnung hatte er wenig Zeit gehabt, über die Liebe nachzudenken. Sie war für ihn, wie er ein Jahr später schreiben sollte, »eine große musikalische Kurve oder eine Fieberkurve, die unserem Leben zugrunde liegt«.

Ich dagegen brauchte nach wie vor die Zuneigung anderer Menschen, und ich litt noch immer auch unter dem Leid der anderen. Später, Jahre später, als wir uns trennten, rief er schmerzlich aus: »Und ich glaubte lange Zeit, du wärst besser als ich.« War ich es wirklich? Ich weiß es nicht. Ich weiß nur eines: dass ich ihm geholfen habe, sich seiner eigenen Güte nicht zu schämen. Zweifellos half ich ihm auch, die Revolution anders anzugehen als nur im Sinne von Maurras, aber das gelang ihm erst richtig, als er an der Seite der Schwachen gegen einen gemeinsamen Feind kämpfte. Als wir etwa ein Jahr nach dem Ende unserer »Gefangenschaft« in Phnom Penh Mitglieder der Kuomintang-Partei von Cholon-Saigon wurden, sagte er es selbst zu jenen, die uns aufnahmen: »Wir haben gemeinsame Feinde.«

Einen Monat, zwei Monate eingesperrt im Krankenhaus. Jeden Abend gegen fünf besucht mich Xa. Die Augen voller Zuneigung, bringt er mir jedes Mal ein Geschenk mit, mal einen chinesischen Kuchen, mal eine Mango oder eine Mangostanfrucht, mal eine Blume oder einen Zweig. Eines Tages setzt er ein kleines Mädchen mit strähnigem Haar auf mein Bett: »Sie ist ein Mischling«, erklärt er, »ich dachte, es würde dich freuen, sie zu sehen.« Ja, es macht mir tatsächlich Freude, das zierliche und lebendige kleine Wesen mit dem geschmeidigen Körper einen Augenblick lang zu betrachten. Xa versetzt mich oft in Erstaunen. Er hatte mir tatsächlich einige Tage nach meiner Einlieferung ins Krankenhaus den Vorschlag gemacht – nachdem er endlich begriffen hatte, dass wir, so unfassbar es für ihn war, arme Franzosen sind –, irgendwo eine Stellung anzunehmen und dann gleich um einen Vorschuss zu bitten, den er mir überlassen würde. Danach hätte er seelenruhig seinen neuen Herrn verlassen, um seine Stellung bei uns wiederaufzunehmen. Es kostete mich einige Mühe, ihn zu überreden, nur den ersten Teil seines Plans auszuführen.

Um ihn zu trösten, erzähle ich ihm bei seinen täglichen Besuchen, dass ich ihn nachkommen lassen möchte, sobald in Frankreich wieder alles geregelt sei. Schon informiert er sich über unser Land in Bildbänden, die wir ihm aus der Bibliothek mitbringen. Einmal glaubt er, mich bei einer Lüge ertappt zu haben; ich hatte ihm nämlich erzählt, die Häuser in Europa seien bis zu fünf oder sechs Stockwerke hoch: Er kommt auf zwölf, als er die Giebel eines Straßburger Gebäudes zählt.

Eines Tages fragt er, nachdem er endlich über alles aufgeklärt ist, warum ich ihn bei unserem Aufbruch in den Dschungel nicht in unseren Plan eingeweiht habe. Ich will ihn nicht verletzen und versuche ihm klarzumachen, dass es eine heikle Angelegenheit war. »Ich«, erklärt er selbstsicher, »hätte Köpfe aufgetrieben, ohne dass irgendjemand davon erfahren hätte.« – »Das sagst du so!« – »Willst du noch welche?« Warum eigentlich nicht? Ich will ihm gern mein Vertrauen schenken. Wagen wir also das Experiment. Eine Woche später besteht das Geschenk Xas aus einem Asparakopf, etwa im gleichen Stil wie jene, die wir uns angeeignet hatten und die man uns wieder weggenommen hatte, sowie einer etwa sechzig Zentimeter großen Statue der Gottheit Harihara, einem immerhin ziemlich seltenen Stück.

Auf meine Bitte hin versteckte Xa sie in unseren Koffern, aus denen ich sie abends wieder herausholte, selig, dass mir eine Art Husarenstreich geglückt war: Ich war in den Besitz ähnlicher Objekte gelangt wie jene, die uns so viele Unannehmlichkeiten bereiteten. Diese Objekte nahmen wir nach Europa mit, wo uns jedoch kurz nach unserer Rückkehr die Geldnot zwang, sie zu verkaufen.

Drei Monate im Hotel, drei Monate im Krankenhaus, die Regenzeit hatte begonnen. Vier Krankenpflegerinnen lösen sich an meinem Bett ab: Oberschwester Elisabeth, fünfzig Jahre alt, Christin, als Hinduistin in Pondichéry geboren. Ihr schon von grauen Haaren umrahmtes dunkelhäutiges Gesicht ähnelt sehr dem meiner Mutter. Ich habe es gern, wenn sie mich in ihre Arme nimmt. Maria, ebenfalls aus Pondichéry, ist um die zwanzig. Sie ist stolz darauf, katholisch zu sein, und bezeichnet Kambodschaner und Annamiten unterschiedslos als Heiden. Ihre europäische Kleidung unter dem weißen Kittel lässt sie vergessen, dass sie hässlich und noch unberührt ist. Jede ihrer Gesten offenbart ihre Einfalt. Touit, eine Kambodschanerin, ist perfekt, zumindest körperlich: ein äußerst weiblicher kleiner Körper, runde Schultern über einem weißen Oberteil, hübsche nackte Beine unter dem Sarong, der wie eine bauschige Hose aussieht, kurz geschnittenes, leicht gewelltes Haar und ein Mund, dessen Winkel nach oben zeigen wie bei unseren Devatas. Alles scheint ihr Spaß zu machen, außer der Arbeit. Nachmittags setzt sie sich manchmal neben mein Bett, und wir plaudern. Sie erzählt mir eine Geschichte: »Unter dem Mekong gibt es eine Stadt, die nur von Frauen bewohnt ist. Jedes Mal, wenn ein Kind zur Welt kommt, ist es ein Mädchen.« – »Aber Touit, mit wem zeugen sie denn diese Kinder, wenn es dort nur Frauen gibt?« – »Mit dem Wind«, sagt Touit und öffnet ihre schimmernden Arme, um diesen herrlichen Liebhaber zu empfangen.

Oberhalb meines Zimmers befindet sich die Entbindungsstation. Nächtelang dringen daraus Schreie, die mich für immer davon hätten abhalten können, selbst zu gebären. Dann gibt es Tage, an denen man nichts als die Trippelschritte der Krankenschwestern hört, obwohl ich weiß, dass gerade eine Frau dabei ist niederzukommen. Touit erklärt mir, dass es sich in diesen Fällen bei der Gebärenden um eine Annamitin handelt. »Die Annamiten«, sagt sie, »leiden nicht bei der Niederkunft, die auch nur höchstens eine Stunde lang dauert. Bei den Hinduistinnen hingegen sind die Geburten lang und schmerzhaft. Für uns, die Kambodschanerinnen, liegt es genau dazwischen.« All das erfüllt mich mit Staunen.

All das gab es, aber dann auch wieder, stundenlang, nichts als ein weißer Würfel, in dem ich mich mit meiner Verzweiflung herumschlug.

Was vermag ein Mensch? Das hatten wir uns oft gefragt. Ich wusste, dass unser Abenteuer keine Antwort auf diese Frage war und auch nicht gewesen wäre, wenn wir Erfolg gehabt hätten. Stattdessen hatten wir, gerade weil wir uns uneingeschränkte Handlungsfrei-

heit erobern wollten, diese in einzigartiger Weise einge-
schränkt. Mein Gefährte – und die Zukunft bewies, dass
ich recht hatte – war anders als die anderen und verdiente
deshalb, dass man ihm jede Möglichkeit zur Entfaltung
gewährte, selbst auf Kosten einiger Verstöße gegen die
geltenden Regeln.

Wenn man sich nicht unterordnen will, muss man ent-
weder sehr stark oder sehr geschickt sein, aber wir waren
weder das eine noch das andere. Raskolnikow, Nietzsche,
Julien Sorel, der andere Sorel und Rastignac spukten in
meinem Kopf herum. Die in Frage gestellten Werte ver-
teidigten sich nach Kräften. Dagegen brach unsere eigene
Verteidigung zusammen: Die Banken schickten Konto-
auszüge, auf denen sich unser Ruin in einer Kurve abzeichnete, steil abfallend wie ein Bergpfad. Keine Zeu-
genaussage oder frühere Arbeiten bestätigten, dass unsere
plötzliche Leidenschaft für die Khmerkunst gerechtfer-
tigt war. Allerdings, und das freute uns, waren bei der Familie meines Gefährten noch keine Ermittlungen angestellt worden. Man hatte sich an meine Familie gehalten,
weil wir dort wohnten. Plötzlich entdeckten meine Brüder, dass sie keine Ahnung hatten von der sozialen Stellung des Mannes, den ich eines schönen Tages ins Haus
gebracht hatte. Nachträglich entrüsteten sie sich nun über
ihn und lehnten den Eindringling kategorisch ab, der sich
bei ihnen eingeschlichen hatte, indem er ein junges Mädchen verführte, dem der Krieg und die Nachsicht einer
Mutter übermäßige Freiheit gewährt hatten.

Ab und zu kam ein Brief aus Frankreich – alle waren
für meinen Gefährten bestimmt und mal von seiner

Mutter, mal von seinem Vater abgeschickt. Für mich kam nichts. Ich rettete mich darüber hinweg, indem ich mit kaum gespielter Überraschung zu Schwester Elisabeth sagte: »Ich frage mich wirklich, warum Mama mich nie besuchen kommt. Mit dem Zug ist es nur eine knappe halbe Stunde vom Krankenhaus bis nach Hause.« Damit war meine Position wieder für ein oder zwei Tage gefestigt.

Vielleicht hätte mein Gefährte versuchen sollen zu fliehen? Er hätte den Dschungel durchqueren müssen, um Siam zu erreichen, denn die Schiffe wären sicher kontrolliert worden. Aber wie sollte ein einzelner Weißer nach Siam gelangen, ohne Aufmerksamkeit zu erregen? Wie sollte er durch den Dschungel das Dangrekgebirge erreichen? Wir spielten mit dem Gedanken, ihn als Bonzen zu verkleiden. Es gibt nämlich auch hochgewachsene Kambodschaner mit verhältnismäßig heller Hautfarbe. Und die Augen konnte man hinter einer dunklen Brille verbergen. Aber was nützt das schon, wenn man die Landessprache nicht beherrscht... Wir mussten uns etwas anderes einfallen lassen. Ich entschloss mich, in Hungerstreik zu treten. Durch Hitze, Fieberanfälle und mangelnde Bewegung hatte ich ohnehin den Appetit verloren; deshalb fiel es mir selbst in den ersten Tagen, in denen der Hunger wirklich quälend ist, nicht allzu schwer, ihn zu überwinden. Als einzige Unterbrechung, und um den Durst, der mit Wasser nicht zu löschen war, ein wenig zu lindern, erlaubte ich mir täglich den Saft von vier Orangen. Zumindest in den ersten Tagen erregte diese seltsame Diät bei meinen Pflegerinnen kein Aufsehen. Sie hatten schon anderes erlebt. Mein Gefährte dagegen war etwas skeptisch. Nachdem mein vorgetäuschter Selbstmordversuch mehr oder weniger gescheitert war, erschien ihm der Erfolg ungewiss. Außerdem befürchtete er, dass ich, selbst wenn ich mein Ziel erreichte, nur mühsam wieder zu Kräften käme. Ich aber verließ mich auf meine Fähigkeit, mich schnell zu erholen.

Tagelang lag ich auf dem Bett, ohne etwas zu mir zu nehmen, und verlor dadurch völlig das Gefühl für Zeit und Wirklichkeit. Wie kann man nur essen wollen? Man muss ja verrückt sein, um an einer so anstrengenden Sache wie dem Kauen Gefallen zu finden: kauen, spüren, wie sich ein Geschmack im Mund verbreitet, das Gekaute hinunterschlucken, um gleich den nächsten Bissen in der kleinen Höhle zwischen den Zähnen zu zermalmen, in der der Speichel alles zu einem ekligen Brei verwandelt. Ich mache niemandem etwas vor, wenn ich die vollen Teller angewidert von mir schiebe. Man versuchte sogar, mich mit Spargel aus Dalat, der ein Vermögen gekostet haben muss, zu ködern. Nacheinander kamen Schwester Elisabeth, Maria, Touit, Bah und Xa wie die Bürger von Calais und baten mich, mit mir selbst Erbarmen zu haben, zogen sich dann aber ratlos zurück. Ich will nichts, nichts mehr, vielleicht nicht einmal mehr nach Frankreich zurückkehren. Ich bin so leicht, dass die Matratze unter mir kaum nachgibt. Warum quält man mich? Ich beklage mich nicht, im Gegenteil, mein Körper setzt sich zur Ruhe, in meine Seele kehrt Frieden ein. Das scheint nicht in ihrem Sinne zu sein, denn sie traktieren mich weiterhin mit Spritzen. Die einen enthalten ein Chininsurrogat gegen Malaria, andere Kampfer oder Kochsalzlösung. Unter meiner Haut bilden sich Bläschen, die mir Schmerzen bereiten und mich zwingen, meine Lage im Bett zu ändern. Der Zeiger der Waage senkt sich: vierzig Kilo, neununddreißig, achtunddreißig. Der Arzt macht eine so bekümmerte Miene, dass ich ihn am liebsten trösten möchte. Er kann ja nichts dafür. Aber da wird er böse und spricht von Zwangsernährung. Diesmal werde ich nachgeben.

Jeden Abend, genau vor Sonnenuntergang, mache ich, von meinem Gefährten gestützt, mit schleppenden Schritten meinen Gefangenenrundgang. Schon vor Ende der ersten Runde bin ich erschöpft. Wenn ich im Liegen weiterhin annähernd ich selbst bin, so ist das Stehen für mich nur eine verzweifelte Anstrengung, nicht zu fallen. Ich höre André über meinem Kopf sprechen. Er tut gut daran, seine gewöhnliche Meditation mit lauter Stimme fortzusetzen. Würde er aufhören, so wäre es, wie wenn ein Leuchtturm an der Hafeneinfahrt sein Feuer plötzlich einstellte: Ich wüsste nicht mehr, wo ich bin. Wenn er spricht, bin ich sicher, dass wir zusammen sind, auch wenn ich seine Worte kaum verstehe. Und plötzlich höre ich, wie er sagt: »Das Entscheidende ist doch die Frage, wie der Mensch des Orients sich auf die Notwendigkeit einstellt, ein Individuum zu werden.«

Nein, dreimal nein, das ist nicht das Entscheidende; das Entscheidende ist, dass ich nur noch sechsunddreißig Kilo wiege, dass ich die Glocken der Ewigkeit läuten höre, dass ich nicht mehr weiß, weshalb ich an diesem dummen Ort bin.

Wahrscheinlich habe ich geweint, denn aus der Dunkelheit, die sich über uns gesenkt hat, dringen beruhigende Worte zu mir. »Du darfst den Mut nicht verlieren, ich werde bestimmt noch ein richtiger Gabriele D'Annunzio.«

Was verlieh mir die Kraft, loszuschreien, dass ich mich den Teufel um Gabriele D'Annunzio, diesen abstoßenden Clown, scherte?

Das Komische daran ist, dass »die Frage, wie der Mensch des Orients zum Individuum werden kann«, das Problem unseres Jahrhunderts geworden ist. Und das Allerkomischste ist vielleicht, dass er tatsächlich zu einem richtigen Gabriele D'Annunzio geworden ist.

»Eine Frau ist dazu angehalten, ihrem Mann überallhin zu folgen.« Aufgrund dieses Postulats kann ich nicht dafür zur Verantwortung gezogen werden, dass ich beim Raub der Basreliefs dabei war. Das nenne ich eine raffinierte Argumentation. Ich hatte dem freundlichen kleinen Richter, der mir bei unserer zweiten Besprechung aus Rührung oder aus Verärgerung über mein ununterbrochenes Schniefen sein Taschentuch reichte, nicht so viel zugetraut, jetzt sitzt er an meinem Bett und verliest mit besänftigender Stimme einen Gerichtsbeschluss, in dem es heißt, dass die Anklage gegen mich zurückgezogen wird. Solange er da ist, fällt es mir leicht, Gleichgültigkeit zu heucheln. Und doch bedeutet sein kleiner Vortrag: »Sie sind frei.« Elisabeth sprach es noch einmal für mich aus, doch ich dachte: »Man ist nie frei«, aber das war nur ein dummer Reflex. »Sie sollten das nächste Schiff nehmen, das in acht Tagen geht. Sie sollten Ihrer Familie telegrafieren, damit sie Ihnen die Mittel für die Heimreise schickt.« Ach ja, man braucht auch eine Fahrkarte und Geld. Teils freiwillig, teils unfreiwillig, bin ich noch immer geistesabwesend. Aber etwas später bin ich zum ersten Mal seit zwölf Tagen bereit, ein paar Löffel Suppe zu mir zu nehmen, die ich nur unter Mühe nicht wieder von mir gebe. Dann dränge ich meinen Gefährten, ein Telegramm aufzusetzen, in dem ich die Einstellung des Prozesses mitteile und um das Geld zur Begleichung unserer Schulden und für meine Rückreise bitte. Als Antwort treffen unverzüglich eine Fahrkarte, ein Scheck für das Krankenhaus und ein wenig Taschengeld ein, das ich zum größten Teil meinem Gefährten überlasse, weil ich der Meinung bin, dass er es dringender benötigt als ich – womit ich mich allerdings täuschte.

Fünf Tage habe ich Zeit, um mich von einer Welt auf eine andere umzustellen. Werde ich mich noch in einer Straße bewegen können? Im Krankenwagen wird man mich nach Saigon transportieren, aber dann werde ich auf mich selbst gestellt sein und versuchen müssen, wieder wie ein Erwachsener zu handeln. Durch Essen komme ich nicht wieder zu Kräften. Vielleicht ist es besser so. Wie könnte ich ohne diesen Nebel in meinem Inneren allein aufbrechen und den Mann zurücklassen, mit dem ich dieses herrliche und absurde Abenteuer gewagt habe? Mit der Niederschlagung meines Prozesses wurde auch das Ermittlungsverfahren abgeschlossen. Etwa vierzehn

Tage nach meiner Abreise soll der Prozess stattfinden. »Es sieht gut aus«, meint mein Gefährte, »sie verfügen über keinen stichhaltigen Beweis. Noch vor deiner Ankunft in Frankreich werde ich an Bord eines Schiffes gehen.«

Sie verfügen über keinen stichhaltigen Beweis? Eine gewagte Behauptung! Was brauchen sie mehr als den Beweis unseres Ruins, als unsere Verhandlungen mit potenziellen Käufern und einen Haufen naiver Falschaussagen, zu denen auch die alberne und von vornherein unglaubwürdige Erklärung des Farblosen zählt, er hätte auf eigene Faust und ohne unser Wissen unsere Schönheiten aus dem zerfallenen Gemäuer herausgebrochen. Nehmen wir dazu noch das Schweigen jener, die in Frankreich das literarische Schaffen meines Gefährten bezeugen könnten, so sieht die Sache nicht gerade rosig aus. Und unsere Gegenspieler sind hartnäckig. Weshalb eigentlich? Ich weiß es nicht. Es handelt sich doch um eine Art Kavaliersdelikt, das zudem von beinahe allen Europäern begangen wird. Wenn man nicht auf legalem Weg zu einem Buddha oder zu einer Aspara kommen kann, wie ist es dann möglich, dass jeder x-beliebige hohe Kolonialbeamte in seinem Salon mit Teakholzmöbeln der schlechtesten, das heißt der heutigen, Epoche solche Skulpturen zur Schau stellt? Unsere geraubten Objekte hätten sich jedenfalls in besserer Gesellschaft befunden. Ich weiß genau, wo jene gestanden hätten, die wir behalten hätten …

Ehrlich gesagt glaube ich, der tiefere Grund für ihre feindselige Haltung ist die Tatsache, dass wir sie etwas an der Nase herumgeführt haben. Ach, wie müssen die großen Archäologen mit ihren Kinnbärtchen bedauern, uns Zwanzigjährige empfangen zu haben! Und wie musste sich die Justiz – unter wessen Druck? – anstrengen, um einen vertretbaren Anklagepunkt zu finden.

Als ich mich zum ersten Mal seit Wochen im Spiegel betrachte, blickt mir ein jämmerliches Bild entgegen. »Sie wird noch im Sterben gut aussehen«, hatte einmal ein Arzt gespottet, dabei aber sicher nicht an den Hungertod gedacht. Sechsunddreißig Kilo ergeben selbst auf nur einen Meter dreiundfünfzigeinhalb verteilt kein besonders gewichtiges Persönchen. Ohne selbst daran zu glauben, erkläre ich: »Bald bin ich ganz wiederhergestellt.« Dann schaue ich meinen Gefährten an, den man ebenfalls nicht gerade als dick bezeichnen kann. Seine nie sehr gesunde Hautfarbe spielt jetzt beinahe ins Senfgelbe. Wir sehen beide nicht besonders gut aus, und wir werden uns trennen, obwohl wir einander nie dringender gebraucht hätten als jetzt. Nun, da ich mich in Sicherheit wiegen kann, verstehe ich nicht mehr, weshalb ich abreisen wollte. Vielleicht werde ich gezwungen sein zurückzukommen: Ich stelle mir vor, er sitzt im Gefängnis und wie ich ihm die Dinge bringe, die man Gefangenen normalerweise bringt. Welcher Irrsinn, den Mann zu verlassen, der auf dieser Erde allein für mich zählt! Obwohl ich auch zurückfahre, um ihm zu helfen, kommt mir meine Abreise wie ein Verrat vor, wie der einzige wirklich ernste Verrat in diesen Jahren, da die Jugend nicht mehr weiß, nach welchem Ideal sie streben soll. Alle unsere Ideale sind gestorben; vielleicht erwachen einige schon morgen zu neuem Leben, doch darauf können wir uns nicht verlassen. Wir sind die, die von ihren Lehrern, von ihren Eltern belogen wurden; wir sind jene, die wissen, dass sich die Philosophen widersprachen, dass Spinoza nicht das Werk Descartes' noch Kant das Spinozas weiterführt. Wir leben in einer Welt der Ungewissheit, der Ablehnung und des Wandels. Jeder ist sich selbst der Nächste. Wonach sollen wir uns richten, wenn nicht nach uns selbst, wir, die wir uns selbst noch nicht kennen, aber uns durch die Auseinandersetzung mit allen Möglichkeiten des Lebens definieren? Was ist das Gute? Was ist das Böse? Wie soll man das am Anfang wissen? Vielleicht wissen wir es am Ende, wenn der Weg sich gelohnt hat. Die einzige Verpflichtung, die ich im Moment eingehe, ist jene, die mich an meinen von der gleichen Leidenschaft beseelten Gefährten bindet.

Auf einer Bahre tragen sie mich bis zum Krankenwagen. Wohl um mir bis zum letzten Augenblick etwas von der Anmut Kambodschas zu vermitteln, begleitet mich Touit bis nach Saigon. Nein, anscheinend soll sie jemanden in Cochinchina abholen. Im Morgengrauen brechen wir auf. Um uns herum Geschrei wie auf einem Markt. Mein Gefährte steht neben der Tragbahre, dann beugt er sich zu mir herunter. Wie schlecht wir unsere Gefühle in Worte fassen können! Er sagt kein Wort, ich sage kein Wort. Aber als der Wagen anfährt, sehe ich ihn mit seiner Schirmmütze, seinem weichen Kragen, in seinem Anzug aus weißem Segeltuch mit hängenden Armen mitten auf der Straße stehen, von den anderen abgesondert, verwaist.

Ich wollte nicht auf einer Tragbahre auf dem Schiff ankommen. Touit hat genau die richtige Größe, damit ich mich auf sie stützen kann. Kleine Schwester mit der braunen, glatten Haut, ich bin traurig, dich verlassen zu müssen. Auch Xa war voller Kummer, als er mir vorgestern Abend seine letzten Blumen brachte.

Ich lasse mich auf die Koje fallen: Adieu Touit. Sein ganzes Leben lang sagt man Adieu. Jetzt bin ich in der Kabine. Die Wände sind weiß – ich kann keine weißen Wände mehr sehen. Der Ventilator surrt – ich kann keine Ventilatoren mehr hören. Durch das Bullauge, groß wie ein Fenster, denn ich reise, wahrscheinlich zum letzten Mal, erster Klasse, sehe ich das andere Ufer mit den Cachoupalmen, die immer kleiner werden – nie mehr will ich Cachoupalmen sehen. An der leichten Bewegung des Türvorhangs erkenne ich, dass der Abend naht. Vielleicht wird mich im Mittelmeer ein starker Wind die feuchte Luft vergessen lassen, die jetzt auf mir lastet, wie die Jahre, die noch vor mir liegen.

Plötzlich sehe ich jene vergangenen Tage wieder vor mir und erinnere mich an die Angst, die ich, geschwächt, wie ich damals war, wohl besser ertrug, als wenn ich gesünder gewesen wäre. Ich erinnere mich an die Verwirrung, die mich befiel, weil ich plötzlich allein war wie nie zuvor, an ziellose Gesten und unausgesprochene Worte, die in mir erstarben wie ein erlöschendes Feuer. An das Warten auf die Ankunft in einem Europa, das für mich beinahe ebenso geheimnisvoll geworden war wie jenes Asien, wohin mich das Schiff ein Jahr zuvor gebracht hatte; und schließlich an das Bild dieses großen Jungen, der mitten auf der Straße stand und den ich in der Hoffnung verlassen hatte, ihm besser helfen zu können.

Jetzt muss ich eine Geschichte erzählen, die ich – wenigstens zum Teil – schon einmal erzählt habe. Doch bin ich nicht mehr in der Lage, die Wirklichkeit klar von der Fiktion zu trennen. Wahr ist, dass ich, meiner grundlos schlechten Laune überdrüssig, beim Aufenthalt in Singapur an Deck stieg. Aber hat mich wirklich Charles G. angesprochen, als er, wie ich geschrieben habe, gerade sternförmige Steine aus Ceylon für seine Frau kaufte? Ich weiß es nicht mehr. Als das Schiff aus Singapur auslief, ging auf jeden Fall ein Mann mit mir an Deck spazieren. Ich habe ihn jünger und schöner beschrieben, als er war, aber auch ohne Fiktion besaß er einen gewissen Charme, und dass ihm die rechte Hand fehlte, die ein Granatsplitter weggerissen hatte, bewegte mich sehr. Dies ist ebenso wenig ein Produkt meiner Phantasie wie die Tatsache, dass er unter dieser Verstümmelung sehr litt, derentwegen er das Violinespielen hatte aufgeben müssen.

Schon seit mehreren Jahren leitete er das französische Unterrichtswesen in China, was darauf schließen ließ, dass es ihm mehr um den Bruch mit seinem bisherigen Leben ging als um die Aussicht auf eine schnelle Beförderung, die heute viele Akademiker veranlasst, in die ehemaligen Kolonien oder ins Ausland zu gehen. Charles G. hatte das Bedürfnis, in das Wesen anderer Kulturen vorzudringen. Wie es oft der Fall ist bei Menschen, die vier oder fünf Jahre in China leben, hatte er sich weitgehend der chinesischen Lebensart angepasst. Er sprach Chinesisch, wahrscheinlich Mandarin, kannte eine beachtliche Zahl von Schriftzeichen und hatte seine Ferien dazu benutzt, um den Teil des Landes zu bereisen, den man damals bereisen konnte. Alles, was er mir erzählte, beruhte auf realen Erfahrungen, und doch war es nicht nur ein simpler Tatsachenbericht.

Plötzlich fand ich mich aus meinen Selbstgesprächen herausgerissen, voller Staunen darüber, dass ich mich für jemanden anderen als für meinen abwesenden Gefährten oder mich selbst interessieren konnte. Man stellte mir Fragen, und ich antwortete; dann stellte ich Fragen und erhielt Antworten. Schon bei unserem ersten Gespräch, als die Trossen auf riesige Rollen aufgespult wurden, fühlte ich mich geborgen. Die eine Hand, die diesem Mann geblieben war, war aus Fleisch und Blut.

Als ich an diesem Abend kurz nach Sonnenuntergang in meine Kabine hinabstieg, war ich erschöpfter als an anderen Tagen, so sehr hatte ich den Umgang mit Menschen verlernt, die mir nicht schon auf irgendeine Weise vertraut waren. Auf einem Brett, das sich auf gleicher Höhe wie meine Koje befand, standen zwei Gläser, in denen meine Kampffische schwammen, eine Erinnerung an den Mekong...

Aber ich war nicht hier, um zurückzublicken. Jetzt war nicht der geeignete Augenblick, zur Salzsäule zu erstarren; ich hatte schon lange genug auf der Stelle getreten. Man erwartete von mir, dass ich etwas unternahm, wenn auch noch niemand wusste, was. Nun galt es, die kindliche Haltung aufzugeben, in die ich mich in

Phnom Penh geflüchtet und die ich nur in Gegenwart meines Gefährten abgelegt hatte. Doch sobald wir allein waren, hatten wir uns in Diskussionen über metaphysische und weltanschauliche Probleme gestürzt, und jetzt fiel es mir sehr schwer, im normalen Leben wieder Fuß zu fassen. Ich hatte tatsächlich durch all diese Gespräche mit meinem brillanten Partner und auch dadurch, dass ich so lange Zeit partiellen Gedächtnisschwund simuliert hatte, jede Kontrolle über mich selbst verloren. Aber jetzt musste ich in unser beider Interesse wieder zu einer erwachsenen und wenn möglich vernünftigen und tatkräftigen Person werden.

Ich beschloss, meine Mahlzeiten im Speisesaal einzunehmen. Die Treppe, die in den geräumigen Saal hinunterführte, sah aus, als sei sie für den triumphalen Auftritt eines Stars entworfen. Mein Auftritt war allerdings alles andere als triumphal; obwohl das Schiff kaum schlingerte, musste ich mich am Geländer festhalten. Unter mir beugten sich die Köpfe zu einem rhythmischen Stimmengewirr über die Teller. Während ich mich dem Oberkellner näherte, um mir einen Platz zuweisen zu lassen, blickten sie auf. Unglaublich, wie plump, widerwärtig, dumm und gehässig mir diese Gesichter erschienen. Trotzdem musste ich weitergehen. Schließlich setzte ich mich zu einer Familie an den Tisch. Nach kurzem Schweigen nahmen meine Tischgenossen ihr Gespräch wieder auf, von dem ich unmissverständlich ausgeschlossen wurde. Das war kein großer Verlust, aber darum ging es nicht. Da ich nichts anderes zu tun hatte – mein Appetit erlaubte mir nicht, mich kulinarischen Genüssen hinzugeben –, betrachtete ich meine Tischnachbarn und fragte mich, wo ich diesen Papa, diese Mama, diese Kunigunde und diese Artemisia schon gesehen hatte. Letztere saß neben mir und drehte mir ostentativ den Rücken zu. Im gleichen Augenblick, in dem mir bewusst wurde, dass diese Haltung nicht zufällig sein konnte, war mir, als riefe mich jemand. Ich wandte den Kopf nach rechts und entdeckte meinen neuen Freund, der zwei Tische weiter saß und mir zulächelte. Sollte das Leben von Neuem beginnen?

Wie eh und je bemerkte ich erst, als es vorbei war, wie qualvoll eine Situation für mich gewesen war. Und doch hatte ich selbst es so weit kommen lassen, bis ich schließlich vor dem Unvermeidlichen stand. Wenn ich auch damit gerechnet hatte, dass unser Unternehmen ernste Folgen nach sich ziehen könnte, so hatte ich mir doch nicht vorgestellt, dass das Ausgestoßensein so schlimm, das Alleinsein zu zweit so beängstigend und das eingebildete oder echte physische Elend so bedrückend sein würde.

Die negative Seite einer Tat, die nicht gleich von Erfolg gekrönt ist, ist unendlich viel bedeutsamer, als jemand es vorausahnen könnte, der diese Erfahrung noch nicht gemacht hat. Nun hatte sich unser Unternehmen nicht nur verzögert, sondern war gescheitert. Jetzt, da ich allein auf diesem Schiff war, konnte ich mich nicht darüber hinwegtäuschen, und es zeigte sich die Kehrseite der Medaille. Ich hatte dieses Abenteuer mit einem Mann gewagt, von dem ich nicht wusste, wie weit ich mich ihm anvertrauen konnte. Ich hatte mich ihm völlig ausgeliefert, ohne Rückhalt oder das Wissen, dass ich mich auf ihn verlassen konnte. Diese bruchstückhaften Überlegungen verstärkten ein Angstgefühl, das ich, feige, wie ich bin, genauer zu definieren vermied.

Auf meiner Koje ausgestreckt, vernahm ich das Schnarchen meiner Nachbarin, mit der ich die Kabine teilte, das Summen des Ventilators, das Brummen der Motoren, das Klatschen der Wellen gegen den Schiffsrumpf und fühlte mich weiterhin als Gefangene. Zwar hatte ich das unbestimmte Gefühl, man gebe mir meine Freiheit zurück, aber das war gar nicht so wunderbar, wie man es sich vielleicht vorstellt: Denn diese Freiheit würde mich zu Handlungen zwingen, die für ihn und für mich wichtige Folgen haben mussten, und angesichts dessen fühlte ich mich wie gelähmt. Ich träumte in meiner Angst, man hätte mich aus dem Bett gezerrt und ich stünde allein in meinen leichten Tanzschuhen auf einer Straße, von der mir niemand gesagt hatte, wohin sie führe.

Sie führte zu meiner Demütigung. Dabei hatte ich das schönste Kleid angezogen, das ich noch besaß – tatsächlich waren mir nur »schöne« Kleider geblieben, da die übrigen längst dem häufigen Waschen und Bügeln zum Opfer gefallen waren. Meine Nachbarin hatte mich bei meinen Versuchen, mich hübsch zu machen, unterstützt. »Kämmen Sie Ihr Haar etwas aus der Stirn. Beißen Sie auf Ihre Lippen, damit sie etwas röter aussehen.« Den Lippenstift, der noch von Guerlain stammte, sparte ich mir auf. Spitzen haben den Vorteil, dass man sie nicht bügeln muss. An diesem Kleid sind Spitzen in einem hauchzarten Mauve. Weil ich abgenommen habe, sehen meine Kleider jetzt länger aus, leider, denn ich habe hübsche Beine. Aber ich sehe schlanker aus als bei meiner Abreise aus Frankreich. Ein kleiner Fächer soll mir etwas Selbstsicherheit geben.

Ich steige eine Stufe hinab, zwei Stufen, ganz allein unter den vielen Blicken, ganz allein, während der Oberkellner auf mich zukommt, um mir mitzuteilen – mit einer so diskreten Stimme, wie es beim Lärm eines Schiffes im Speisesaal überhaupt möglich ist –, dass niemand mich an seinem Tisch haben möchte und ich mich damit abfinden müsse, meine Mahlzeiten allein an einem Platz in einer Ecke vor einem einzelnen Gedeck einzunehmen, der sonst wohl für Träger mysteriöser Krankheitserreger reserviert ist. Ich nehme gar nicht erst Platz, sondern erkläre mit leicht vibrierender Stimme, ich würde mich beim Schiffszahlmeister über diese Maßnahme beschweren. Der Oberkellner verbeugt sich. Das Serviertuch hängt senkrecht an seinem Arm. Ich gehe die für Minister und Filmstars bestimmte breite Treppe wieder hinauf, eine, zwei, drei Stufen. Nur gut, dass ich mich am Geländer halten kann. Es fühlt sich rau an unter meiner Hand. Draußen weht ein zugleich warmer und frischer Wind; der Bezug der Liegestühle bläht sich auf und sinkt wieder zwischen den Holzgestellen zusammen. Wenn ich früher Tintenkleckse in mein Heft machte, musste ich auch die Konsequenzen tragen. »Clara, dein Heft ist das am schlechtesten geführte der ganzen Klasse.« Zuerst schämt man sich, dann denkt man, wie albern sie doch sind:. Auf Sauberkeit der Hefte legen sie Wert, können sich aber nicht einmal ordentlich ausdrücken. Ich dagegen weiß dem, was ich denke, mehr oder weniger Ausdruck zu verleihen. Ich habe viel gelesen. Nur Suzanne weiß so viel wie ich, vielleicht sogar mehr, weil ich sie mag. Gleich wird sie bei mir sein.

Ich habe mich in dem Liegestuhl ausgestreckt, ich bin allein, ich bin nichts mehr, ich bin niemand. Ich bin von allen verstoßen. Wenn ich mich umbrächte, würde ich eine Nichtexistenz vernichten. Nein, das stimmt nicht ganz. Dort unten, weit weg, erwartet er etwas von mir. Nur bedeutet das, große Hoffnungen in jemand zu setzen, der machtlos ist, der nicht einmal den Tränen Einhalt gebieten kann.

Ein Schatten, viel größer als der von Suzanne, nähert sich und setzt sich neben mich. »Sie haben sich noch nicht vom Klima Indochinas erholt. Ich weiß, dass es schwer ist. Meiner Meinung nach ist sogar Schanghai erträglicher als Saigon. Peking dagegen ist im Herbst und im Frühling das reinste Paradies …«

Vielleicht hat er in der Dunkelheit meine Tränen nicht gesehen. Nachdem ich ein wenig mit ihm gesprochen habe, ist meine Stimme wieder normal. Wie leicht ich mich ablenken lasse! Jetzt interessiere ich mich sogar für die chinesischen Berufsstände. Kann man sie mit denen Cochinchinas vergleichen? Ja, ich weiß, dass die Chinesen von Jugend an für ein schönes Begräbnis sparen. Sonderbar, diese Schriftzeichen, die man miteinander kombinieren kann, um neue zu bilden. Das Dach, als Zeichen für das Haus, bedeutet Streit, wenn man unter seine schrägen Linien statt einer Frau zwei setzt. Ich lache und höre dieses Lachen überrascht, fast entrüstet.

Wenn ich nicht an Deck gehe, bin ich ein Feigling. Aber nein, ich gehe nicht an Deck zu den anderen, um mir meinen eigenen Mut zu beweisen, sondern um von einer bereits vertraut gewordenen Gestalt meine tägliche Dosis an Daseinsberechtigung zu erhalten. Ich sehe Augen, ein Lächeln und spüre eine Hand auf meiner Schulter. »Wir bleiben doch nicht etwa hier, oder?« Ja, warum sollten wir in dieser Hitze und in diesem Durcheinander bleiben? An Land wird es angenehmer sein. Er nimmt mich beim Arm und führt mich die Gangway hinunter. Die Händler bestürmen uns mit ihren Bündeln, in denen wertloses Zeug mit herrlichen Dingen kunterbunt durcheinanderliegt. Von der Straße gerät man, fast ohne es zu merken, in fensterlose Boutiquen. Ich will kein Geschenk außer diesen Blumen, die ich mit meiner Tasche in der Hand halten kann und die wie Kamelien aussehen. Es hat geregnet; in den Tropen regnet es ständig. Mit der Zeit überdeckt eine lehmige Kruste den schwarzen Satin meiner Schuhe. Der Mann, der an meiner Seite geht, scheint es völlig normal zu finden, dass ich in Louis-quinze-Absätzen durch diese Pfützen wate.

Wir bummeln, reden, frühstücken unter Palmen, die genauso langweilig sind wie die Tannen und mir noch weniger gefallen. Wir schauen den Kellnerinnen zu, die nicht so schön sind wie ihr Ruf, wir vergessen, dass ein Schiff irgendwo ankommen muss. Dann, als wir uns trennen, um in unsere Kabinen zurückzukehren, sagt er: »Sie essen doch an unserem Tisch? Meine Nachbarn, ein

Kollege aus Schanghai und seine Frau, die ich Ihnen vorgestellt habe, würden sich freuen.« Ich freue mich selbstverständlich auch.

Ich habe mein mauvefarbenes Kleid angezogen, ich habe mich nicht am Geländer festgehalten, ich habe meinen Freunden, vielleicht sogar meinen Feinden zugelächelt. Die Blicke meiner Nachbarn von gestern folgen mir lange. Artemisia und Kunigunde stecken die Köpfe zusammen, während ich zu denken versuche: »Schade, dass sie so widerwärtig sind, dass ich mir nicht einmal den Luxus gönnen kann, sie hübsch zu finden …« Nachdem ich mich hingesetzt habe, sehe ich sie aus dem gleichen Winkel, aus dem Charles G. mich gestern sah. Mir fällt der Name zu diesen Gesichtern ein. Es sind die kleinen Machins, ihr Vater ist Anwalt in Phnom Penh. Ich, meine Damen, ich bin Clara Malraux, es gibt mich wirklich. Wie ihr feststellen könnt, bin ich aus Fleisch und Blut. Oh, ihr könnt ruhig so tun, als ob ich Luft wäre, man sieht mich trotzdem, da bin ich mir sicher. Der Mann an meiner Seite – ihr möchtet wohl auch einen Mann neben euch haben, der diesen Platz jedem anderen vorzieht –, er hat mir Arme, Beine, Augen wiedergegeben, hat mir diese Blumen geschenkt, die vor mir in meinem Glas stehen!

Nein, es ist keine Illusion. Die Leute aus Schanghai und Peking, ebenso dieser Engländer, der aus Hongkong kommt, und sogar dieser Portugiese aus Macao – man könnte meinen, alle Portugiesen aus Macao haben Syphilis, auch wenn das wohl keine allgemeingültige Regel ist – sind intelligenter als die aus der Kolonie.

Was wird hier berichtet? Komisch, ich wusste nichts davon. Seit einigen Wochen fällt der Franc. Die Mark und der österreichische Schilling fielen ebenfalls, als wir vor zwei Jahren diese Länder besucht haben. Sind wir nun an der Reihe? Warum, und wie? Ich verstehe nichts davon. Charles G. fragt, ob ich diese schrecklichen Leute einmal beobachtet habe, wie sie auf die Verbindungsbrücke stürzen, wenn dort die Nachrichten angeschlagen werden. Ich hatte gedacht, sie eilten herbei, um zu sehen, ob sie ihre Wetten über die Fahrtgeschwindigkeit gewonnen hätten. Aber anscheinend wollen sie nur wissen, ob sie noch etwas reicher sind als am Vortag. Obwohl in Frankreich alles kopfsteht, sind sie bester Laune.

»Erstaunt Sie das, Clara?« (sieh an, er nennt mich beim Vornamen!), fragt mich Charles G., als wir uns in den Sesseln im Rauchsalon niedergelassen haben, vor mir ein Glas Grenadine mit Kirsch, dem stärksten Getränk, das ich vertrage.

»Ja, trotz allem.«

»Sie sind ein bisschen begriffsstutzig, meine Liebe.« (Sieh an, er nennt mich »meine Liebe«!) »Dabei haben Sie doch Erfahrungen gemacht, die Ihnen die Augen hätten öffnen müssen.«

Er weiß also Bescheid. Habe ich mir das eigentlich schon überlegt? Nicht ausdrücklich, denn im Moment möchte ich alles so unkompliziert halten wie möglich. Doch stellen wir die Dinge lieber klar.

»Kennen Sie meine Geschichte?«

»Gute Seelen fühlten sich bemüßigt, mich zu informieren. Ich fand ihre Ausführungen eher interessant.«

»Und das hat Sie nicht …«

»Aber nein, im Gegenteil. Doch falls Ihnen das Freude bereitet, ich hatte schon vorher beschlossen, Sie kennenzulernen. Ja, sobald ich Sie sah, dachte ich: Wer ist dieses reizende kleine Wrack?«

Da habe ich ihm alles erzählt. Nun ja, nicht alles. Ich habe meine Zweifel verheimlicht und meine Gewissheiten betont: Ich beschrieb ihm die sagenhafte Intelligenz meines Gefährten, die Leidenschaft, mit der er denkt, urteilt, beobachtet und die Freuden des Lebens genießt. Ich gab ihm ein paar Details über unser Abenteuer, gerade so viel, um ihm unseren Standpunkt klarzumachen; ich behauptete, dass es meiner Meinung nach Menschen gebe, die das Recht hätten, ein anderes Leben zu führen als jedermann. Ich erzählte, was mir gerade in den Kopf kam: dass Andrés revolutionärer Geist in seiner Reiselust ein Ventil gefunden hatte, dass sein spezielles Verständnis der modernen Kunst ihn dazu geführt hatte, die ganze Welt infrage zu stellen. Ich sprach von seinen glänzenden intellektuellen Fähigkeiten und von meiner großen Bewunderung für seine geistige Beweglichkeit und sein rasches Urteilsvermögen. So gut ich konnte, versuchte ich zu erklären, warum ich so stark in seinem Bann stand, gab ihm zu verstehen, dass niemand reicher an Ideen und geistiger Schöpfungskraft sei als er. Dazu fiel mir folgende Geschichte ein: Als André eines Tages erfahren hatte, dass bestimmte Leute aus einigen seiner Gedanken Profit schlugen, hatte er bloß mit den Schultern gezuckt und gesagt: »Ich habe Ideen genug, was schadet mir schon so ein kleiner Diebstahl!«

Charles G. trank irgendetwas Stärkeres als meine Kirschgrenadine, aber es schien auf ihn weniger zu wirken als der Cocktail auf mich. Von Zeit zu Zeit lachte er, und schließlich meinte er: »Ich glaube, Ihre Expedition war schlecht vorbereitet«, und in diesem Punkt waren wir einer Meinung. Dann fragte er mich, was ich nun in Frankreich vorhätte, und plötzlich war meine Angst vor der Zukunft wieder wach. Ich gestand, dass wir die Rückkehr ebenso schlecht vorbereitet hatten wie die Hinfahrt. Ich hätte keinerlei Arbeit in Aussicht und nicht die geringste Ahnung, wie mich meine Familie empfangen würde. Außerdem sei trotz Andrés Optimismus der Ausgang des Prozesses völlig ungewiss …

Am nächsten Tag erhielt ich ein Telegramm, das mich diesbezüglich beruhigen sollte: »Alles gut gegangen. Bis bald.« Und noch ein zärtliches Wort. Telegramme sind teuer. Dieses beruhigte mich allerdings nur zum Teil. Irgendetwas, das ich nicht genau benennen kann, fehlte. Warum war diese Nachricht so vage?

»Prozess gewonnen« wäre kürzer gewesen. Wo befand er sich, falls er wieder auf freiem Fuß war? In Phnom Penh oder in Saigon, wo er auf das Schiff wartete? Solange er in Kambodscha war, sah ich sein Zimmer im Hotel »Manolis« vor mir, das er nach meiner Abreise bezogen hatte, da das Krankenhaus ja keinen Grund mehr gehabt hatte, ihn länger zu beherbergen. Sicher ging er abends immer mit dem Farblosen spazieren, und um sich am Tag die Zeit zu vertreiben, hatte er die Bibliothek; aber wovon sollte er seine Fahrkarte bezahlen? Er hatte mir gesagt, er würde sich an seinen Vater wenden … Aber würde er denn sicher Hilfe erhalten? Sobald ich allein war, bedrängten mich diese Fragen.

Manchmal erzählte ich die eine oder andere meiner Sorgen Charles G., der sich voll Mitgefühl dafür zu interessieren schien. Eines Tages machte er mich auf einen schlanken Mann mit blauen Augen im ockerfarbenen Gesicht aufmerksam, der an Deck auf und ab spazierte. »Kennen Sie den nicht? Das sollten Sie aber. Es ist Monin, der Rechtsanwalt.«

Ich kannte ihn nicht, wusste jedoch, um wen es sich handelte. Die Zeitung *L'Impartial* aus Saigon überschüttete ihn bei jeder Gelegenheit mit den gröbsten Beleidigungen. Er sei bestochen, hieß es natürlich. Aber von wem? Anscheinend von den Einheimischen und den Chinesen. Wenn man versucht, sich Einzelheiten über eine Person ins Gedächtnis zu rufen, kommen diese Erinnerungen manchmal wie kleine Kätzchen auf den Ruf ihrer Mutter: Monin hatte sich mit Chavigny la Chevrotière, dem Herausgeber jenes zweifelhaften Blattes *L'Impartial*, duelliert; er hatte den Seeleuten geholfen, einen Streik zu organisieren; er hatte, glaube ich, an ihrer Demonstration teilgenommen, an deren Spitze die rote Fahne wehte; er hatte sich gegen das Projekt der Monopolisierung des Hafens von Saigon gestellt. Ich erinnerte mich auch, dass er seinen Freund Léon Werth für eine Weile nach Indochina eingeladen hatte, wo man versuchte, sich der Landung dieses unerwünschten Gastes zu widersetzen. In einem anderen Zusammenhang hatte mir Schwester Elisabeth gesagt, er sei gütig, und Marie, er sei gerecht, und Xa, er nehme kein Geld von den Armen.

»Sie sollten versuchen, mit ihm in Kontakt zu treten«, riet mir Charles G.

Ich sehe Penang und seine Arroyos, Dschibuti und seine Prostituierten wieder. Übrigens hat mir die Anklage vorgeworfen – und es offenbar als unsittlich ausgelegt –, dass ich sie in einem Brief an meine Mutter erwähnt hatte, der auf unerklärliche Weise dem Staatsanwalt in die Hände gefallen war ...

Das Schiff läuft wieder aus und lässt die legendäre eiserne Palme hinter sich, Symbol der Vegetation des Landes. Während noch die Ankerketten quietschend auf das Spill gezogen werden, sitze ich schon im Sessel von Rechtsanwalt Monin und habe das Gefühl, dass mir hier in dieser Nische zwischen Bar und Salon eine wichtige Unterredung bevorsteht. Der Mann, den ich ohne sein Wissen erwarte, nähert sich mit seiner sehr langen Zigarettenspitze aus Ebenholz, zögert, spricht mich an: »Entschuldigen Sie bitte, Madame, ich glaube, Sie sitzen auf meinem Sessel.«

Ich erwidere: »Ich weiß.«

Er scheint mich für verrückt zu halten. Da es um eine ernste Angelegenheit geht, füge ich rasch hinzu: »Ich wollte Sie sprechen und wusste nicht, wie ich es angehen sollte. Das Einzige, was mir einfiel, war, Ihren Sessel zu besetzen. Sie können ihn wiederhaben, meiner steht dort drüben. Aber ich muss Sie sprechen. Wissen Sie, wer ich bin?« Er weiß es. »Als ich erfuhr, dass Sie der Mann sind, den man den Anwalt der Eingeborenen nennt, kam ich auf die Idee, mich an Sie zu wenden. Ich habe zwar gehört, dass Sie ein netter Mensch seien, vielleicht der einzige nette Mensch in der ganzen Kolonie, aber ich habe dort so viele Halunken getroffen, dass ich misstrauisch geworden bin. Deshalb habe ich bis jetzt gewartet: Wenn Sie nicht so sind, wie behauptet wird, können Sie mir kaum noch schaden, denn ein Brief nach Saigon braucht beinahe drei Wochen. Und wenn Sie wirklich… ich weiß nicht, wie ich mich ausdrücken soll …«

»Ich glaube, ich bin so, wie Sie es nicht ausdrücken können.«

»Dann können Sie mir also noch helfen, wenn ich Hilfe brauche.«

Er verbeugt sich, entschließt sich dann, sich zu setzen, und wartet gespannt. Er weist mich direkt darauf hin, dass er wahrscheinlich mehr über mich weiß als ich über ihn und dass er, natürlich nur beiläufig, das absurde Spiel verfolgt hat, das die Behörden gegen uns inszeniert haben.

Von nun an habe ich zwei Freunde. Der eine erzählt mir über das frühere und das heutige China, das unglücklich, aber voller Hoffnung ist; der andere erklärt mir Indochina, die Interessenkämpfe und die politischen Intrigen. Er zeigt mir das Wespennest, in das wir gestochen haben, die dunklen Machenschaften, die Wahlfälschungen und die niederträchtigen Erpressungen. Er spricht auch von Kapitän Monteil, der es gewagt hatte zu sagen, dass unsere »Herrschaft einer Plünderung gleichkäme« und »dass man dem Land wieder seine volle Unabhängigkeit zurückgeben müsse«.

Doch eines Abends im Golf von Aden »hörten wir auf zu lesen«, Charles G. und ich. Das musste so kommen. Ich empfand keinerlei Gewissensbisse dabei.

An wenige Männer denke ich so gern zurück: Auch als Liebhaber blieb er ein Freund.

Der Sueskanal. Das Schiff gleitet lautlos dahin. Ich fühle mich wieder wie eine Frau. Port Said: Von hier aus sende ich meinem Schwiegervater ein Telegramm, in dem ich ihn bitte, mich in Marseille abzuholen. Hätte ich es früher abgeschickt, wäre es zu teuer geworden. Da mir kaum genug Geld bleibt, um am Ende Trinkgelder zu verteilen, werde ich mich wohl wie ein Dieb von Bord stehlen müssen, was ganz gut zu meiner allgemeinen Lage passt.

Ich glaube bestimmt, dass ich die Menschen liebe. Wer weiß, ob ich nicht sogar mit den Schauderhaftesten unter ihnen gute Beziehungen aufbauen würde, würde die Reise noch vierzehn Tage länger dauern.

»Wenn wir beide nicht verheiratet wären …«, sagt Charles G. zu mir. Wenn wir es nicht wären, sähe alles anders aus, und das würde vielleicht überhaupt nichts ändern.

»Hier haben Sie meine Adresse in Paris«, sagt Monin zu mir. »Ich hoffe, in ein paar Tagen von Ihnen zu hören.«

»Sind Sie sicher, dass Ihr Schwiegervater Sie in Marseille abholen wird?«, fragt mich Charles G.

Ich glaube, dessen sicher zu sein.

In Marseille überreicht mir der Steward einen blauen Umschlag: »Telegramm zu spät angekommen. Ruf mich in Orléans an. Herzlich, Vater.«

Was soll ich machen? Was kann ich überhaupt machen? Ich besitze noch zweihundert Francs. Optimistisch habe ich soeben doch noch Trinkgelder verteilt, zwar keine fürstlichen, doch immerhin annehmbare. Wenn ich dieses Geld vom Personal zurückverlangen würde? Ein verlockender, aber kaum ausführbarer Gedanke. Außerdem würde es nicht ausreichen.

»Haben Sie Schwierigkeiten?«

»Große.«

Daraufhin packe ich wieder einmal meine Geheimnisse aus – aber diesmal voller Scham, Erniedrigung und Wut.

»Ich glaube, ich habe noch ein Buch von Ihnen«, sagt Charles G., verschwindet und ist im Handumdrehen wieder zurück. »Sie finden darin einen Umschlag, dessen Inhalt Ihnen ermöglichen wird, den Lauf der Dinge abzuwarten. Sie brauchen mir das Geld erst zurückzuschicken, wenn Sie die größten Schwierigkeiten hinter sich haben.«

Ich werde ihn umbringen, kurz und klein schlagen, zermalmen, zertreten, in Asche verwandeln, ich werde weinen, ich werde ihn umarmen, ich werde an ihn denken voller Freundschaft.

»Bis bald.«

»Bis bald.«

»Träger!«

»Mademoiselle?«

»Ich muss den nächsten Zug nach Paris erreichen.«

Man erwarte von mir keinen ausführlichen Bericht über meine Fahrt nach Paris. Meine wichtigste Aufgabe während dieser Stunden war, noch einmal alles zu durchdenken, was bisher geschehen war, und zu versuchen, die möglichen Konsequenzen all dessen zu erraten, was wir seit dem Entschluss zu unserer Expedition unternommen hatten. Allerdings stellte ich mir diese Konsequenzen nicht so unerfreulich vor, wie sie dann in Wirklichkeit waren. Selbst wenn ich das Schlimmste annahm, das heißt eine Verurteilung auf Bewährung, so deutete nichts darauf hin, dass sich der Angeklagte vor Gericht so ungebührlich aufführen würde, dass man drohte, ihn aus dem Saal zu weisen, und ihn dann schließlich in einer Art verurteilte, wie man einem frechen Bengel im Zorn eine Ohrfeige verabreicht. Woraufhin er natürlich Berufung einlegte.

Ich kann nur aus zweiter Hand über den Prozessverlauf berichten, doch ich glaube, dass die Informationen, die ich darüber erhielt, stimmen: herablassende Haltung des Hauptangeklagten, der mit aller Gewalt die Verantwortung für das Abenteuer auf sich nahm, Sarkasmus gegenüber den Behörden und Beleidigungen – oder Äußerungen, die als solche gewertet wurden – gegenüber den Richtern. Dies alles erinnerte an einen Schüler, der Unfug treibt, und unter anderen Umständen hätte ich mich darüber sicher amüsiert. So wie die Dinge standen, das heißt gar nicht gut, bewunderte ich die Haltung meines Gefährten uneingeschränkt. Was den Farblosen anbetrifft, so glaube ich, nein, ich bin sicher, dass er während des ganzen Verfahrens schlief.

Von all dem wusste ich jedoch noch nichts, als ich auf dem Weg nach Paris war, aber ich hatte ein so ungutes Gefühl, dass ich beschloss, lieber nicht bei meiner Familie, sondern zunächst bei unserem ehemaligen Zimmermädchen zu wohnen. Sie war inzwischen verheiratet und führte nicht weit von der Place Clichy ein Hotel, das ich umgehend als eine Art Absteige erkannte, obwohl Jeanne in jeder Beziehung die ehrbarste Frau war, die man sich vorstellen kann.

Immer noch in meinen Tanzschuhen und mit meiner Home-made-Handtasche traf ich nach Einbruch der Dunkelheit bei ihr ein. Vor Jeanne wurde ich wieder das kleine Mädchen aus der Avenue des Chalets, das sich ein wenig seiner Aufmachung schämte.

»Was machst du nur für Geschichten!«

»Ach, das ist doch alles gar nicht so schlimm.«

»Das nennst du nicht so schlimm? Alle Zeitungen sind voll mit seiner Verurteilung.« Um meine Reaktion auf diesen Satz zu beschreiben, wären Wendungen wie »sie war wie vom Blitz getroffen« völlig angebracht, und selbst dieses Bild würde nicht ausreichen, um darzustellen, welche Wirkung die Zeitungen vom Vortag auf mich hatten. Sie lagen vor mir auf dem hellen Holz eines modernen Esstischs ausgebreitet unter einer

Hängelampe, deren Schirm ein findiger Mensch umgekehrt aufgehängt hatte, sodass sie wie eine Brunnenschale aussah.

»Drei Jahre Gefängnis für den Dieb von Angkor.« Während ich das las, stand Jeanne so aufrecht hinter mir, wie es den Frauen aus dem Béarn eigen ist. (Noch vor vier Jahren, als ich sie wiedersah, war ich von dieser unverändert aufrechten Haltung zutiefst beeindruckt.) Da hieß es nun schwarz auf weiß:

»Der Rosenkavalier (mein Ehemann) hatte vergebens versucht, auf sich aufmerksam zu machen, mit der Veröffentlichung eines Essays, *Lunes en papier*, der jedoch keine Beachtung fand. Lediglich seine Person zog ab und zu einige Blicke des Pariser Publikums auf sich, wenn er sich beim Besuch einer Generalprobe in einem mit weißem Satin gefütterten schwarzen Samtcape und mit ausgefallener Frisur in der Öffentlichkeit zeigte. Wenn er vorbeiging, pflegten seine wenigen Verehrer ›Der Rosenkavalier‹ zu murmeln, womit sie auf eine Figur anspielten, die romantische Vorstellungen hervorruft.

Der Rosenkavalier konnte natürlich nicht in einem bürgerlichen Haus leben, und so wohnte er in der Avenue des Chalets Nummer 10, in einer Villa, die seine Schwiegermutter für zehntausend Francs (!!!) gemietet hatte.

… Die Schwiegermutter wohnt immer noch in dem Haus in der Avenue des Chalets, aber seit einiger Zeit interessiert sie sich überhaupt nicht mehr für sein Schicksal, dessen Name durch die Literatur keine Berühmtheit erlangen konnte. Trotzdem ist die Behausung des Rosenkavaliers nicht uninteressant. Ein wahnwitziger Kubismus verleiht ihrer Einrichtung unbestreitbare Originalität.

Fatalerweise entdeckte man neben Werken des Kubismus solche der Negerkunst sowie mehrere geheimnisvolle Stücke aus primitiven Kulturen; unter anderem wurden in der Avenue des Chalets bezeichnenderweise kleine Statuen gefunden, die sich als Reproduktionen von Werken der Khmerkunst herausstellten. Aber es waren eben keine Originale! ›Schade, dass Sie die Originale nicht besitzen!‹, meinten gewisse Kunstkenner, ›stellen Sie sich vor, welches Vermögen das bedeuten würde! In New York oder Boston könnte man sie zu jedem Preis verkaufen!‹«

Am nächsten Morgen musste ich mich der Familie stellen. Die Rückkehr der verlorenen Tochter, immer noch in den Tanzschuhen, ins väterliche Haus. Der Garten, in dem im Frühjahr der Flieder blüht; die fünf Stufen der von einer Markise überdachten Freitreppe, das bewegte Gesicht von Jeannes Nachfolgerin; die Treppe mit dem blau-rot gemusterten Läufer, und im ersten Stock, in dem großen Zimmer mit den englischen Möbeln, Mama und meine Brüder. Ich fand alles vor wie früher, erkannte aber nichts.

»Du wirst doch nicht mit diesem Taugenichts, diesem Kriminellen, verheiratet bleiben?«, fragte mein älterer Bruder.

»Aber sicher, jetzt mehr denn je.«

Mit Ausnahme Mamas, die sehr blass war, waren wir alle stehen geblieben, vielleicht weil man sich so besser schlagen kann. Und wir schlugen uns tatsächlich, denn als ich drei an mich adressierte Briefe vom Schreibtisch nehmen wollte, verabreichte mir mein Bruder – welcher nur? – wie in unserer Kindheit eine Ohrfeige unter dem Vorwand, ich fasse etwas an, das mir nicht gehöre. Was gehörte mir noch auf dieser Welt? Ich verlor weder Zeit, um darüber nachzudenken, noch damit, die Ohrfeige zu erwidern, was einen Kampf ausgelöst hätte, in dem ich sicher unterlegen gewesen wäre, sondern nutzte die Entrüstung meiner Mutter gegenüber dem Angreifer aus, um die Briefe in meiner Handtasche verschwinden zu lassen.

Dann ging die Auseinandersetzung nicht ganz so laut weiter. Ich hörte »Ehrbarkeit, Ruin, Kummer«. Mama weinte. Ich wurde verstockt. »So glaub mir doch, alles wird sich klären.«

»Es ist alles schon klar genug«, sagte sie. »Du musst diesen Mann verlassen.« Diesen wirren Worten entnahm ich, dass die Polizei mit allen Mitteln versucht hatte, von meiner Familie irgendetwas über André zu erfahren, das schwerer wog als eine Tat, die trotz aller Bemühungen, sie aufzubauschen, kaum schlimmer war als eine ganz normale kleine Gaunerei – lediglich phantasievoller.

Aber gerade Phantasie besaßen die Untersuchungsbeamten keine. Ganz klassisch forschten sie nach, ob wir nicht mit irgendeiner Erdölgesellschaft in Verbindung gestanden hätten – man fing damals gerade an, sich für diesen Rohstoff zu interessieren – oder sogar mit einer ausländischen Macht, von der wir irgendeinen abenteuerlichen Spionageauftrag erhalten haben könnten.

Anscheinend verärgert, weil sich nichts dergleichen feststellen ließ, hatten sie sich darauf verlegt, meinen Gefährten zu verleumden, und unter anderem behauptet, wir hätten bei unserem Aufenthalt in Österreich »unlautere Geschäfte getätigt«, was nicht stimmte. Aber wie hätten solche Verleumdungen ihre Wirkung auf Menschen verfehlen können, die sich besonders streng an die Gesetze hielten, weil sie erst seit Kurzem in diesem Land Heimatrecht besaßen?

»Dieser Kerl hat schon immer gelogen«, wiederholte die Familie im Chor.

»Er hat nicht einmal das Abitur«, trumpfte mein jüngerer Bruder auf, der es selbst nicht hatte.

»Sein Vater ist gar nicht Direktor, in Wirklichkeit ist er Angestellter in einem kleinen Betrieb.«

»Als er um deine Hand anhielt, hat er mit einem Leihwagen geblufft.«

Jeder meiner Brüder machte seinem Herzen Luft.

»Du kannst nicht mit diesem Mann zusammenbleiben«, wiederholte meine Mutter. Von ihrem Standpunkt aus hatte sie ja vielleicht recht, doch änderte dies nichts an meinem Entschluss, André nicht zu verlassen. Ich bemühte mich, ihnen zu erklären, dass ich die Beschuldigungen gegen ihn nur bekräftigen würde, wenn ich mich ihrem Willen beugte und ihn verlassen würde, und dass eine solche Art des Verrats, selbst wenn ich ihn nicht liebte – aber ich liebte ihn nun mal –, nicht infrage käme. »Wir sprechen uns später wieder«, sagte ich zu ihnen, »später, wenn sich die Dinge geklärt haben.« Offensichtlich interessierte eine so ferne Zukunft die

Familie nicht. »Jetzt ist es an der Zeit, deine Scheidung zu beantragen«, erklärte mein älterer Bruder. Ich zuckte nur mit den Achseln.

Mama brach in ihrem Sessel zusammen. Ihre Haare waren – wie man es sonst nur aus kitschigen Romanen kennt – seit meiner Abreise weiß geworden.

»Mama wagt nicht mehr, ihren Freundinnen unter die Augen zu treten«, erklärte mein jüngerer Bruder, der instinktiv meinen wunden Punkt erriet.

In dem tiefen Schweigen, das auf diese Streiterei folgte, quälte mich die Vorstellung, dass meine Mutter tagtäglich das hämische Grinsen der Hausmeisterin, die verächtliche Miene des benachbarten Schreiners und den vielleicht mitleidigen Blick der Bäckersfrau ertragen musste ... Mit welchem Recht bürdete ich ihr so viele Demütigungen auf? Hätte ich nicht meine eigene Existenz von der ihren trennen müssen, bevor ich mich in ein Leben außerhalb der gültigen Regeln stürzte? Und doch waren wir zusammen glücklich gewesen!

Die Fragen, mit verteilten Rollen vorgetragen, begannen mit geringfügigen Variationen immer wieder von vorne; momentan ging es um »Faulheit«: »Seit eurer Hochzeit hat er keinen Finger gerührt.« Wie konnte man ihnen klarmachen, dass es eine Untätigkeit gibt, die bereichert? Um sie zu überzeugen, hätte ich in der Lage sein müssen, ihnen seine späteren Werke vorzulegen. »In zwei Jahren hat er sich erworben, wozu er unter anderen Umständen zehn Jahre gebraucht hätte«, murmelte ich. Ich war die Einzige, die es vorausahnte und laut auszusprechen wagte, seltsamerweise fest überzeugt von der

Richtigkeit meines Urteils. Aber es gelang mir nicht, jene zu überzeugen, die damals zu ihrer Beruhigung verlangten, dass ich den einzigen Schritt tat, in den ich nicht einwilligen konnte, wenngleich ich einsah, dass sie von ihrem Standpunkt aus recht hatten.

Der Vormittag war bereits weit vorgeschritten; über meinem kleinen Arbeitstisch aus Mahagoni hing zwischen zwei Fenstern das Porträt von Whistlers Mutter: mit ruhigem Blick, die Hände locker im Schoß.

Zu welchem Zeitpunkt verließen meine Brüder das Zimmer, um mir bei ihrer Rückkehr mitzuteilen, dass der Arzt, der meine Mutter untersuchen sollte, eingetroffen sei? Er warte im Nebenzimmer. Daran war nichts Außergewöhnliches: Mama litt seit ihrer Jugend an Magenbeschwerden, die wahrscheinlich auf ein Geschwür zurückzuführen waren. Infolge der jüngsten Ereignisse hatten die Schmerzen wieder eingesetzt. Mein Schuldgefühl wuchs.

Als ich allein war, öffnete ich die entwendeten Briefe. Der eine, von Florent Fels, war sehr freundlich, in dem anderen versicherte mir André Breton, ich könne im Notfall auf seine Hilfe zählen. Wir hatten nie Beziehungen zu den Dadaisten unterhalten, die sich seit einiger Zeit Surrealisten nannten: Ja, selbst ihre geografische Welt deckte sich nicht mit der unseren, da mein Gefährte es ebenso wenig wie ich schätzte, in Cafés herumzusitzen. Der Autor des dritten Briefes war J.P.: »Kleine Prinzessin, das alles war nur ein Irrtum Ihrer- und meinerseits, aber er kann wiedergutgemacht werden. Lassen Sie sich scheiden, und wir heiraten.« Ein ausgezeichneter

Vorschlag, über den nachzudenken nicht gerade der geeignete Moment war.

Dann kamen meine Brüder zurück: »Der Arzt möchte mit dir über Mama sprechen.« Es handelte sich um einen Mann, den ich nur flüchtig kannte, den Schwiegersohn einer Freundin meiner Mutter. Als er mir sagte, die Ereignisse der letzten Zeit hätten meiner Mutter sehr zugesetzt, und er fände es vernünftig, sie für einige Zeit in ein Sanatorium zu schicken – er kenne ein sehr gutes in der Nähe von Paris –, weckten seine Worte in mir keinerlei Verdacht, auch nicht, als er mich bat, ihr Gesellschaft zu leisten. Ich sagte zu, unter der Bedingung, des Öfteren nach Paris fahren zu können.

»Sie haben eine harte Prüfung hinter sich«, sagte einer der drei Ärzte zu mir, die hinter dem dunklen Tisch standen, der auch durch eine Äskulapstatue aus falschem Marmor nicht heiterer wirkte.

Meine Familie war verschwunden, ich verstand sofort.

»Es geht hier nicht um mich, sondern um meine Mutter.«

»Seien Sie vernünftig, Madame.«

»Ich bin vernünftig!«

»Was Sie durchgemacht haben, hätte stärkere Nerven als die Ihren zermürbt.«

»Es geht hier nicht um mich, sondern um meine Mutter.«

In ernsten Situationen wiederholt man dieselben Sätze, als wären es Zauberformeln. Meine Worte hatten jedoch weder eine magische noch sonst eine Wirkung, man hielt mir meine Erkrankung in Phnom Penh vor. Oh, sie wussten alles! Mein Leben in Freiheit mit all seinen Schwierigkeiten hatte mich meine Täuschungsmanöver in Kambodscha beinah vergessen lassen, es hatte sie nie gegeben. Aber meine Familie war trotz meiner Versuche, sie geheimzuhalten, darüber unterrichtet worden, durch einen Brief meines Gefährten und einen vom Arzt des Krankenhauses. Es blieb mir nichts anderes übrig, als für meine Torheiten – und für die der anderen – bis zum bitteren Ende einzustehen.

»Sie brauchen Ruhe. Bleiben Sie einige Wochen hier, und die Ereignisse der letzten Monate werden Ihnen viel klarer erscheinen.«

Sie sind zu dritt, wie die Richter dort, in der Ferne, wie die Parzen, wie die Grazien, so wenig sie ihnen auch gleichen ...

»Ich bin nicht krank«, wiederholte ich.

Dann tat ich das Dümmste, was ich in meiner Situation tun konnte: Ich versuchte zu fliehen. Es war keineswegs das Ergebnis einer Überlegung, sondern ich stürzte einfach auf den Vorplatz und rannte durch den Garten, aber kurz vor dem Tor, das auf die Straße führte, packte eine Hand meine Schulter und hielt mich zurück.

»Es wurde schon zu viel über dich geredet«, sagte mein Bruder, »das muss aufhören.«

Das war deutlich. Meine sportliche Darbietung war überflüssig gewesen.

Außer Atem erschien ich wieder vor meinen Richtern und dachte betrübt über meine jüngste Vergangenheit, meine nicht sehr rühmliche Gegenwart und meine traurige Zukunft nach. Mein Aufenthalt in diesem Haus würde mich von der Außenwelt abschneiden. Mein Gefährte in weiter Ferne würde denken, ich ließe ihn im Stich. Er würde allein vor immer größeren Schwierigkeiten stehen. Nach dem, was man Untreue zu nennen pflegt, sollte er mehr denn je wissen, dass ich zu ihm stand. Nach meinen eigenen Gesetzen stellte mein Seitensprung auf dem Schiff eine neue Art von Bindung zu dem Mann dar, der mir allein etwas bedeutete.

In der Angst wird man dumm oder äußerst gerissen. Ich stellte meinerseits Fragen.

»Sind Sie der Ansicht, dass mein Zustand es unerlässlich macht, mich hierzubehalten?«

»Ja.«

»Dann muss ich meinen Schwiegervater davon unterrichten. Ich möchte ihm ein Telegramm schicken.«

»Setzen Sie es auf, wir werden es zur Post bringen.«

»Nein, meine Schrift wäre im Augenblick so verzerrt, dass sie meine Internierung nur rechtfertigen würde.«

Einer der Ärzte flüsterte: »Die Kleine ist intelligent.«

Jemand erkannte meine Fähigkeiten, ich lebte auf.

»Haben Sie das Recht, mich ohne meine Einwilligung hierzubehalten?«

»Nein, aber Sie werden sie uns geben.«

Zwei Stunden stand ich mit hängenden Armen und mit dem Rücken zur Wand, reglos wie eine ausgestopfte Eule, und wiederholte unermüdlich mit eintöniger Stimme: »Freiwillig bleibe ich nicht hier.«

Daraufhin setzte man mich vor die Tür.

Das Familienauto brachte mich freundlicherweise zu Jeannes Hotel.

Obwohl Jeanne über den Versuch, mich zu internieren, entrüstet zu sein schien, fand ich während der ganzen Nacht keine Ruhe. Da meine Familie wusste, wo ich zu finden war, konnte sie mich jeden Augenblick außer Gefecht setzen. Im Dunkeln, gefangen in einem fremden Zimmer, in einem Bett, das fremde Umarmungen erahnen ließ, versuchte ich, mir über meine Situation klar zu werden. Bedeutete das Wort »verurteilt« etwas Ernstes, oder war es nur eine Floskel, der keine eigentliche Strafe entsprach? Während meines Aufenthalts in Indochina hatte ich den Eindruck, dass die Europäer davor zurückschreckten, einen der ihren, selbst wenn er schuldig war, ins Gefängnis zu werfen, und zwar zum einen wegen der Legende, dass die Weißen das heiße Klima nur mit einem Minimum an Komfort oder in der Freiheit des Dschungels ertragen können, und zum anderen, weil sie eifrig darauf bedacht waren, in den Augen der Kolonialbevölkerung den Mythos des unbescholtenen weißen Mannes aufrechtzuerhalten.

Sollten sie in ihrer zweifellos großen Empörung trotzdem beschließen, meinen Gefährten einige Jahre lang an einem Ort festzuhalten, den ich mir gar nicht vorstellen möchte, dann wäre der Mensch, der schließlich entlassen würde, gebrochen. Durch meinem Kopf flogen die Bilder wie Karten in der Hand eines geschickten Spielers. Er würde krank werden; er würde es ohne Bücher nicht aushalten; mit wem sollte er sprechen? Ich sah ihn vor mir, wie er abgemagert und in Sträflingskleidung am Straßenrand Steine klopfte, wie er einen Fluchtversuch unternahm und die Wächter, je nach Laune, gezielt oder aufs Geratewohl auf ihn schossen. Man begrub ihn, oder man pflegte ihn, man ließ ihn frei, man entschuldigte sich bei ihm. Warum hatte er mir dieses beruhigende Telegramm geschickt, da ich ihm doch in guten und in schlechten Zeiten mit allen Kräften zur Seite stehen wollte? Er stieß mich zurück, meine Familie stieß mich zurück, und am Ende hatte ich nur mich selbst gerettet, was mir in diesen Stunden der Einsamkeit, während ich von einem Malariaanfall heimgesucht wurde, verachtenswert erschien, obwohl ich mich ganz hübsch hatte anstrengen müssen, um wenigstens das zu erreichen.

Morgen, so beschloss ich, bedrängt von Wort- und Bildfetzen, würde ich versuchen, mich mit Monin in Verbindung zu setzen, um zu erfahren, wie wir mit der Berufung vorgehen mussten. Um keinen Preis durfte ich mich von meiner Familie zurückhalten lassen. Aber wovon sollte ich leben? Ich öffnete meine Geldbörse: Sie enthielt noch genau drei Francs fünfundzwanzig. Keine Sorge, ich würde mir schon zu helfen wissen. »Ich muss schnell handeln«, sagte ich mir, plötzlich von Panik ergriffen. Die Weißen da unten, die unser abenteuerliches Unternehmen, für das wir schlimmstenfalls eine Geldstrafe wegen einer einfachen Gesetzesübertretung verdient hatten, in einen abscheulichen Betrug verwandelten, taten das, weil sie in unserem Tun den Beweis einer

Verschwörung mit den Völkern zu sehen glaubten, die ihren Einfluss in den von Frankreich beherrschten Gebieten ausdehnen wollten. Kipling hat uns die Europäer beschrieben, wie sie sich gegenseitig bekämpfen durch Geheimagenten, deren Ruhm dem eines Lawrence von Arabien gleichkam. Ja, die indochinesischen Richter unterstellten uns Motive, an die wir nicht im Traum gedacht hatten, und logischerweise spielten sie wahrscheinlich mit dem Gedanken, meinen Gefährten unschädlich zu machen, der ihnen in den acht Monaten der Untersuchungen keine ihrer erhofften Enthüllungen geliefert hatte. Ich wusste, dass es in den Kolonien gang und gäbe war, missliebige Leute zu vergiften. Eines Tages starb man an Ruhr, Malaria oder infolge gewisser Praktiken, von denen dort unten jeder wusste, aber kaum einer zu sprechen wagte. Bei Gefangenen war außerdem in diesen Fällen jede Kontrolle ausgeschlossen. Wir mussten während der wenigen Wochen handeln, in denen er noch frei war.

Im Dunkeln stand ich auf, zog mich an, ohne Licht zu machen, und ging dann, die Schuhe in der Hand, um Jeanne nicht zu wecken, die Treppe hinunter. Um sechs Uhr morgens stand ich auf der Place Clichy. Als ich ins Taxi stieg, wurde es gerade hell.

Ich prüfte die Adresse, die André Breton in seinem Brief angegeben hatte: Rue Fontaine. Falls es sehr weit war, würde ich den Chauffeur bitten anzuhalten, sobald der Zähler drei Francs anzeigte. Er würde sich mit fünfundzwanzig Centimes Trinkgeld zufriedengeben müssen.

Der Zähler zeigte noch keine drei Francs an, als das Taxi hielt. Es war auch besser so, denn wie hätte ich einen längeren Fußmarsch schaffen sollen? Ich klopfte an die verschlossene Tür der Portiersloge, einmal, zweimal, dreimal. Zu so früher Stunde geweckt zu werden war man in diesem Haus offenbar nicht gewohnt.

»Können Sie mir bitte sagen, in welchem Stock Monsieur Breton wohnt?«

»Was fällt Ihnen ein? Sie werden ihn doch nicht etwa um diese Zeit stören wollen?«

»Doch, es muss sein.«

»Er schläft.«

»Ich werde ihn wecken.«

»Nein, ich sage Ihnen nicht, wo er wohnt. Ich werde nur Unannehmlichkeiten bekommen.«

»Ich muss ihn sofort sprechen, es geht um Leben und Tod. Er würde Ihnen niemals verzeihen, wenn Sie mich abweisen.«

Sie zögerte noch, blickte mir ins Gesicht; es musste ein wichtiges Ereignis sein, das mich so aussehen ließ.

»Na gut, gehen Sie, es ist im vierten Stock.«

Jahre waren vergangen, Jahre des Kampfes für einen anderen, und nun stand ich da mit leeren Händen: Ich hatte gesät, ohne zu ernten; dennoch wirkte die Erinnerung an diese Jahre auf mich wie ein Wein, der neue Kräfte verleiht, wie in diesem Augenblick die Kraft, die Treppe hinaufzusteigen, ohne einmal anzuhalten, und zu der jungen Frau im braunen Morgenmantel, die nach langem Läuten öffnete, zu sagen: »Ich bin Clara Malraux.«

Dann drehte sich alles vor meinen Augen. Vom Sofa aus, auf das man mich gelegt hatte, vernahm ich eine weibliche Stimme: »Es ist Clara Malraux.«

Es tat gut, auf diesem Sofa zu liegen, von zwei Menschen umgeben, die sich um mich kümmerten. Als ich die Augen öffnete, sah ich den großen, dicht behaarten Kopf von Breton. Simone war klein und dunkelhaarig (vor ein paar Tagen betrachteten wir gemeinsam ein von Man Ray aufgenommenes Foto, das sie in jener Zeit darstellt; die beabsichtigte Unschärfe des Bildes ließ sie wie eine zarte Frauengestalt des 18. Jahrhunderts erscheinen, ein Eindruck, der durch den herzförmigen Mund noch verstärkt wurde). Bevor ich wieder einschlief, sah ich um mich herum Gemälde und Skulpturen, auf die ein Reporter des *Matin* nur entsetzt reagieren konnte ... ganz zu schweigen von einer von Sonia Delaunay angefertigten Schablonentapete. Hier sprach man meine Sprache, ich war beruhigt.

Als ich zwei Stunden später Kaffee trank und wahrhaftig ein Butterbrot aß, erzählte ich von unserer Geschichte, was ich für notwendig hielt; und siehe da, unser Abenteuer erschien plötzlich in einem ganz neuen und sogar positiven Licht. Es bekam eine sehr poetische Note und schloss sich dem fröhlichen Reigen all derer an, die andere vor uns gewagt hatten. Villon und Germain Nouveau wurden zu unseren Vettern. Wir waren dem Verlangen erlegen – in diesem Sinn ein surrealistischer Wert –, und wenn auch der revolutionäre Aspekt daneben an Bedeutung verlor, so trat er dennoch nicht völlig in den Hintergrund. Meine zuversichtliche Stimmung hielt an; ich war überzeugt, dass wir alle beide diese missliche Lage überwinden würden. Doch seien wir ehrlich: Es gelang nur mithilfe anderer. Und sie sollen wissen, dass ich ihnen noch heute dankbar bin.

Ein Telegramm an meinen Schwiegervater, ein Telegramm an Marcel Arland, der sich in Varennes bei Langres aufhielt. Ein zuerst noch vager Schlachtplan, der im Lauf des Tages konkrete Formen annahm. Telefonisch setzte ich mich mit Monin in Verbindung. Überzeugt, dass man mich jetzt nicht mehr wie eine Verrückte einsperren oder meine Scheidung verlangen konnte, ließ ich mich fröhlich von Kopf bis Fuß neu einkleiden. Da Simone genau meine Figur hatte, trug ich endlich wieder ein Kleid, das die Reise von Saigon bis Paris nicht mitgemacht hatte. Ich vertauschte meine ausgetretenen Tanzschuhe gegen solche, die nicht auf den ersten Blick erkennen ließen, dass ich ein »kleines, wenn auch reizendes Wrack« war. Um auszugehen, setzte ich einen Pariser Hut auf und trug in der Hand eine echte Ledertasche, die schon vor der Ankunft meines Schwiegervaters, der mich finanziell unterstützte, etwas Geld enthielt.

Er traf am frühen Nachmittag ein, würdig und niedergeschlagen, wie es sich für den Vater eines Verurteilten gehört. Er wusste erst seit zwei Tagen von dieser Verurteilung. Im Gegensatz zu meiner Familie war er ja nicht in die Ermittlungen einbezogen worden. Erst aus den Zeitungen hatte er vom Ausgang einer Reise erfahren, die er wie unsere früheren für eine reine Vergnügungsreise gehalten hatte, denn obwohl unser Ruin zum

Teil auf seine Ratschläge zurückzuführen war, hatten wir uns gehütet, ihn davon in Kenntnis zu setzen.

»Schwöre, dass er unschuldig ist.« Ich schwor. Ich hätte alles geschworen. Im Übrigen war ich wirklich von unserer Unschuld überzeugt. Unterdessen tauchte Monin auf, der die Kolonie so beschrieb, dass allen, die ihm zuhörten, klar wurde, dass wir nicht nur ohne Makel, sondern in jenem Land überhaupt die Einzigen ohne Makel waren. Mein Schwiegervater drückte mich an seine Brust. Dann setzten wir uns an einen Tisch, um zu beratschlagen, wie wir es anstellen sollten, meinen Gefährten aus seiner traurigen Lage zu befreien.

Es tut mir leid, betonen zu müssen, dass ich einen Vorschlag machte, den später ebenso viele Männer für sich beanspruchten – keine Frauen, dank der Bescheidenheit meines Geschlechts, gegen die ich hier der Wahrheit zuliebe verstoßen muss! –, wie es griechische Städte gibt, die den Ruhm für sich in Anspruch nehmen, die Wiege Homers beherbergt zu haben. Von Monin ermutigt, erklärte ich also, dass unsere Schwierigkeiten zum großen Teil daher rührten, dass die durch die Rechtshilfeersuchen oder auf andere Art erhaltenen Aussagen nicht von Persönlichkeiten stammten, die versichern konnten, dass sie an die Begabung Andrés glaubten und mit Nachdruck betonten, er sei zwar ein unbekannter, aber vielversprechender Schriftsteller, für dessen Talent sie sich verbürgten.

Mehr als andernorts, sagte ich, werde man in der Kolonie nur respektiert, wenn man die Protektion einiger Mächtiger genieße. Uns aber hielte man für unbekannte

Angeber ohne Beziehungen, deren Verschwinden nicht auffallen würde. Es komme jetzt darauf an, diese Meinung zu widerlegen.

Man reichte mir einen Bleistift, und ich verfasste eine Petition, die geringfügig verändert in den Zeitungen erschien und in den folgenden Wochen von vielen unterschrieben und oft abgedruckt wurde. Hier ist die endgültige Fassung, wie sie in den *Nouvelles littéraires* vom 6. September 1925 erschien:

»Bestürzt über die Verurteilung von André Malraux, vertrauen die Unterzeichneten auf die Achtung, welche die Justiz gewöhnlich all jenen zollt, die einen Beitrag zur Förderung der kulturellen Werte unseres Landes leisten. Sie verbürgen sich ausdrücklich für die Intelligenz und den hohen literarischen Rang dieser Persönlichkeit, deren Jugend und bisheriges Schaffen zu großen Hoffnungen berechtigen. Sie würden den Verlust ernsthaft bedauern, den die Verhängung einer Sanktion bedeuten würde, durch die André Malraux daran gehindert würde, das zu leisten, was man zu Recht von ihm erwartet.

André Gide, François Mauriac, Pierre Mac Orlan, Jean Paulhan, André Maurois, Jacques Rivière, Max Jacob, François Le Grix, Maurice Martin du Gard, Charles Du Bos, Gaston Gallimard, Raymond Gallimard, Philippe Soupault, Florent Fels, Louis Aragon, Pierre de Lanux, Guy de Pourtalès, Pascal Pia, André Breton, Marcel Arland.«

»12. August 1924. Mein lieber André ...«; eines Tages entdeckte ich beim Sortieren meiner Papiere einen Brief meines Schwiegervaters, den ich beinahe vergessen hatte. In ihm gibt die Stimme eines Verstorbenen Zeugnis von dieser umstrittenen Vergangenheit. Wie oft hatte ich befürchtet, dass meine Tochter glauben könnte, ich hätte phantasiert. Jetzt kann ich Licht in dieses Dunkel bringen. »... den 12. August 1924. Mein lieber André ...« Alle Beweise sind da. »Clara ist am 7. in Marseille angekommen.«

Überspringen wir die Sätze, die die Verspätung erklären, mit der er Verbindung mit mir aufgenommen hat, dann:

»Ich traf Clara am Morgen des 9. in Paris. Es war höchste Zeit, denn die arme Kleine war von ihrer Familie schlecht aufgenommen worden und war am Ende ihrer Kräfte. Unser herzliches Wiedersehen gab ihr neuen Mut.

Zur Stunde, da ich Dir schreibe, ruht sie sich aus in einem Zimmer neben meinem. Sie ist wieder gefasst und zuversichtlich und fühlt sich geborgen in der herzlich-freundschaftlichen Atmosphäre, die ihr so fehlte.

Denn hier und in Paris unternehmen wir alle nötigen Schritte, um Dich aus Deiner misslichen Lage zu befreien. Das Datum der Depeschen wird Dir beweisen, dass Du nicht mehr auf Dich allein gestellt bist und dass der Kampf leichter werden wird, weil Du ihn nicht mehr allein führst.

Nachdem Deine Bekannten einen Augenblick über die grotesken Enthüllungen in einigen tendenziösen

Presseartikeln verblüfft und verwirrt waren, wachen Deine Freunde, die Clara über den wahren Sachverhalt unterrichtet hat, aus ihrer Lethargie auf und stellen in Artikeln, die demnächst in der gesamten literarischen Presse erscheinen, Folgendes klar: 1., dass Du nicht die skrupellose Person bist, als die man Dich hinstellt; 2., dass Du ein echter Literat bist, den die gesamte junge Literatur anerkennt; 3., dass Du geschätzt und beliebt bist, und 4., dass sich angesichts Deiner Notlage sogar Deine literarischen Gegner den älteren Schriftstellern anschließen, um Deinen Rang zu bestätigen und um mittels einer Petition der gesamten literarischen Kreise gegen den Richterspruch zu protestieren, der Dich in erster Instanz verurteilt ...

Clara ist eine gute kleine Frau. Da sie jetzt etwas Rückhalt bekommt, ist sie emsig wie eine Biene und geht mit einem Scharfsinn zu Werk, den ich bewundere und der mich etwas überrascht. Sie scheut keine Mühe, und ich bin entzückt, mit welch sicherer Logik, mit wie viel gesundem Menschenverstand und Fingerspitzengefühl sie mit Deinen Freunden die Grundtendenzen der Artikel bespricht, die diese dann beinahe nach ihrem Diktat schreiben.

Du hast gut daran getan, sie nach Frankreich zurückzuschicken.«

Danke, mein lieber Schwiegervater.

Ich war plötzlich der Dirigent eines mir überlegenen Orchesters geworden, und da die Musiker die Partitur, nach der sie spielen sollten, nicht kannten, konnte ich herrlich improvisieren. Seltsamerweise schienen diese Improvisationen immer genau zu der jeweiligen Situation zu passen. Sobald ich erfuhr, dass sich der Verleger und Buchhändler René-Louis Doyon (mein Gefährte hatte eine Zeit lang als Rechercheur für ihn gearbeitet und in seinem Verlag eine Sammlung teilweise unveröffentlichter Laforgue-Texte herausgegeben), in der Zeitschrift *Éclair* als Erster für den »Dieb von Angkor« eingesetzt hatte, eilte ich unverzüglich zur Galerie de la Madeleine, wo er unter einem Bogengang seine Geschäftsräume hatte. Obwohl ich Doyon vorher noch nie gesehen hatte, warf ich mich ihm in einem Anflug von Dankbarkeit und Begeisterung in die Arme. In seinem Umhang, unter dem sich ein paar Teufelchen hätten verbergen können, wirkte er zu gleichen Teilen wie ein Zauberkünstler und wie der Priester einer schwarzen Messe. Er war gesprächig, warmherzig und gebildet, ich fand ihn bezaubernd, und mit seiner Frau Marcelle schloss ich auf den ersten Blick Freundschaft.

Wie ein Lauffeuer machte der Brief die Runde unter den Schriftstellern. Marcel Arland, der auf meine Nachricht hin direkt nach Paris zurückgekehrt war, setzte sich mit solchem Eifer für uns ein, dass er Rivière auf dessen Frage mit Nachdruck versicherte, wir hätten mit unserem Unternehmen keinerlei materielle Zwecke verfolgt. Dann begab er sich nach Pontigny, wo gerade eine jener berühmten Sommerakademien stattfand, und kehrte mit einer Menge Unterschriften zurück, die man ihm ohne Weiteres gegeben hatte.

In dieser Hinsicht nahm also alles einen guten Weg; aber mein Gefährte in Indochina musste ja von etwas leben. Ich natürlich auch, aber das war nicht weiter schwierig, denn es fand sich immer wieder jemand, der mir gern seine Gastfreundschaft anbot. Andrerseits musste ich wiederholt innerhalb weniger Stunden Geld auftreiben; als ich zum Beispiel eines Tages innerhalb von zwei Stunden zuerst einen Brief erhielt mit der Mitteilung, mir keine Gedanken über die Rechnung von Manolis zu machen, dem Eigentümer des Hotels in Phnom Penh, und dann ein Telegramm, dem ich entnehmen musste, dass schon bald ein ungedeckter Scheck zur Zahlung ebendieser Rechnung vorgelegt werde, verkaufte ich meine Perlenkette zu einem Spottpreis. Doyon und Breton halfen mir, meine anderen irdischen Güter zu versetzen. Ich hatte sie darum gebeten, in die Avenue des Chalets zu gehen, um dort alle meine Sachen zu holen, die man ihrer Ansicht nach zu Geld machen könnte.

Meine Aktivität ließ nicht nach. Schwierige Situationen meistert man immer, während man an mittelmäßigen häufig scheitert, vielleicht, weil sie sich lange hinziehen, während Höhepunkte gewöhnlich von kurzer Dauer sind. Mein Siegeszug erstreckte sich damals über vier Monate, wenn auch bisweilen unterbrochen von Ermattung und unangenehmen Zwischenfällen. So zum Beispiel, als ich drei oder vier Tage, nachdem ich meine Geschütze in Stellung gebracht hatte, eine Vorladung von der Polizeipräfektur erhielt. Angeblich hatte meine Familie gemeldet, ich würde zu besorgniserregenden exzentrischen Anfällen neigen. Aber es musste noch andere Gründe haben, denn ich konnte mir kaum vorstellen, dass meine Familie allein diese Vorladung bewirkt haben sollte. Vielleicht hatte die Nervenklinik den Behörden meinen Fall nach ihren Eindrücken gemeldet, oder aus Phnom Penh war ein Bericht über mich eingegangen. Jedenfalls erklärte man mir, dass mein Geisteszustand unbestreitbar gestört sei. Man werde mich also überwachen, und das geringste auffällige Benehmen meinerseits werde unweigerlich die Einlieferung in eine Anstalt nach sich ziehen. Schließlich riet man mir sehr höflich, wie ich zugeben muss, mich von dem gefährlichen Strolch, den ich geheiratet hatte, scheiden zu lassen, und sei es nur, um seinen in den Augen der anständigen Bevölkerung entehrten Namen nicht länger tragen zu müssen. »Ich werde ihn behalten«, antwortete ich so emphatisch, wie Mirabeau in meinen Geschichtsbüchern zu sprechen pflegte, »ich werde ihn behalten, und dieser Name wird eines Tages auf einer Gedenktafel an dem Haus stehen, in dem jener zur Welt kam, der ihn trug, und der dann ebenso berühmt sein wird wie Rimbaud oder Nietzsche.« Ich glaube nicht, dass die Namen dieser Autoren den Beamten etwas sagten, aber immerhin waren sie so freundlich, mich nach diesem doch eher bedenklichen Auftritt wieder gehen zu lassen.

Den Namen aber habe ich allen Hindernissen zum Trotz behalten. »Sie hat ihn verdient«, sagte mein Partner bei unserer Scheidung. Das will ich wohl meinen …

Ich verkaufte fast alles, was man verkaufen kann: Bücher, einen von meiner Großmutter geerbten Diamantring sowie unseren Fetisch, der sich allerdings als Fälschung entpuppte. (Nicht vor diesem, sondern vor einem seiner Nachfolger fragte uns der liebe Groethuysen nach einer langen Diskussion über Metaphysik: »Was würden Sie sagen, wenn Sie nach Ihrem Tod wieder vor ihm aufwachen würden? ...«)

Ich verkaufte und verkaufte: Wenn die Journalisten noch einmal in unserer Wohnung erschienen wären, hätten sie uns nicht länger avantgardistischen Geschmack vorwerfen können, denn wir besaßen nichts mehr.

Auf meine Bitte hin hatte Breton unsere Unterlagen flüchtig durchgesehen; in derselben Mappe befanden sich meine Übersetzung von Hölderlins *Hyperion*, die ich in den ersten Jahren unserer Ehe angefertigt hatte – ein Versuch, der zwar nicht sonderlich geglückt, aber kaum schlechter war als die anderen, die seither erschienen –, und ebenfalls unveröffentlichte Manuskripte meines Mannes, unter anderem das *Journal d'un pompier du jeu de massacre*, wie wir es damals nannten.

Wie ist es da verwunderlich, dass Breton, der die Werke meines Gefährten kaum kannte, ihm einige Sätze des großen Deutschen zuschrieb? Er bewies damit nur seinen guten Geschmack. Ein sehr schöner Artikel Bretons über Malraux begann nämlich mit den Worten: »Wohin man siehet, liegt eine Freude begraben«, und endete mit: »Des Zufalls Bruder, der Wind«. Beide Zitate geben das wunderbare Original nicht angemessen wieder, aber der Text Bretons als solcher ist so schön, so klar und so brillant, dass ich mir nicht versagen kann, ihn hier einzufügen:

»Vorsicht, adieu! ›Wo man auch hinschaut‹, sagt André Malraux, ›liegt eine Freude begraben.‹ Welche Freude? Hier sehen wir den berühmten Zwiespalt zwischen Besitz und Verlangen, der einen temperamentvollen jungen Mann von dreiundzwanzig Jahren mit einem Hang zum Heroischen dazu verleitet, sich in aller Unschuld, jener absoluten Unschuld, die man gewöhnlich Dichtern nach ihrem Tode zuschreibt, das zu nehmen, was er liebt – und auch Geld oder etwas, das Geldwert besitzt. Wie wir aus den Zeitungen erfahren, wurde der junge Autor von *Lunes en papier* während einer Reise in Kambodscha für »schuldig« befunden, in einem beinahe in Vergessenheit geratenen Tempel in der Nähe von Angkor zwei oder drei steinerne Tänzerinnen geraubt zu haben. Wer kümmert sich denn in ihrem Ursprungsland um die Erhaltung dieser Kunstwerke? Ich will es gar nicht wissen, aber mich bringt der Gedanke auf, dass André Malraux wegen dieses harmlosen kleinen Diebstahls vom Gericht in Phnom Penh zu drei Jahren Gefängnis ohne Bewährung verurteilt wurde und dass es ihm vorläufig und vielleicht endgültig unmöglich ist, der zeitgenössischen Kunst in Frankreich zu dienen und, wer weiß, ein Werk zu schaffen, das über dem steht, welches er bedroht hat. Ich habe André Malraux nicht persönlich gekannt, sodass ich in der Lage bin, seine Persönlichkeit als Schriftsteller, wie sie sich bisher darstellt, unvoreingenommen zu beurteilen: *Lunes en papier* und *Écrit pour une idole à trompe* sind Ausdruck des geistigen Schaffens unserer Tage, das sich in aller Stille vollzieht: Es sind beachtenswerte Experimente in einem Laboratorium, zu dem die Öffentlichkeit keinen Zugang hat. Es wurde behauptet, dass sein Misserfolg als Schriftsteller und die Enttäuschung darüber André Malraux zum Abenteurer werden ließen, was unter anderen Umständen gut klingen mag. Gewiss sucht er das Abenteuer, und mit ihm auch unsere kleine Gruppe, aber ganz sicher nicht in der Gegend von Angkor, sondern in der Dichtung. Es geht nicht an, dass man das Bild dieses Mannes, seinen Ruf auf so billige Weise trübt, genauso, wie man auch Apollinaire wegen der *Mona Lisa* kaltstellen wollte, die seinem Wert nicht gleichkam. Man sollte nicht, wie die meisten, vom dichterischen Werk eines modernen Schriftstellers und seinem Verständnis des Kubismus auf Unsittlichkeit schließen. Was hier auf dem Spiel steht, geht über Malraux hinaus uns alle an: Es geht um die Bewahrung einer ganz bestimmten Geisteshaltung. Ich appelliere an seine Freunde André Gide, Edmond Jaloux, Pierre Mac Orlan, Max Jacob, Florent Fels, Marcel Arland und auch an meine Freunde. Wir alle, so hoffe ich, stehen auf der Seite von André Malraux und überlassen ihn nicht dem, was er ›des Zufalls Bruder, den Wind‹ genannt hat.«

Sobald ich wieder etwas aufatmen konnte, schickte ich meiner Schwiegermutter einen höflichen Brief, in dem ich ihr mitteilte, dass ich bereit sei, mich mit ihr zu verabreden, wenn sie Näheres erfahren wolle; ich hatte sie noch nie gesehen. Zwei Tage später traf ich sie in der

Halle ihres Hotels; wir fielen uns gleich in die Arme. Sie war groß, schlank, hübsch, jugendlich in ihrem Aussehen und Benehmen und hatte die Stimme eines jungen Mädchens; sie gefiel mir sehr. Ich überschüttete sie mit einer Lawine guter Nachrichten, wahren und erfundenen. Dann machten wir uns auf die Suche nach einer möblierten Wohnung; denn sie hatte, so erzählte sie mir, das Haus und das Lebensmittelgeschäft in Bondy endlich verkauft und plante mit mir, ihrer Mutter und ihrer Schwester zusammenzuwohnen, zumindest bis zur Rückkehr ihres Sohnes. Ohne Zögern gab sie zu, es sei falsch gewesen, sich unserer Heirat zu widersetzen; sie habe es nur aus religiösen Gründen getan, ein Motiv, das ich gelten lassen konnte. Ich liebte sie gleich vom ersten Tag an, und als ich wenig später ihre Schwester und ihre Mutter kennenlernte, war ich auch von der Großmutter sehr angetan: Sie war groß und imposant wie eine Regentin auf den Bildern von Frans Hals, dabei aber im Umgang mit den Ihren nicht so streng und herrisch, wie es ihr Äußeres vermuten ließ. Die Menschheit bestand für sie nur aus ihrer engsten Familie, zu der noch ihr Sohn, ihr Enkel und einmal pro Woche, mittwochs für zwei Stunden, ihr ehemaliger Schwiegersohn gehörten. Die Übrigen existierten für sie nicht. Bis es mir zehn Jahre später gelang, meine Mutter bei ihr einzuführen, war niemals ein Fremder zu ihr vorgedrungen. Mich schloss sie so sehr ins Herz, dass sie später, als mein Verhältnis zu ihrem Enkel immer schwieriger wurde, eines Tages zu mir sagte: »Solange ich lebe, wird er sich nicht scheiden lassen.« Sie war eine vornehme Dame, die energisch über ihre Welt herrschte. Intelligent und außerordentlich gebildet, verbrachte sie bis zu ihrem Ende den größten Teil ihrer Zeit mit Lesen. In meiner Erinnerung sehe ich sie als Dreiundsechzigjährige, versunken in ein Werk von Crevel. Gern hätte ich ihr meine eigene Großmutter vorgestellt, die sehr viel mehr nach außen hin gelebt hatte: Ich bin sicher, sie hätten einander zu schätzen gewusst.

Manchmal äußerte sie Dinge, die mir vollkommen neu waren und mich geradezu entzückten. So bemerkte sie zum Beispiel einmal, dass die Gesellschaft nicht in Ordnung sei, merke man ihrer Ansicht nach schon am täglichen Leben: »Zu meiner Zeit ging man auf die Straße.« Ich konnte mir damals sehr gut vorstellen, wie sie sich in ihrer Jugend gebückt hatte, um mit der ihr eigenen Würde einen Pflasterstein aufzuheben und ihn sorgfältig den anderen Steinen einer Barrikade hinzuzufügen. Ihre jüngste Tochter war zehn Jahre älter als ich und für mich wie eine Schwester.

Ich war umgeben von neuen Freunden; die Bretons fühlten sich auch weiterhin für mich ein wenig verantwortlich: Eines Morgens nahmen sie mich mit ins »Cyrnos«, wo sich die Surrealisten zu treffen pflegten. Habe ich an diesem Tag Crevel wiedergesehen? Crevel, mit dem ich, wie sich herausstellte, als Zwölfjährige bei der Tanzstunde bei Madame Lesourd in der Rue de la Pompe getanzt hatte? Sein großes Kindergesicht spiegelte auf seltsame Weise die Angst, die ihn später in den Selbstmord trieb. Er erzählte mir gleich, sein Vater habe sich aufgehängt, und von seiner Mutter zeichnete er ein ziemlich abstoßendes Porträt, das jedoch offenbar der Wirklichkeit entsprach. Louis Aragon war da, schlank und das Gesicht noch etwas weich – überhaupt erscheinen zwanzigjährige Gesichter relativ ausdruckslos, wenn man sie mit dem vergleicht, was später aus ihnen wird; wie wenn man auf einem Hochzeitsbild die Gesichter der Eltern neben denen des jungen Paares sieht. In der altmodischen Dürftigkeit dieser Räume war die Eleganz seiner Bewegungen besonders augenfällig. An die anderen, Baron und Péret zum Beispiel, erinnere ich mich kaum.

Nachdem Simone Breton meine äußere Erscheinung dezent aufgeputzt hatte, nahm sie mich mit zu Adrienne Monnier; wir wollten sie für unsere Unterschriftensammlung um ihre Hilfe bitten, denn Petitionen waren damals weniger üblich als heute. Adrienne Monnier, die in ihrem grauen Gewand aussah wie eine Nonne des Ordens von Lesbos, begrüßte uns kaum und hörte uns überhaupt nicht zu; mit der Sorgfalt, mit der man Blumen arrangiert, stellte sie einen gefälligen Paul Valéry so auf, dass die Fotografie auch keinen Zweifel lassen konnte, wo sie aufgenommen worden war. Nachdem wir zwanzig Minuten gewartet hatten und immer noch kein Ende der Zeremonie absehen konnten, hielt ich es nicht mehr aus und ging, wohl wissend, dass es besser gewesen wäre zu warten.

Jahre später, ich glaube, nachdem André Malraux den Goncourt bekommen hatte, erschien Adrienne Monnier unter irgendeinem Vorwand in unserer Loge. Derjenige, für den ich gekämpft hatte – der aber diesen Kampf nicht miterlebt hatte –, empfing sie sehr freundlich. Ich stand auf und ging.

Breton und Doyon fuhren fort, unsere Sachen zu verkaufen, wobei Breton etwas erstaunt war, dass wir so viele Fälschungen besaßen. Der Erlös der Bücher und Gemälde ermöglichte es meinem Gefährten immerhin, von Phnom Penh nach Saigon zu fahren und dort zu leben. Mir allerdings blieb nicht genug übrig, um jeden Tag essen zu gehen, aber da ich es gewohnt war zu fasten, wären mir regelmäßige Mahlzeiten wohl gar nicht bekommen. Manchmal schwankte ich zwischen einem Louvre-Besuch und einem Mittagessen: Für gewöhnlich entschied ich mich für den Louvre, denn ich musste mir selbst beweisen, dass ich die Frau geblieben war, mit der mein Gefährte alles teilen konnte, sonst hätte ich nicht die Kraft gehabt, den Kampf weiterzuführen. Ich verzichtete ebenfalls darauf, mir vom Erlös unserer Bücher und Bilder Kleider zu kaufen. Marcelle Doyon ernannte sich mit einer Selbstverständlichkeit, die zeigte, dass ihre zur Schau gestellte Zurückhaltung eher aufgesetzt war, zu meiner Schneiderin. Die Stoffreste, die sie mit viel Geschmack für mich aussuchte, wurden unter ihren Händen zu Kleidern. Für die Mode jener Jahre, vom Hals bis zu den Knien gerade geschnitten, war ohnehin nicht sehr viel Stoff nötig.

Marcel Arland setzte sich unermüdlich für uns ein. Die Golls beherbergten mich für einige Tage. Mauriac hatte mir einen ergreifenden Brief geschrieben, den ich mit seiner Erlaubnis veröffentlichte. Die Liste der Unterschriften wurde immer länger. Jean Painlevé stellte seinen Namen zur Verfügung; da sein Vater eben Ministerpräsident geworden war, erregte das einiges Aufsehen. Anatole France nahm in keiner Weise an der Kampagne zugunsten eines jungen Schriftstellers teil, der ihm zweifellos ganz unbekannt war; im Übrigen wartete schon der Tod auf ihn; einige Wochen später starb er.

Um unserer Petition mehr Gewicht zu verleihen, beschloss ich, die Unterschriften von einem Notar beglaubigen zu lassen; dann telegrafierte ich jeden Tag die Resultate unserer Unterschriftensammlung nach Saigon. Das alles zwang mich, pausenlos von einem Ort zum anderen zu eilen.

Nur sonntags verließ ich Paris, um meinen Schwiegervater in Orléans zu besuchen, dessen Gefühle für mich immer herzlicher wurden: »Sie sind würdig, eine Malraux zu sein«, versicherte er mir eines Tages. Vorher hatte er mir mitgeteilt – was hat ihn wohl dazu veranlasst? –, dass er seinen Stammbaum bis zum 18. Jahrhundert zurückverfolgt habe. »Meine Familie hat immer in der Gegend zwischen Calais und Dünkirchen gelebt, und alle waren Proletarier.« Mein Schwiegervater war großartig.

In Paris gingen wir oft Arm in Arm zusammen aus, denn es missfiel diesem noch ziemlich jung und gut aussehenden Mann nicht, den Anschein zu wecken, eine junge Frau interessiere sich für ihn. Seine klaren blauen Augen erfassten mehr Nuancen, als man vermutet hätte, und unser geheimes Einverständnis ließ ihn Dinge erahnen, die ich ihm nie anvertraute.

Mit jeder Post kamen bezaubernde Briefe meines Gefährten: ein zärtlicher Satz – »Du weißt, wie sehr ich Dich liebe, Du wirst es noch tiefer erfahren« –, dann ein zweiter, in dem er mir zu verstehen gab, dass er halbwegs mit meinen Initiativen einverstanden war, und anschließend zwei Seiten Versponnenheiten über das chinesische Theater, über seine Gespräche mit Händlern und über seine Begegnung mit Katzen, die seiner Ansicht nach offenbar magische Kräfte besaßen; lauter hochinteressante, faszinierende Dinge, die jedoch nicht im Geringsten zu meiner damaligen Stimmung passten.

Großmutter, Schwiegermutter und die neue Tante bezogen eine möblierte Wohnung in der Nähe der Gare Montparnasse; sie bestand aus zwei Zimmern ohne jeden Komfort, ohne Bad oder Dusche, ohne Teppiche, ohne Sessel und ohne Dienstmädchen. Dass sie es gewohnt waren, auf so viele Annehmlichkeiten zu verzichten, wunderte mich sehr, aber all das wurde mehr als aufgewogen durch ihre Fürsorge und Zuneigung, und deshalb willigte ich ohne Zögern ein, zu ihnen zu ziehen.

Die Liebe dieser Frauen, die bisher Unbekannte für mich gewesen waren, ließ mich oft an meine Mutter denken. Wenn sie mir hinter dem Fenster zuwinkten – sie blieben meistens zu Hause, während ich gezwungenermaßen oder auch zu meinem Vergnügen oft ausging –, drängte sich mir das Bild meiner Mutter auf, die ganz allein in ihrem komfortablen Haus saß, über sich die leeren Zimmer, die wir mitsamt unseren Möbeln für immer verlassen hatten. Unser Abenteuer hatte diese schwache Frau schwerer getroffen als meine Schwiegermutter, die, wie mein Schwiegervater, erst durch die Zeitungen davon erfahren hatte. Das geschah ein paar Tage bevor ich nach Frankreich zurückkehrte, und ich konnte sie auf meine Art beruhigen. Mama und meine Brüder dagegen hatten Verhöre und Hausdurchsuchungen über sich ergehen lassen müssen; man hatte ihnen über den Mann ihrer Tochter und Schwester die unmöglichsten wahren und falschen Dinge erzählt; man hatte ihnen erklärt, ich sei verrückt geworden und liege da unten unter den Palmen wie bei *Paul und Virginie* im Sterben; man hatte ihnen von zwielichtigen Plänen berichtet, die uns nie in den Sinn gekommen wären. Für Mama setzten sich die Steine des Mosaiks so zusammen: Mit diesem jungen Mann, den wir in unsere bürgerliche und rechtschaffene jüdische Familie aufgenommen hatten, waren Zynismus und Regellosigkeit eingedrungen. Dass er sich um den Militärdienst gedrückt hatte, lag auf der gleichen Linie wie die Börsenspekulationen und der finanzielle Ruin – allesamt Dinge, die in ihren Augen, wie in jeder bürgerlichen Familie, nicht gerade beruhigend waren. Wenn mein Bruder, anstatt zu sagen: »Es wurde schon zu viel über dich geredet«, seine Worte glücklicher gewählt und gesagt hätte: »Ich muss dich vor diesem Burschen beschützen, der dich zu uns zurückschickt mit sechsunddreißig Kilo, einem eingefallenen Gesicht, malariakrank, mittellos und entehrt«, so hätte ich nicht so leicht eine Antwort gefunden. Wie aber hätte Mama, die uns bisher allzu sehr in Schutz genommen hatte, anders handeln können? Die Trennung von mir unter diesen Umständen war schrecklich für sie. Einige Jahre später beging sie Selbstmord, und obwohl wir uns inzwischen versöhnt hatten (was mir mein Gefährte übrigens als Inkonsequenz ihm gegenüber verübelte), hatte sie nie aufgehört, sich ihr Verhalten vorzuwerfen. Sie war davon überzeugt, unser Verhältnis, das ich wohl zu Unrecht für ebenso herzlich gehalten hatte wie früher, sei von dem gezeichnet, was sie ihr »Versagen« nannte.

»In acht Tagen kehre ich nach Saigon zurück«, sagte Monin. Man gewöhnt sich schnell an einen Menschen, an seine Hilfsbereitschaft und seine Ratschläge. Monin war mir mehr als jeder andere eine echte Hilfe gewesen, weil er Indochina kannte. Dieser in Lyon geborene Mann wirkte in Frankreich und vor allem in Paris fast wie ein Fremder; von dem puritanischen Milieu, aus dem er stammte, hatte er sich offenbar nur emanzipiert, um sich desto bereitwilliger neuen Zwängen zu fügen. War er mehr als nur ein überzeugter Liberaler gewesen, als ihn Neugier oder Zufall nach Indochina führte? Über seine inneren und äußeren Abenteuer sprach er nicht gern, und ich weiß im Grunde nicht mehr über ihn, als dass er der Mann war, dem sich Chinesen und Annamiten zu Recht anvertrauten.

Da er nach Indochina zurückkehrte, vertraute ich ihm gleichsam meinen Gefährten an: »Sie werden sehen, er ist ein außergewöhnlicher Mensch. Alles bekommt Sinn, wenn er darüber spricht. Ich bin sicher, dass Sie sich mit ihm verstehen werden.«

Plötzlich erwartete man nichts mehr von mir: Es war, als hätte man einen Stein ins Rollen gebracht, der nun ohne mein Zutun weiterrollen oder liegen bleiben würde. Für seine Verteidigung in Indochina war gesorgt. Ich verfügte hier in Frankreich über das nötige Geld für seine Rückreise, seinen Empfang und sogar für die ersten zwei Wochen. Warum sollte ich darüber hinaus Pläne schmieden?

Das alles liegt weit zurück, und man möchte sich davon lossagen, und doch hat es mich zu dem gemacht, was ich heute bin; vorläufig wohne ich in diesem Haus, von klugen, nachdenklichen Menschen umgeben, die über die Dinge sprechen, die mich bewegen. Kann man seine Memoiren schreiben, ohne in die Versuchung zu geraten, sie zum Tagebuch der Gegenwart zu machen? Ich zweifle daran, aber kann man dieser Versuchung mehr oder weniger stark erliegen? Wenn ich die Frau betrachte, zu der ich durch immer neue Begegnungen geworden bin, will mir scheinen, dass die Clara des Buches nur an Vielschichtigkeit gewinnen kann, wenn mein heutiges Selbst hinter ihr sichtbar wird: von der Vergangenheit erfüllte, neu entstandene Gegenwart, ähnlich jenen Drahtplastiken, aus denen eine Rundung oder eine Kante hervorragt, die Teil des Ganzen ist, aber gleichzeitig das Entstehen einer neuen Form anzeigt.

Werde ich mich von dem, was mir auf diese Weise wiedergegeben wurde, forttragen lassen, oder werde ich zu meinem heutigen Leben in der Normandie zurückkehren, zu meiner unmittelbaren Gegenwart? Dennoch, unwiderstehlich zieht mich das Vergangene an, die ganze Kette von Ereignissen, die heute meine Vergangenheit ausmacht: Eines davon auslöschen hieße das Ganze zerstören.

Zwei Stimmen wechseln sich ab wie in einem Chorgesang. Die Stimme der Gegenwart lehrt mich, dass in Griechenland eine der Antworten auf das Böse die Gedenkfeier war, eine religiöse Einrichtung, deren Sinn darin bestand, das zu bewahren, was »glanzvoll und schön war unter der Sonne«. Die zweite Stimme, die ferner klingt und dazu neigt, mich zu verleugnen. Ich ging die enge Treppe von unserem Zimmer ins Studio hinunter. Es war ein typischer Pariser Tag, vielleicht schien sogar die Sonne. Durch eine geöffnete Tür drang eine Frage zu mir herüber: »Wie haben Sie es geschafft, Indochina als freier Mann zu verlassen?«, worauf mein Gefährte die Antwort gab (sie galt Louis G.): »Das verdanke ich den Annamiten, die sich für mich eingesetzt haben.«

Wie ein gefallener Soldat, den man aufgibt, sah ich, wie sich ein Schatten über mich beugte, wieder verschwand und dabei meine sterbliche Hülle mit sich trug. Aber ich bin nicht tot, und ich kann noch Zeugnis über meine Taten ablegen. Mag eine Autobiografie überheblich oder bescheiden sein, sie stellt einen Aufruf an andere dar, und darin macht meine keine Ausnahme. Dass sie einzigartig und mitteilbar ist, darauf allein kommt es an. Ich aber soll anscheinend aus Bedenken, die genau dieselben Leute verwerfen, die sie von mir erwarten, sogar auf meine Erinnerungen verzichten.

»Bewahren, was glanzvoll und schön war unter der Sonne.« Sei es glanzvoll oder nicht, schön oder nicht, bedeutend oder nicht, ich will bewahren, was einst lebendige Tat war. Mit diesen Erinnerungen versuche ich etwas in Form zu bringen, wie man Zement, Blei oder Ton formt, etwas, das zwar nicht von langer Dauer sein wird, doch immerhin eine Zeit lang seinen Platz »unter der Sonne« haben wird.

Ich weigere mich, schon heute wie jener im Dschungel verlorene Tempel zu werden, der fern allen Blicken unter den Lianen verfällt.

Ich werde die Erinnerung an meine Taten bewahren, ich »werde meinen Teil an Herrlichem, an Revolte und an Menschlichkeit weitergeben«.

Einem entfernten Vetter, der einige Tage in Paris verbrachte, war es irgendwie gelungen, mich ausfindig zu machen. Empört über das Verhalten meiner Brüder, nahm er sich meiner an, lud mich oft zum Essen ein und war überhaupt sehr liebenswürdig. An seiner Seite wohnte ich in der Rue Soufflot der Überführung von Jaurès' Urne ins Panthéon bei. Ich sah einen mit Tüchern verhängten Katafalk vorbeiziehen, ganz in Rot und Gold wie der Vorhang der Opéra, ihm folgten als erste die Mitglieder der Familie, die alle wie hohe Würdenträger aussahen, dahinter im Rhythmus ihrer Marschlieder die Bergleute von Carmaux, Soldaten einer unbekannten Armee mit schwarzen Helmen und matt glänzenden schwarzen Kitteln, und am Schluss »die Menge«. Auf den Transparenten, die die Leute trugen, war zwar von

Problemen die Rede, die nicht die unseren waren, doch sagte ich mir, dass sie uns trotzdem in irgendeiner Weise angingen, eigentlich noch mehr als die der armen Menschen, die in den fernen Kolonien auf so seltsame Weise von den Weißen beherrscht wurden. Eines der Spruchbänder forderte das Ende des Rifkriegs. Bereits unter dem Eindruck des Ersten Weltkriegs hatte ich das Weltbild, das mir durch meine Umgebung vermittelt worden war, infrage gestellt und die etablierte Ordnung abgelehnt, selbst wenn sie sich den Forderungen der Unterdrückten in Europa und Asien nur zum Teil widersetzte. Ich war immer noch eine Bürgerliche gewesen; nun aber gehörte ich bestenfalls zu einer »Lumpenbourgeoisie«. Die »Meinen« waren nicht mehr die, denen ich meinen Ursprung verdankte.

Sie wurden es nie mehr. Jedes Mal, wenn meine Schwäche mich zu ihnen hätte zurückführen können, hielten mich ihre Warnschüsse davon ab: die Rassenverfolgung und die Armut. Künftig waren die »Meinen« die Menschen, die wollten, dass »es anders wird«, die durch den Dienstboteneingang kamen, die dritter Klasse reisten, mit denen man nicht in der dritten Person sprach, die nicht wussten, ob sie das Geld für ihre Miete aufbringen würden und die nie die Polizei auf ihrer Seite hatten.

Gewiss hatte ich mich nicht unbedingt freiwillig für sie entschieden, sondern mich von einem Spiel mitreißen lassen, bei dem sie im selben Boot saßen wie ich, von einem Spiel, das die herrschende Gesellschaftsordnung und die Werte, die man mich gelehrt hatte, infrage stellte. Während wir dort an der Straße standen, inmitten von Gesang und Gelächter, dachte ich über das nach, was mich zu diesen Menschen geführt hatte, und ich beschloss, für immer auf ihrer Seite zu bleiben.

In jener Zeit akzeptierte man gefühlsbedingte Reaktionen, die erst nachträglich von der Vernunft begründet wurden, eher als heute. Der Marxismus in seiner ideologischen Form war erst bis zu einigen Intellektuellen und Berufsrevolutionären vorgedrungen. Nur eine Minderheit der Arbeiterschaft bekannte sich als aktive Kommunisten. Bei den anderen war zum großen Teil ein ziemlich vager Sozialismus und auch Anarchismus Auslöser für ihren Wunsch, eine neue Ordnung zu schaffen. Die Tausende, die dem Toten, der für sie gestorben war, das letzte Geleit gaben, hofften auf eine Verbrüderung, die sie zugleich von ihrer Unterdrückung durch die organisierten Mächte und von Massakern, denen sie vier Jahre lang ausgesetzt gewesen waren, befreien würde. Ihr Lied war die *Internationale*, die ich an diesem Tag zum ersten Mal hörte.

Endlich kam das Telegramm.

»Ein Jahr auf Bewährung.«

Das bedeutete die Möglichkeit, nach Europa zurückzukehren, die abgebrochenen Kontakte wiederaufzunehmen. Das bedeutet später die Möglichkeit, Revision einzulegen, die zu unseren Gunsten ausfallen wird, aber deren Ergebnisse wir angesichts unserer Armut nicht bis ins Letzte auswerten können; das heißt also, dass wir nicht in der Lage sein werden, bei der Wiederaufnahme eines Prozesses einzugreifen, der am Ende das Urteil von Saigon bestätigen wird.

Bis zu seiner Ankunft blieben noch dreiundzwanzig Tage, die mir nach vier Monaten ununterbrochener Bemühungen ziemlich unausgefüllt vorkamen.

Und schon erschienen so viele Mühen und Leiden in einem verklärten Licht. Wie sich eine Schwangere für ihr Kind nur eine glückliche Zukunft vorstellt, malte ich mir unsere Zukunft nur in den hellsten Farben aus. Die Wirklichkeit begann erst morgen.

Ein paar Wochen später machte ich mich fröhlich auf den Weg, um meinen Gefährten in Marseille abzuholen. Weshalb sollte ich noch einmal berichten, was ich an anderer Stelle schon beschrieben habe? Mit wenigen Kürzungen und Abänderungen folgt hier ein Text aus dem früher erschienenen *Portrait de Grisélidis*:

Um sechs Uhr weckte mich das Läuten des Telefons. Nach den Anstrengungen der Reise auf den viel zu harten Sitzen des überfüllten Abteils hatte ich vor lauter Vorfreude und Aufregung bis fünf nicht schlafen können, und nun sagte mir der Portier, die »Chenonceaux« – in Wirklichkeit war es, glaube ich, die »Chantilly« – sei eingelaufen und dass mir noch eine Stunde Zeit bliebe, um mich an den Pier von Estaque zu begeben.

Ich bestellte ein Taxi, zog mich an und machte mich zurecht. Ein flüchtiger Blick in den Spiegel zeigte mir, dass ich nicht gerade elegant aussah, aber das fand ich eher komisch und auch belanglos.

Das ist also Marseille, dachte ich im Auto. Glänzend ging es mir nicht gerade, als ich vor ein paar Monaten hier ankam.

264

Eigentlich habe ich meine Sache ganz gut gemacht, in jeder Hin-
sicht. Er kommt zurück! Er kommt zurück! Er kommt zurück!

Dann musste ich plötzlich an C. G. denken, vielleicht, weil
das Taxi gerade an der Stelle vorbeifuhr, an der wir voneinander
Abschied genommen hatten; eine wehmütige und zugleich ganz
unwichtige Erinnerung.

Ich weiß wohl, dass ich für alles zur Verantwortung ge-
zogen werde, selbst für das, was, ein seltsamer Umweg zwar, im
Grunde doch nur Ausdruck meiner Liebe zu ihm war. Jetzt, in
diesem Augenblick, sähe ich lieber, wenn es nicht so weit gekom-
men wäre. Und doch ist es besser so. Die Bürde, die ich zu tra-
gen hatte, war zu schwer, und deshalb half ich mir selbst, so gut
ich konnte.

Eine kleine Erschütterung des Wagens zeigte mir, dass
wir das Hafentor durchfahren haben mussten, und von diesem
Augenblick an war ich nur noch glücklich.

Das Schiff glitt schwerfällig in den Hafen. Ich reckte mich und
hielt Ausschau, aber die »Chenonceaux« war noch zu weit vom
Kai entfernt. Die Passagiere auf dem Vordeck bildeten noch eine
große Masse, eine Masse allerdings, die für die Wartenden am
Kai aus lauter Einzelwesen bestand, von denen jedes ein eigenes
Leben, einen ganz bestimmten Körper und eine eigene wahre
Seele besaß.

Jede Faser meines Körpers war gespannt, meine Arme sehn-
ten sich nach einer Umarmung, meine Lippen nach dem Kuss,
meine Haare wollten gestreichelt werden. Ich senkte den Kopf,
schloss die Augen. Als ich wieder suchend aufblickte, war alles
wie zuvor. Da bekam ich Angst, dieser Zustand könnte ewig
dauern, ich würde ewig auf diesem Kai stehen und auf ein Schiff
warten, das nie ankäme…

Trossen wurden geworfen, die sich um mich zu legen schienen. Das Schiff drehte bei, näherte sich dann, teilte aber das Wasser nicht mehr mit dem Bug, sondern schob sich in einem langsamen, beinahe quälenden Manöver seitlich heran.

Da entdeckte ich ihn; er hatte mich wohl schon einen Augenblick früher gesehen. Ich lächelte ihm zu. Er, dort oben, lächelte zurück, und das war wie eine Liebkosung; ich glaubte in seinen Armen zu liegen und meinen Kopf an seine Schultern zu lehnen. Einen Augenblick lang dachte ich mit ernster Freude an alles, was ich geopfert hatte, an meine Familie, an meine Sicherheit, an das Haus, an die Vergangenheit, und ich war glücklich, beinahe wie bei einer echten körperlichen Umarmung. Und ich war einer Ohnmacht so nahe, dass ich die Augen schloss. Ich war erstaunt, ihn noch dort oben zu finden, wo mein Blick wie von selbst hinging, als ich mich wieder in der Gewalt hatte.

Das Warten nahm kein Ende. Wogen der Freude und der Ungeduld durchliefen mich … Nicht mehr allein sein, der Einsamkeit entrinnen. Nicht mehr diejenige zu sein, die Entscheidungen fällt, sondern jemand, mit dem man diskutiert, vielleicht jemand, der sich fügt. Nicht länger eine Frau sein, die wartet, sondern eine, die erwartet wird und der man böse ist, wenn sie zu spät kommt.

Ich sehnte mich nach jeder Form von Unterwerfung.

Und ich dachte: »Ich weiß, dass ich mutig bin, denn ich habe es (endlich) durch Taten bewiesen. Ich spüre nicht mehr wie früher das absurde Bedürfnis, an allem und jedem meine Widerstandskraft zu erproben. Jetzt, da ich mich endlich selbst akzeptieren kann – wenn mich auch noch manche Zweifel quälen –, überkommt mich manchmal unversehens die Sehnsucht nach dem einfachen Glück, das ich früher von mir wies. Gerade jetzt wünsche ich mir ein Glück, frei von Fallstricken und Tücken. Ich wünsche mir, dass es zwischen diesem Mann, den ich erwarte, und mir genügt, die Arme zu öffnen und sie wieder zu schließen, mehr nicht. Man wacht auf und sieht einen schönen jungen Mann vor sich knien, der seinen Federhut in der Hand hält, denn er ist gut erzogen, und man sagt: »Mein Prinz, wie sehr habe ich dich erwartet.«

Aber so wird es nicht sein, denn das Schicksal entscheidet sich nur einmal, das Leben wird in einem Zug entworfen wie ein Fresko, bei dem keine nachträglichen Korrekturen möglich sind. Eine nicht wiederholbare, unwiderrufliche Entscheidung genügt, und schon nimmt alles seinen Lauf, und man braucht sich nur noch vom Strom treiben zu lassen, der Niederlage oder dem endgültigen Erfolg entgegen.

Und dieses Wiedersehen mit ihm ist ein Augenblick meines persönlichen Glückes, vielleicht nicht ganz so, wie ich es mir gewünscht hatte, aber doch meinem Bild entsprechend, so wie der Mensch nach dem Bild seines Schöpfers gemacht ist. Zwischen dem Leben, das meine Familie für mich vorgesehen hatte, und dem, das ich fühle, fühlen werde und fühlen muss, gab es keinen Mittelweg. Meine Liebe wird nie Ruhe und Gewissheit sein, nie das Heimathaus, in dem man gefahrlos schläft und ohne Angst erwacht. Ich habe das Recht, meine Rolle für schwierig zu halten, aber nicht das Recht, sie abzulehnen. Die Würfel sind gefallen für alle Ewigkeit ...

Mit einem Koffer in der Hand kam er die Gangway herunter. Er trug keinen Hut. Wie wunderbar, den Kopf nur einen Augenblick lang an die raue Jacke eines Mannes zu lehnen, von Männerarmen umschlossen zu werden und das Leben *eine knappe halbe Minute so zu finden, wie man es erwartet hat!*

Und jetzt muss ich wieder mit meiner gegenwärtigen Stimme weitererzählen.

»Wie bist du nur auf die dumme Idee gekommen, dich mit meiner Mutter in Verbindung zu setzen?«, fragte er mich.

Die Tatsache, dass seine naive Schwindelei ans Licht gekommen war, dass ich ein lächerliches kleines Geheimnis kannte, dem nur seine Verschleierungsversuche eine gewisse Bedeutung verliehen hatten, vergällte ihm die Wiedersehensfreude. Ich zuckte mit den Armen hilflos wie ein Ikarus, dem die Flügel schmolzen. Aber da die Gegenwart eines Menschen mehr bedeutet als Worte, da er leibhaftig neben mir stand, schmiegte ich mich schweigend an ihn; und wenig später, als wir uns der Zollabfertigung näherten, erwiderte ich: »Nach allem, was die Zeitungen geschrieben hatten, musste ich deine Mutter beruhigen. Ich schrieb ihr, und sie antwortete mir, dass sie mich sehen möchte. Wir verstanden uns gut. Jetzt wohne ich bei ihr, zusammen mit deiner Großmutter und deiner Tante.«

Dies alles und auch, mit welcher Endgültigkeit mich meine Familie verstoßen hatte, wusste er nur zur Hälfte. Dennoch, vielleicht hätte ihm ein wenig simples Nachdenken erlaubt, sich ein klares Bild zu verschaffen ...

Er ließ meinen Arm einen Moment los, um einen jungen Annamiten zu grüßen, der wärmer angezogen war als die Europäer. Nie mehr will ich ihn verlassen, dachte ich. Er muss mir gleich erzählen, wie die Tage in Indochina waren, wie er das heiße, feuchte Klima und die Feindschaft der Menschen ertragen hat.

Bei der Zollabfertigung öffnete er den Koffer mit der gleichen Bewegung, mit der er Bücher aufschlug, dann sagte er zu mir: »Ich habe dir ein ausgefallenes Geschenk mitgebracht, das nicht hier drin ist.«

Er kehrte im Winter zurück, während ich im Sommer hier angekommen war; sein Koffer enthielt nur weiße Kleider: weiße Jacke, weiße Hose, weiße Schuhe. Man konnte meinen, es hätte in seinen Koffer geschneit. Als ich ihm das sagte, lachte er. Ich wusste, er hatte es gern, wenn ich solche albernen Dinge sagte. Auf der Terrasse des »Brûleur de Loups« lachten wir weiter. In Gegenwart anderer lachte er nie; er lachte nur, wenn er mit mir zusammen war. Sein Lachen gehörte mir, ebenso wie seine Vorliebe, an den Boutiquen entlangzubummeln, seine Ungeduld, wenn ich vor den Kleidern länger stehen blieb als vor Anzügen, seine Schwäche für Lederwaren – deren Geruch man durch die Schaufenster hindurch atmete – und seine Gleichgültigkeit gegenüber dem Regen, der uns von den anderen isolierte.

»Der Annamit«, erklärte er mir, »den ich gegrüßt habe, war bei dem Bankett anwesend, das mir zu Ehren am Tag vor meiner Abreise gegeben wurde.«

»Welches Bankett?«, fragte ich.

Ich hatte das Rasseln von Gefängnisschlüsseln in seinem Bericht erwartet, stattdessen drang mir nun auf einmal das Klirren von Sektgläsern an meine Ohren. Ich war seine Anspielungen nicht mehr gewohnt, seine Gedankensprünge, seine Neigung, bei anderen vorauszusetzen, dass sie ebenso viel wussten wie er. »Das weißt du doch«, sagte er mit diskreter Nonchalance.

»Du überspringst zu viel beim Erzählen«, erwiderte ich.

»Das stimmt, du kannst das nicht wissen«, gab er zu.

Ich erfuhr, dass Monin ihn gleich nach seiner Rückkehr nach Saigon besucht hatte, dass sie sich dann täglich zu langen Gesprächen getroffen hatten, manchmal allein, manchmal mit politisch gleich gesinnten Chinesen oder Annamiten. Wie dumm war ich, dass er mir erst von ihrer Freundschaft erzählen musste, obwohl ich mir hätte denken können, dass sie sofort zwischen ihnen entstehen würde. Ihr Sinn für das Reale und das Irreale ergänzten sich ideal.

»In einem Monat oder sechs Wochen fahren wir beide wieder nach Saigon, das heißt, sobald wir das nötige Geld zusammenhaben«, erklärte er, »die Annamiten brauchen eine unabhängige Zeitung: Monin und ich werden sie herausgeben.«

Den geliebten Menschen in seiner Beziehung zu seiner Mutter zu erleben ist immer eine Entdeckung. In ihrer Freude über seine Rückkehr, nachdem sie so viele Ängste durchgestanden hatte, umarmte die »Urfamilie« den verlorenen Sohn, feierte ihn als Opfer und Helden zugleich und freute sich von Herzen, dass er wieder da war. Ein glücklicher Zufall wollte es, dass über dem von den drei Frauen bewohnten Appartement vorübergehend eine Wohnung leer stand. Sie hatten sie für einige Wochen gemietet und uns zur Verfügung gestellt: Abgesehen von den Mahlzeiten, die wir alle gemeinsam einnahmen, erfreuten wir uns endlich einer wirklichen Freiheit.

Gleich am ersten Abend überreichte mir mein Gefährte das Geschenk, das er mir mitgebracht hatte. Ein kleines Päckchen mit indischem Hanf, ein gar nicht so kleiner Beutel, den ich, wenn er mich nicht aufgeklärt hätte, achtlos zwischen meine Wäsche geschoben oder in die Suppe gegeben hätte, die dadurch eine nicht einmal hässliche graugrüne Farbe erhalten hätte. Dann erzählte er mir von seinen Erfahrungen mit diesem Kraut.

»Man kaut es, bis nur der holzige Teil übrig bleibt, und den spuckt man aus.«

»Ach so«, sagte ich, »wie bei einer Kokosnuss.« In meiner Kindheit liebte ich Kokosnüsse.

»Dann«, fuhr er fort, »erklingt eine wunderbare Musik, und Worte rufen farbige Bilder hervor. Man kann dieses innere Schauspiel lenken. Ich werde dir dabei helfen und dir dazu Gedichte vorlesen.«

Gut. Bisher waren mir derartige Vergnügungen nie in den Sinn gekommen.

»Das Großartige ist, dass man von dem Zeug nicht süchtig wird. Man kann es nehmen und wieder aufhören, ohne irgendwelche schädlichen Folgen.«

»Ach«, sagte ich, »hast du es in Indochina öfter genommen?«

»Drei- oder viermal«, antwortete er.

»Lieb von dir, dass du mir etwas davon mitgebracht hast«, erwiderte ich, nicht sonderlich überzeugt.

Ich hatte in der letzten Zeit zu viele Experimente gemacht, um noch auf dieses neugierig zu sein. Es gab andere Dinge, die mich mehr interessierten. Sein Aufenthalt in Saigon war zugegebenermaßen nicht so unerquicklich gewesen wie der in Phnom Penh, vor allem seit der Ankunft Monins. Die Lokalblätter hatten viel über seinen Prozess geschrieben, die einen gehässig wie *L'Impartial*, die anderen eher freundlich wie *Le Courrier saigonnais*. Er hatte sogar die Bekanntschaft des Herausgebers irgendeines Blattes gemacht, eines sympathischen Mannes namens Neumann. Ja, man hatte ihn nicht länger als Übeltäter angesehen, die Richter waren höflich gewesen, und ja, die Artikel, die Petition und die Briefe hatten ihre Wirkung nicht verfehlt. Dann hatte sich gezeigt, dass sein Fall gar nicht so einzigartig war, dass er Opfer der gleichen Leute geworden war, die die Kolonie zu ihrem eigenen Profit ausbeuteten und Angst vor Neuankömmlingen hatten, deren aufsässige Neugier unter Umständen unbequeme Zeitungsartikel zur Folge haben könnte; der gleichen Leute, die auch Annamiten, Kambodschaner und Chinesen unterdrückten. Schließlich war er für alle, die unter Ungerechtigkeit und Willkürherrschaft litten, zu einer Symbolfigur geworden, und das Ganze hatte mit einem Bankett am vorletzten Abend geendet.

Ich war gleichermaßen überrascht und zufrieden.

Schon im Zug hatte ich versucht herauszubekommen, ob er sich außer dem Experiment mit den Drogen noch auf andere Abenteuer eingelassen hatte. Nein, ihn hatten offenbar ausschließlich seine Sorgen beschäftigt. Mich auch, und doch …

Bis zu diesem Augenblick hatte ich geglaubt, es würde mir leichtfallen, ihm von meinem kurzen Verhältnis mit Charles G. auf dem Schiff zu erzählen, aber angesichts der absoluten Treue meines Gefährten wog meine Untreue viel schwerer. Warum nicht Touit oder Bah oder sonst eine Frau? Nein. Keine angenehme Situation, wenn man entschlossen ist, nichts zu verheimlichen. Etwas feige verschob ich das peinliche Geständnis auf den nächsten Tag. Aber am nächsten Tag kaute ich, nach einer kurzen Vorbereitung, mein indisches Kraut. Dann gingen wir zum Abendessen.

Schon nach dem ersten Gang wurden meine Arme länger, meine Hände schwebten irgendwo in der Ferne, mein Kopf schickte sich an, gegen die Decke zu stoßen, fand dann jedoch wieder zwischen meine Schultern zurück. Wie konnte man in einer Welt, in der sich alles so seltsam bewegte, das Gleichgewicht halten? Verzückt teilte ich meinem Gefährten mit, ich sei Alice im Wunderland. Das war Grund genug, sich vom Tisch zu erheben und auf unser Zimmer zu gehen.

Das Mobiliar bestand aus zwei Stühlen und einem Bett, auf das er mich nun legte. Dann ging er wieder hinunter, um die Mahlzeit zu beenden. Und plötzlich war das leere Zimmer vom ungeheuren Keuchen der Lokomotiven und den schrillen Pfiffen der Züge vom Gare Montparnasse erfüllt – vor unserem Zimmer befanden sich die Bahnsteige. All die Schwierigkeiten, die ich seit über einem Jahr durchlebt hatte, lasteten auf mir, und unversehens fühlte ich mich an ein riesiges Rad gefesselt. Wäre ich nicht allein gewesen, hätte es vielleicht begonnen, sich in Richtung der verheißenen Freuden zu drehen; so aber entführte es mich in die Hölle der Verzweiflung, die von den schrecklichen Monstern bevölkert war. Langsam zog es mich in die völlige Bewusstlosigkeit, drehte sich dann wieder langsam nach oben und gab mir für eine Sekunde mein Bewusstsein zurück: Ich hatte die Stellung der Zeiger einer Uhr angenommen, die Mittag oder Mitternacht anzeigt.

Meine Arme und Beine hatten zwar wieder ihre normalen Dimensionen angenommen, aber viel schrecklicher als diese Verwandlung einzelner Teile meines Körpers war die Tatsache, dass ich niemand mehr war. Meine Vergangenheit, sogar meine Persönlichkeit waren mir entrissen, ich watete im Unbestimmten. Wer war ich? Warum ist der Verlust des eigenen Ichs so furchtbar? Es ist grauenhaft. Schwachen Trost fand ich darin, dass ich in das verwandelt wurde, was ich sah: in ein Fenster, in über den Stuhl geworfene Kleidungsstücke. Dann wurde ich wieder ich selbst, gerade lange genug, um darunter zu leiden, dass ich mich wieder verlor. Habe ich je schlimmere Angst empfunden als bei diesem Ichverlust, kaum dass ich dem Albtraum der Wirklichkeit entronnen war? In dem Durcheinander dessen, was nicht einmal mehr Erinnerung war, blieb nur das Gefühl, schutzlos einer drohenden Gefahr ausgeliefert zu sein. In dem Augenblick, da sich die Zeiger wieder einander näherten und ich wusste, dass der teuflische Reigen von Neuem beginnen würde, kam mir der Gedanke, dass ein physischer Schmerz mich in die Wirklichkeit zurückversetzen würde. Welchen Schmerz konnte man sich in diesem kaum möblierten Zimmer zufügen? »Ich werde das Fenster öffnen, durch das dieser furchtbare Lärm dringt, und hinausspringen.«

Noch bevor ich von meinem Bett aufstand, sah ich deutlich, ja, wurde ich die Clara, die dort unten auf dem Boden aufschlug und dank des Schocks zur Besinnung kam, die Clara, die tot, zerschmettert auf dem Pflaster lag, die Clara, die man auf dem Friedhof in der Nähe beerdigte. Denn inmitten der Halluzinationen wusste ich, dass er in der Nachbarschaft lag. Ich war in ein zweites Ich meiner selbst verwandelt, und zugleich sah ich dieses Ich, wie man andere Menschen sieht. Ich war nicht sie, und doch war sie ich. Dann, sekundenlang, erkannte ich, dass diese Hölle künstlich geschaffen war − gerade lange genug, um mit Entsetzen zu fürchten, vielleicht nie mehr hinausfinden zu können. Das Rad drehte sich noch immer, ich erreichte den Höhepunkt meiner Selbstentfremdung, dann stieg ich langsam dem geheimnisvollen Bewusstsein meiner eigenen Kontinuität entgegen. Dazwischen griff ich − wie Kinder auf Karussellpferden mit einer kleinen Lanze nach einem Ring fischen − nach dem Gedanken, dass ich mich aus dem Fenster stürzen müsste.

Ich stand in der Mitte des Zimmers, als ich plötzlich fühlte, dass mein Gefährte eingetreten war und mich erstaunt fragte − er blieb im Haschischrausch immer liegen −, warum ich denn herumspazierte. Jetzt hatte ich das Fenster erreicht, bemühte mich, es zu öffnen, und antwortete ihm, ich versuchte auf dem einzigen mir vernünftig erscheinenden Weg zu mir selbst zurückzufinden. Nach der nächsten Drehung des Rades fand ich mich auf dem Bett wieder, war jedoch so wenig ich selbst wie zuvor. Dass jetzt ein menschlicher Blick auf mir ruhte, half mir nicht, sondern steigerte vielmehr das Entsetzen vor meiner inneren Gespaltenheit, vor der Gewissheit, dass die äußerst kurzen Unterbrechungen, die ich erlebte, die Drehung des Rades nicht bremsten und mir daher auch keine Hilfe bedeuteten.

»Ich muss dir wohl zu viel von dem Zeug gegeben haben«, sagte er. Heute glaube ich das allerdings auch, denn die Dosis, die er mir gegeben hatte, war genauso groß wie seine eigene gewesen. Und die unterschiedliche Körpergröße spielt bei der Wirkung von Drogen eine wichtige Rolle.

Dann versuchte er, mir die Wirkungsweise von Hanf zu erklären, und sagte, man müsse versuchen, seine Halluzinationen zu lenken. Wahrscheinlich war es dafür aber jetzt schon zu spät, denn bei mir hatten sie sich bereits selbstständig gemacht. Außerdem bezweifle ich, ob ich überhaupt in der Lage gewesen wäre, sie zu steuern. Ich hatte in Asien und Europa zu viel Aufregendes erlebt, als dass eine Droge etwas anderes als Verzweiflung und Auflösung hätte hervorrufen können. Mein Gefährte versuchte, meine Phantasien in glücklichere Gefilde zu lenken. Er las mir Gedichte vor. Vergeblich. Ich verwandelte mich in Worte und Bilder, was meine Panik nur verstärkte. In den Augenblicken, in denen ich kurz auftauchte, erklärte ich rasch und verworren meinen Zustand, um sogleich, wenn ich mich von Neuem in den Abgrund gezogen fühlte, wieder meinem Wahn zu verfallen, physischer Schmerz könne die Bruchstücke meines Ichs zu einer Einheit zusammenfügen. In diesen Momenten versuchte ich, das Fenster zu erreichen, aus dem ich springen musste, um meinen Qualen ein Ende zu bereiten. Wie oft hat er mich vom Fenster zurückgehalten, das vom Qualm der Lokomotiven beschlagen war?

In welchem Augenblick, auf halbem Wege nach oben, flüsterte ich: »Habe ich dir schon gesagt, dass ich mit Charles G. geschlafen habe?«

Während der kurzen Zeitspanne klaren Bewusstseins, die mir die nächste Drehung des Rades gewährte, sah ich einen Mann am Fuß meines Bettes sitzen und weinen.

Später, als hinter den vorhanglosen Scheiben die künstlichen Lichter erloschen, drangen wie aus einem fernen Land seine Worte zu mir: »Warum hast du das getan?« und nach einer kurzen Pause: »Wenn du mir nicht das Leben gerettet hättest, würde ich dich verlassen.« Halb bewusstlos, wie ich war, wagte ich nicht, mir den Sinn dieser Worte klarzumachen, sondern versuchte sie zunächst als Zeichen seiner Liebe zu deuten. Wie hätte ich einen weiteren Verlust ertragen, nachdem man mir schon so viel genommen hatte? An seinen Blicken, seinem Schweigen erkannte ich, dass er mich liebte, aber diese Liebe war so verschieden von dem, wonach ich mich sehnte, dass meine erste Reaktion nackte Angst war.

Dann überkam mich eine Art Reue – oder vielmehr Schmerz –, nicht so sehr über das, was ich getan hatte, sondern dass ich ihm so viel Schmerz damit zufügte. Doch plötzlich schlug meine Stimmung um. »Ich will nicht, dass er bleibt, weil ich ihm das Leben gerettet habe«, sagte ich zu mir, »und er das Gefühl hat, er müsse eine Schuld abzahlen. Ich möchte, dass er aus tieferen Gründen bleibt, aus den gleichen, die es mir erlaubten, mich nicht wegen seiner »pathetischen Beschönigungen« von ihm abgrenzen zu müssen.«

Den ganzen folgenden Tag, während ich mich bemühte zu verbergen, dass ich neben mir ein zweites Ich fühlte, an das ich ebenso gefesselt war wie jener ägyptische Doppelgänger an seinen toten Leib, schwankte ich stumm zwischen Trauer und Empörung. Erst nachdem wir dieses kahle Zimmer verlassen hatten, das mich ständig an das erinnerte, was ich nun einmal getan hatte, erst nachdem wir ein paar ruhige Stunden im Garten der Villa Bois-Dormant etwas außerhalb der Stadt verbracht hatten, versuchten wir uns auszusprechen. Nie kam es ihm in den Sinn, dass er mir verzeihen müsste – in diesem Fall hätte ich ihn verlassen –, nie bat ich ihn um Verzeihung für ein Verhalten, zu dem ich mich immer bekannte. Aber ich brachte es auch nie über mich, ihm zu sagen, wie sehr seine Reaktion mich befremdete. Wie denn – er, der alles in Frage stellte, der keinen Pakt als bindend anerkannte, er wollte jetzt die konventionellsten Formen, in die unsere Zeit die Liebe zwängte, für unantastbar halten? Ich hatte an eine totale Revolte geglaubt, und nun gab es plötzlich Reservate, deren Grenzen er nach Belieben und vielleicht zu seinem eigenen Vorteil zog.

Und doch traf mich sein Schmerz so unmittelbar, dass ich den fast kindlichen Wunsch hatte, es wäre ihm auf irgendeine Art erspart geblieben.

Heute blätterte ich in dem Buch, in dem ich unser fehlendes Verständnis füreinander beschrieben habe; gestern las ich in *La Condition humaine (So lebt der Mensch)*. In keinem von beiden ist vom Haschisch die Rede, dafür aber umso mehr von meiner harmlosen Affäre mit C. G. auf dem Schiff. Wahrscheinlich waren wir beide – er mit viel, ich mit weniger Talent – bestrebt, dieser Geschichte symbolischen Wert zu verleihen. Ich meinerseits glaube nicht, dass es mir gelungen ist. Er dagegen hat sie tatsächlich zum Symbol dessen gemacht, was ihm als Gipfel männlicher Toleranz gegenüber einer Demütigung erschien, wie sie mein Verhalten für ihn darstellte. Ich erinnere mich noch an den Tag, an dem er mir die Seiten, auf denen er unsere Auseinandersetzung geschildert hatte, mit den Worten reichte: »Dies sind die schönsten Liebeserklärungen, die in den letzten Jahren für eine Frau geschrieben wurden.« Ich stieß darin auf viele Sätze und Worte, die er von mir übernommen hatte: Neben vielen meiner Kosenamen für ihn hieß es da unter anderem über einen Baum: »Er hat seine Blätter in seinem Stamm versteckt und holt sie nur des Nachts hervor, wenn man es nicht sieht.« Es fiel mir schwer, mich darin wiederzuerkennen.

Ja, er hat recht, unsere eigene Stimme hören wir mit der Kehle, die der anderen mit den Ohren. In der Szene zwischen Kyo und May verfolgen wir nur den Weg des Mannes. Deshalb habe ich an dieser Stelle fast entsetzt entdeckt, wie viel subtile Negierung der Frau bei der Liebe des Mannes mitschwingen kann, wenn eine Umarmung genügt, um sie zu entwürdigen.

»Weshalb hast du das getan?«

Und ich dachte: Weshalb begibt er sich auf Gemeinplätze? Weshalb spricht er wie jeder andere an seiner Stelle?

Ich hatte schon alles dazu gesagt.

Schließlich fügte er verdrießlich hinzu: »Mit diesem Trottel.«

Ich wurde wütend.

»Er ist kein Trottel.«

Er ergriff mein rechtes Handgelenk.

»Es wäre besser, du würdest ihn nicht verteidigen.«

»Wieso wäre das besser?«, antwortete ich tonlos und blickte ihn an.

Er ließ mich los. Werde ich jemals erfahren, was er empfindet, was er denkt? Ich war fassungslos. Ich fand ihn dumm und ungerecht.

Er saß auf der Bettkante und fing wieder an: »Wenn ich mir vorstelle, dass dieser Kerl jetzt denkt, er hätte das Recht, dich zu verachten.«

»Ich weiß, dass er mich nicht verachtet.«

»Ich weiß, was ein Mann von einer Frau denkt, die er besessen hat.«

Das alles war so absurd, so kindisch, so wirklichkeitsfremd, dass ich mich fragte, ob es besser sei, zu schweigen, zu versuchen, ihn zu trösten, oder ihm die Stirn zu bieten.

»Ich bin kein Objekt, dem nur die Persönlichkeit seines Käufers einen Wert verleiht«, sagte ich.

Später habe ich noch deutlicher bewiesen, dass ich kein Objekt war, das man »besaß«. Aber wann eigentlich kam mir jene Kaste von Hindudieben in den Sinn, deren erste Pflicht es ist, sich damit abzufinden, dass sie Diebe sind? *O Rinaldo, Rinaldini...* sang meine kleine innere Stimme, mein herrlicher Räuber, finden wir uns also ab mit dem, was wir sind, und nehmen wir beide die damit verbundenen Schwierigkeiten auf uns. Unsere Liebe mit aller Bindung und Freiheit, die dazugehört, muss exemplarisch sein. Sollen die anderen leben, wie sie es für gut halten: Ihre Gründe, uns auszustoßen, sind schlecht, aber es ist ihr Recht, uns auszustoßen, denn wir sind nicht wie sie.

In den folgenden Tagen suchten wir gemeinsam in den Zeitungen nach Berichten über uns, in den französischen und in den indochinesischen, in Tages- und Wochenzeitungen. Wir fanden üble Verleumdungen, aber auch sehr positive Darstellungen. Gemeinsam lasen wir die Briefe, die während seiner Abwesenheit eingetroffen waren: den sehr schönen, den Mauriac geschickt hatte, als er von der Verurteilung meines Gefährten erfuhr, und dessen Veröffentlichung er mir erlaubte; den freundschaftlichen von Florent Fels; den eigenartigen von Max Jacob. Hatte er nicht geschrieben: »Deine Frau war sublim«, ein Lob, das er am Ende der Seite mit dem merkwürdigen und amüsanten Satz abschwächte: »Ich habe kein Wörterbuch zur Hand und kann deshalb die genaue Bedeutung der Wörter nicht nachprüfen.« Gemeinsam trafen wir Marcel Arland, der bescheiden den Dank für seine Mühen abwehrte und sich freute, dass alles so gut ausgegangen war. Wir pilgerten gemeinsam zur *Connaissance*, wo mein Gefährte sofort wieder aufgenommen wurde und mit dem Herausgeber und seinem Stab über irgendeinen geächteten Autor diskutierte.

Wir besuchten gemeinsam André und Simone Breton, wozu ich ihn allerdings erst überreden musste. »Weshalb hast du diese Leute aufgesucht, die meine Feinde sind?«, hatte er sofort gefragt, als wir auf sie zu sprechen kamen, die seit einiger Zeit als Surrealisten bekannt waren.

»An wen hätte ich mich sonst wenden können?«, fragte ich zurück. »Außerdem haben sie sich weder mir noch dir gegenüber wie Feinde benommen.«

Ich wusste, was meinen Gefährten von der Gruppe der Surrealisten trennte; aber Tatsache war, dass sie uns geholfen hatten; zudem war vielleicht jetzt, nach unseren Erfahrungen in Asien, der Augenblick gekommen, unser Verhältnis zu dem rebellischen Ableger des Dadaismus zu klären. Meinem Gefährten gefiel es nicht, dass die Gruppe den Charakter einer »Sammelbewegung« hatte, auch wenn ihm diese von Nutzen gewesen war. Mehr noch missfielen ihm ihre Orthodoxie und ihre Tendenz, Mitglieder wegen der geringsten Abweichung zu exkommunizieren. Und schließlich wollte er um keinen Preis ihrer Gruppe beitreten und hören müssen, auch sein Handeln sei von ihrer Ethik beeinflusst gewesen. Trotzdem hatten er und sie viele Gemeinsamkeiten, vor allem auf dem Gebiet der Kunst, der Literatur (obwohl ihm mehr an der Erhaltung eines großen Teils des kulturellen Erbes gelegen war) und sogar des täglichen Lebens. Sie beriefen sich auf die gleichen Vorläufer: Sade, Nerval, Jarry; André ahmte sogar oft und gern den Jarry-Jargon nach. Der Grund für ihre Konflikte war vor allem darin zu finden, dass Breton seine Hoffnungen in das von traditionellen Schranken befreite Unterbewusste setzte und dass er an die magische Kraft der Kunst glaubte; aber in Bezug auf die herkömmlichen Tabus waren sie beide vom gleichen revolutionären Geist beseelt, und mein Gefährte hätte sich mit mehr als einem Satz aus dem *Surrealistischen Manifest* solidarisch erklären können, wie zum Beispiel dem folgenden: »Die ganze Arbeit liegt noch vor uns, jedes Mittel ist recht, um die Vorstellungen von Familie, Vaterland und Religion zu zerstören.«

Übrigens erkannten wir zu Beginn dieses Jahres 1925, dass sich in Asien eine Entwicklung abzeichnete, die der in Europa diametral entgegengesetzt war: Während wir hier die geschichtliche und die individuelle Kontinuität infrage stellten, rang man sich in Asien – wie André es einige Jahre später in *Die Lockung des Westens* darstellte – mühsam zur Bewusstwerdung des Individuums durch. Darüber hätten sich mein Gefährte und Breton austauschen können, aber da sie sich gegenseitig misstrauten, taten sie es nicht.

Doch zu Beginn dieses Jahres 1925 war mein Gefährte mit Problemen anderer Art beschäftigt, mit jenen nämlich, auf die er durch Monin gestoßen war. Auch die Surrealisten begannen damals, sich für Politik zu interessieren; während unseres kurzen Besuchs hatten wir jedoch den Eindruck, als seien sie vor allem mit ihrem neuen Experiment, der »Écriture automatique«, beschäftigt. Ich sehe sie noch einander gegenüberstehen, Breton und Malraux, Ersterer voll der etwas schwerfälligen Intensität, die er ausstrahlte, der Zweite vibrierend vor nervöser Leidenschaft. Anfangs spielte er mit einem unbeschlagenen langen Stock aus Ebenholz, den er in Singapur gekauft hatte und der seinem Träger vornehme Eleganz verlieh, sich jedoch wegen des fehlenden Beschlags mit der Zeit so weit abnutzte, dass er schließlich kaum mehr länger war als eine Zigarettenspitze. Das Treffen dauerte nicht lange. Am Ende verabredeten wir ein weiteres Treffen, ein paar Tage später wieder in der Rue Fontaine; aber als wir zur vereinbarten Zeit dort erschienen, öffnete niemand auf unser Klingeln hin. »Sie sind bestimmt da«, versicherte mein Gefährte, »ich habe sie gehört.« Ich glaubte ihm nicht, aber ein paar Tage später erhielten wir einen Brief, in dem uns mitgeteilt wurde, die Gruppe der Surrealisten habe gerade eine Sitzung über das »automatische Schreiben« abgehalten und sei der Meinung gewesen, wir würden sie dabei nur stören – womit sie wahrscheinlich nicht unrecht hatten.

Über Jahre hinweg ruhte der Kontakt.

Gemeinsam verbrachten wir auch einige Tage auf dem Anwesen meines Schwiegervaters. Ich glaube, er kam als Erster in den Genuss jener Version unseres kambodschanischen Abenteuers, in welcher der politische Aspekt dominierte. Entzückt hörte er zu: Sein Sohn war also wegen seiner liberalen Gesinnung das Opfer einer undurchsichtigen Intrige geworden. Ich hatte nie angedeutet, dass man die Ereignisse auch so interpretieren könnte, doch ließen meine Berichte eine solche Deutung durchaus zu. Ich möchte hinzufügen, dass die heftigen Angriffe meines Gefährten gegen die französische Verwaltung in Indochina mit unzähligen Fakten belegt waren. Die Gründe, weshalb er sich zu einem unterdrückten Volk hingezogen fühlte, legte er mit einer Überzeugung dar, die er erst jüngst erworben hatte.

Entzückt und voller Bewunderung hörte ich ihm zu. War es etwa keine Glanzleistung, noch am Ort des Geschehens einen Mann wie Monin zu überreden, sich mit ihm zu einem Unternehmen zusammenzutun, das in der Öffentlichkeit zwangsläufig großes Aufsehen erregen musste? Ich betrachtete »meinen Helden« und dachte: »Ich bin nicht die Einzige, die seinem Zauber erliegt, nicht die Einzige, die von ihm fasziniert ist.«

Wir würden uns also wieder nach Indochina einschiffen. Ja, aber vorher mussten wir das nötige Geld für die Reise nach Saigon beschaffen. Monin sammelte inzwischen die recht beträchtliche Summe, die wir für die Zeitung brauchten – wir hatten nichts Geringeres vor, als eine Tageszeitung herauszugeben. Er versicherte, er würde den größten Teil von der chinesischen Kommunalverwaltung in Cholon bekommen und den Rest von den Sektionen der Jeune-Annam-Bewegung, die sich im Land zu organisieren begann, und vorerst nicht die Autonomie anstrebte, sondern nur eine relative Gleichstellung mit den Franzosen.

Mein Gefährte sprach mit seinem Vater über unsere
Pläne wie über eine glänzende Revanche. »Ich kann mich
nicht geschlagen geben«, sagte er, und da mein Schwiegervater ebenso stolz war wie er und außerdem die Börsenkurse gerade stiegen, sagte er zu uns: »Bei eurer Ankunft in Singapur könnt ihr auf der Bank fünfzigtausend
Francs abheben. Seht zu, wie ihr dorthin gelangt. Darüber hinaus könnt ihr mit keinem weiteren Geld von
mir rechnen; einmal kann man versagen, aber beim
zweiten Mal verdient man keine Hilfe mehr.«

Das war deutlich und gefiel mir.

Dann verkauften wir alles, was wir noch verkaufen
konnten, die restlichen Bücher und Bilder und was ich
noch an Schmuck besaß. Der Erlös reichte gerade für
zwei Fahrkarten dritter Klasse nach Singapur, von wo
aus wir dank des väterlichen Geldes erster Klasse – sozusagen im Triumphzug – nach Saigon zurückkehren
würden, auf dem Umweg über Malaysia und Siam.

In den Schrankkoffer, der noch an Zeiten vergangenen
Ruhms erinnerte, legte ich die vier oder fünf Kleider,
die Marcelle Doyon aus unseren Marcelinvorhängen ge-
schneidert hatte; ich packte sie sehr sorgfältig ein, denn
ich wusste nicht, ob ich mir in absehbarer Zeit etwas
Neues würde kaufen können. Außerdem gefielen sie mir
ganz gut, ich hatte sie auffärben lassen. Während ich sie
zusammenlegte und mir zum Spaß eines der kleinen Gedichte ins Gedächtnis rief, die ich als junges Mädchen
verfasst hatte – »Wechselt man mit dem Kleid auch die
Seele?« –, klingelte es plötzlich, was in der Wohnung

meiner Schwiegermutter selten vorkam. Wie in einem Boulevardstück stand plötzlich ein Jüngling vor der Tür und gab einen Brief ab, den ich meinem Gefährten bei seiner Rückkehr überreichte, denn er war an ihn adressiert. Der Verleger Grasset bat so schnell wie möglich zu einer wichtigen Besprechung. »Was kann er nur wollen?«, rätselte mein Gefährte. »Das hat bestimmt etwas mit Literatur zu tun«, sagte ich, worauf er antwortete: »Ich kann ihm nichts anbieten und weiß auch nicht, ob ich je in der Lage dazu sein werde.«

In zwei Tagen mussten wir auf dem Schiff sein. Für meine Schwiegermutter und ihre Mutter war deshalb jeder Augenblick unserer Gegenwart kostbar, trotzdem bestanden sie darauf, dass der Brief beantwortet wurde. Also ging André zum nächsten Bistro und verabredete sich telefonisch mit Grasset für den folgenden Tag zwei Uhr.

Als er von dieser Unterredung zurückkam, berichtete er amüsiert, er habe einem Mann gegenübergestanden, der wild entschlossen gewesen sei, um jeden Preis mit ihm einen Vertrag über mindestens drei Bücher abzuschließen, von denen noch kein einziges geschrieben war, von denen nicht einmal ein Entwurf existierte, und das alles nur, weil Mauriac sich in seinem Brief für ihn eingesetzt habe. Solche Geschäfte waren damals keineswegs üblich, aber die Methode missfiel dem zukünftigen Autor des Hauses nicht – im Gegenteil. So hatte mein Gefährte, nachdem er nochmals betont hatte, er könne nicht mit Sicherheit sagen, ob er jemals schreiben werde, den Vertrag unterzeichnet, der wahrscheinlich sogar notariell beglaubigt wurde. Das alles fand ich schon amüsant genug, aber noch mehr überraschte mich, dass dieser herausragende Verleger darauf bestanden hatte, als ersten Schritt zur Erfüllung des Vertrags seinem neuen Schützling drei Scheine zu je tausend Francs auszuhändigen. Dreitausend Francs. Das wollte 1925 etwas heißen, und vor allem für jemanden, der nur noch ein paar Hundert Francs besaß. »Lassen Sie uns«, hatte Grasset beim Abschied gesagt, »wenn möglich nicht zu lange auf ein Buch warten. Denken Sie an die phantastische Reklame, die alle diese Schriftsteller für Sie gemacht haben.«

Wir waren reich, und das umso mehr, als wir außer diesem Geld fast nichts besaßen und daher auch nichts brauchten. Mit meinen Kleidern war ich zufrieden, und auch seine Tropenanzüge konnten sich noch sehen lassen. Plötzlich kam es uns vor, als wären wir zu reich, was allerdings nicht stimmte, denn wir hätten uns nicht einmal eine Überfahrt zweiter Klasse leisten können. Zu sechst in einer Kabine zu reisen, die Männer auf der einen, die Frauen auf der anderen Seite, fiel uns gar nicht so leicht.

Anfangs interessierten mich meine Nachbarinnen, die zum größten Teil Frauen von Unteroffizieren und kleinen Beamten waren. Doch schon bald entdeckte ich, dass Gespräche von ungebildeten jungen Frauen jener Zeit, besonders wenn diese Frauen sich ziemlich glücklich fühlten und keine materiellen Sorgen hatten, auf die Dauer recht langweilig und eintönig wirkten. Die meisten dieser reizenden Geschöpfe kehrten in Garnisonsstädte zurück, die sie bereits kannten und den Städten deutlich vorzogen, in denen sie in Frankreich hätten leben müssen.

Von den Annamiten sprachen sie nicht abfällig, sondern eher wie von Kindern, die man »auf Distanz halten« und denen man in erster Linie »Respekt beibringen« müsse. Das Wort »Respekt« kehrte immer wieder. »Sind Sie Lehrerin?«, war ich am ersten Abend gefragt worden. Meine Antwort hatte sie enttäuscht.

Am unangenehmsten war die schlechte Luft, vor allem nach dem ersten starken Seegang; aber auch die Erziehungsmethoden der Eltern ertrugen wir nur mit Mühe: Um die Kinder zum Schweigen zu bringen, wussten sie kein besseres Mittel, als noch lauter zu schreien. Doch auch das ging ja vorbei.

Schlechter fand ich mich mit dem Benehmen des Bordpersonals ab. Man ließ uns spüren, dass wir Reisende dritter Klasse waren: Bei allen möglichen Gelegenheiten wurden wir herumkommandiert, wurden barsch angeredet, bei Tisch schlecht bedient und durften uns nicht die geringste kritische Bemerkung erlauben. Angesichts solcher Behandlung musste ich an die unterwürfige Haltung des Personals in der ersten Klasse denken, an der mir im Grunde gar nichts lag. Außerdem wusste ich genau – ich hatte es ja am eigenen Leibe erfahren –, dass die meisten Passagiere dort oben schreckliche Leute waren. Im Vergleich dazu kamen mir die Leute in unserer Klasse direkt sympathisch vor. Ich begann sogar, mich für einige von ihnen zu interessieren, wie den kleine Mischling – in *Portrait de Grisélidis* erscheint er als Saint-Lise –, der offensichtlich unsere Be-

kanntschaft machen wollte, oder auch die beiden Annamiten mit den ernsten Gesichtern.

Aber wie konnte man sein Geld in der dritten Klasse
ausgeben? Wir würden doch dieses Geld nicht etwa auf-
bewahren, das uns wie eine Versuchung in den Schoß
gefallen war, der wir nicht hatten widerstehen können?
Es belastete uns, wir mussten es loswerden. Wer von
uns beiden hatte zuerst den Einfall, den wir dann in die
Tat umsetzten? Ich weiß es nicht mehr, wir waren uns
zu ähnlich. Meistens regten wir uns gegenseitig an, vor
allem auf geistigem Gebiet, aber auch wenn es darum
ging, leicht verrückte Pläne auszuhecken. Zusammen
bildeten wir ein explosives Gemisch. Unserem gemeinsamen Hang, unvernünftige Dinge zu tun, entsprang
die Idee, unsere lächerlichen dreitausend Francs zum
Vergnügen unserer Mitreisenden auszugeben: Wir ver-
anstalteten ein Fest, zu dem wir alle einluden.

Der Champagner – es war vielleicht nicht der beste –
floss wie im Märchen der Wein aus den Brunnen, wenn
ein König gekrönt wird. Das waren wir uns schuldig.
Die Unteroffiziere der Kolonialarmee sollten sich an diesen unverhofften Genuss erinnern. Es wurde getrunken
und getanzt; es waren etwa hundert Personen, ungebil-
det genug, um betrunken fröhlich zu sein. Der Speisesaal, den man uns zur Verfügung gestellt hatte, glich dem
Essraum einer billigen Pension. Da die Tische und Stühle
nicht verrückt werden konnten, wurde zuerst im Mittel-
gang getanzt, zwischen den Tischen und später auf den
Tischen. Zum Gequake eines Grammofons sangen wir
im Chor *Ramona* und *Si tu veux faire mon bonheur.* Als die

Männer sich endlich entschlossen, ihre Jacken auszuziehen, verbreitete sich Schweißgeruch wie Weihrauch. Die engen Kleider der Frauen klebten an ihren korsettgeschnürten Körpern. Wieder war ich auf einem Bal musette, wie vor drei Jahren. In der Zwischenzeit... doch jetzt war nicht die Zeit, um darüber nachzudenken.

Ich trank, ich tanzte, ich schwitzte. Wir würden die »schrecklichen Leute« besiegen, wir würden nicht für uns allein kämpfen, wir würden nicht allein kämpfen.

Hand in Hand tanzten sie alle in einem großen Kreis herum, und ich tanzte und lachte mit ihnen. Wir warfen die Köpfe in den Nacken und ließen uns von denen, die auf den Tischen standen, den Wein aus der Flasche direkt in die Kehle schütten. Wir alle waren die Sieger.

In diesem Augenblick kletterte mein Gefährte mit einem Buch in der Hand auf einen Tisch. Es war der einzige Gedichtband, den er in der Bibliothek hatte finden können, mit Gedichten von Maurice Magre. Man rief laut nach Ruhe. Unsere Gäste machten in der Tat sehr verdutzte, wenn nicht gar verstörte Gesichter.

Andrés leidenschaftlicher Vortragsstil war indessen genau das Richtige für dieses Publikum. Fasziniert lauschten sie der Stimme, die die Verse mit starker Betonung des Rhythmus skandierte. Ob sie saßen oder standen, keiner rührte sich. Im Hintergrund schlugen die Wellen gegen den Bug des Schiffes, ein Geräusch, das uns von der übrigen Welt isolierte. Als er das Buch zuklappte und vom Tisch sprang, schienen unsere Gäste die Lust am Tanzen verloren zu haben. Die einen blieben verwundert stehen, die anderen ließen sich auf ihre

Stühle fallen, und wieder andere gingen in ihre Kabinen. Wir beide stiegen an Deck. Zu unserer Rechten hob sich die Küste von Somalia fahl gegen das Dunkel der Nacht ab. Wir hatten sie schon einmal gemeinsam gesehen, wir hatten sie jeder allein gesehen, wir sahen sie gemeinsam wieder.

BIOGRAFISCHES NACHWORT

Clara Malraux, geborene Goldschmidt, kam 1897 in Paris als Tochter jüdisch-deutscher Emigranten zur Welt. Ihre Kindheit verbrachte sie in großbürgerlichem Ambiente im Pariser Vorort Auteuil; erfüllt von Wissensdurst und Lerneifer, versuchte sie sich zu arrangieren zwischen einer müßiggängerischen Mutter, betrübt über die ständige Abwesenheit ihres Gatten, der von seinem florierenden Ledergroßhandel absorbiert war, und einer Gouvernante, deren herrisches Wesen in Clara die Rebellin wachrief. Schon als junges Mädchen liest sie die deutschen Romantiker, liest Shakespeare und Balzac. Später kommen Racine, Corneille und Victor Hugo hinzu. Intellektuell hellwach und von unbändigem Lebenshunger, fängt sie früh an, Theaterstücke und Prosa zu schreiben. Als emanzipiertes Gewächs einer Jeunesse dorée ist für sie die Ehe ein Schreckgespenst; ihre erste Verlobung löst sie gleich wieder.

Um 1920 stößt Clara als Übersetzerin zu *Action*, einer Avantgardezeitschrift, in der Cendrars und Picasso, Cocteau und Aragon veröffentlichen. Und ein gewisser André Malraux, dem sie zum ersten Mal im Juni 1921 begegnet und der ihr Leben vollkommen auf den Kopf stellen wird. Ausführlich schildert sie diese Begegnung in ihrer Autobiografie.

Mit Malraux wird Clara reisen, lernen, schreiben. 1925 arbeitet sie in Saigon als Journalistin der unabhängigen Tageszeitung *L'Indochine*, die Malraux gegründet hat. Später wieder zurück in Paris, fehlt es den beiden zwar an Geld, aber dafür erlangt André Malraux bereits großen Ruhm: Zwischen 1926 und 1930 veröffentlicht er seine ersten drei Werke *La Tentation de l'Occident (Die Versuchung des Westens)*, *Les Conquérants (Die Eroberer)* und *La Voie royale (Der Königsweg)*. Ziemlich bald weigert Clara sich, die Statistenrolle im Leben ihres Mannes einzunehmen, der sich zunehmend in seiner heroischen Selbstmythologisierung verstrickt und der – so findet sie – ihr viel verdankt; sie erkennt ihren idealen Lebenspartner in ihm nicht mehr; die Ehekräche häufen sich. Nur auf gemeinsamen Reisen und durch ihr politisches Engagement findet das zerstrittene Paar zeitweise immer wieder zueinander. 1933 wird ihre gemeinsame Tochter Florence geboren. Nach dem Reichstagsbrand setzt sich Clara für die Flüchtlinge des Naziregimes ein; ein Jahr später, 1934, begleitet sie André Malraux auf den ersten Kongress der Sowjetschriftsteller. 1936 nimmt sie an Malraux' Seite am ersten Marsch der Volksfront (Front populaire) teil. Ihr *Livre de comptes (Rechenschaftsbericht)*, das sie 1938 in der *Nouvelle Revue Française* veröffentlicht, schildert zehn Jahre an der Seite des großen Mannes: Es ist die ratlose Bilanz einer Frau, die sich in einer Männerwelt verloren hat. In der Einbildung ihres Mannes.

Von ihrer Verbindung bleiben ihr Erinnerungen an eine Leidenschaft – und ihre Tochter Florence. Die Scheidung sollte jedoch erst 1947 vollzogen werden.

Als der Zweite Weltkrieg ausbricht, sucht sie Zuflucht bei einer Freundin in Paris, später im Departement Lot. André hat sich einer Panzerdivision angeschlossen. In der Freien Zone lernt sie den deutschen Widerstandskämpfer Gerhard Kratzat kennen und verliebt sich. Sie engagiert sich zusammen mit ihm in der Résistance und veröffentlicht zwischen 1942 und 1944 Texte in der berühmten Revue *Confluences*. Als Kratzat 1944 gefangen genommen, gefoltert und von der Gestapo hingerichtet wird, taucht Clara Malraux unter. Zu Kriegsende publiziert sie ihren autobiografischen Roman *Portrait de Griséldis*, in dem sie auch André Malraux, inzwischen Informationsminister, porträtiert. Er wird von der Kritik schlecht aufgenommen.

Ende der Vierzigerjahre geht sie eine Verbindung ein mit dem jungen Schriftsteller Jean Duvignaud und wirkt bei der Gründung der Zeitschrift *Contemporains* mit. 1953 bringt sie erneut einen Roman heraus, der sich gegen Malraux wendet: *Par de plus longs chemins (Auf längstem Weg)*. Das Leben, das sie gemeinsam verbracht haben, dieses »verlorene Ideal«, lässt ihr keine Ruhe. Fünf weitere Jahre später erscheint ihr Bericht über die Résistance, *La Lutte inégale (Der ungleiche Kampf)*.

Zu Beginn der Sechzigerjahre werden zahlreiche Essays und Biografien über ihren Exmann veröffentlicht; Clara findet sie großteils parteiisch und verlogen; sie erkennt sich selbst nicht darin wieder. Um die Wahrheit aus ihrer Sicht darzustellen, beginnt sie ab 1963 mit der Publikation ihrer Memoiren unter dem Titel *Le Bruit de nos pas (Das Geräusch meiner Schritte)*. Die sechs Bände (1963–79) offenbaren ihr großartiges erzählerisches Talent.

Als im Juni 1967 der Krieg zwischen Israel und Palästina ausbricht, setzt sie sich für den Dialog zwischen den beiden Ländern ein. Noch im Alter von 70 Jahren ist sie politisch aktiv, auch wenn sie die Pariser Maiunruhen (»CRS = SS«) problematisch findet.

Ihre letzten Werke, die Interviewsammlung *Vénus des quatre coins de la terre* (*Venus aus aller Welt*, 1972) und die Biografie über Rahel Levin Varnhagen *Rahel, ma grande sœur* (*Rahel, meine große Schwester*, 1980), bezeugen die wachsende Bedeutung, die das Judentum in ihrem Leben einnahm.

Clara Malraux, diese mutige, leidenschaftliche, ja exzessive Intellektuelle, diese im Innersten verletzte Frau, die trotzdem ihren Sinn für Humor bewahrt hatte, stirbt im Dezember 1982 mit einem Buch von Jean-Jacques Rousseau auf der Brust - sechs Jahre nach dem Tod von André Malraux.

»Er ist ein sehr großer, schmaler junger Mann mit zu großen Augen, deren Pupillen fast zu klein sind für die riesigen Augäpfel, sodass sich unter der verwaschen grünen Iris ein weißer Streifen abzeichnet.« So erscheint Malraux Clara zum ersten Mal im letzten Kapitel des ersten Bandes ihrer Memoiren. Es ist im Juni 1921, bei einem Festbankett der Zeitschrift *Action*. Malraux ist damals 19 Jahre alt und hat soeben die hochmittelalterliche *Cantilène de Sainte-Eulalie* übersetzt.

Sofort beginnen die beiden jungen Leute über Nietzsche und Hölderlin zu plaudern und beschließen, zusammen nach Italien zu fahren. Schon am übernächsten Tag ist er bei ihr zu Hause, als seien sie schon ewig befreundet. Und dann führt er sie zum Tanzen auf einen Bal musette aus … Auf dem Nachhauseweg werden sie von Burschen auf der Straße angepöbelt und mit einem Revolver bedroht; André ist ebenfalls bewaffnet und schießt. Er wird an der linken Hand verletzt; Clara versorgt seine Wunde. So fängt ihre Liebe an und ist bereits ein Abenteuer.

Als wir 20 waren sind nicht nur die Erinnerungen an das 14 Jahre währende Abenteuer dieser Liebe. Es ist zugleich das lebendige Porträt der Pariser Intelligenzija der Zwanzigerjahre, denn zum Freundeskreis von Clara und André gehörten Künstler wie Max Jacob, Marcel Arland, André Breton und Daniel-Henry Kahnweiler. Und: Es zeigt die Genese des intellektuellen Phänomens namens André Malraux.

PERSONENREGISTER

Erri De Luca
Der Tag vor dem Glück
Roman
Aus dem Italienischen von Annette Kopetzki
176 Seiten, gebunden mit Schutzumschlag, € 16,95
ISBN 978-3-86220-006-1

Mit der klaren, bildreichen Sprache des Südens erzählt Erri
De Luca die Geschichte eines Waisenjungen, der im Schatten
des Vesuvs erwachsen wird. Es ist zugleich eine Liebeserklärung an seine Stadt Neapel: an ihre morbide Schönheit und an
ihre freiheitsliebenden, stolzen Bewohner.

»Erri De Luca ist der beste Autor des Jahrzehnts.«
Corriere della Sera

GRAF
www.graf-verlag.de